LE PANÉGYRIQUE

OU

ÉLOGE D'ATHÈNES.

ΙΣΟΚΡΑΤΟΥΣ ΠΑΝΗΓΥΡΙΚΟΣ.

LE PANÉGYRIQUE
OU
ÉLOGE D'ATHÈNES,

PAR ISOCRATE.

TEXTE GREC,

REVU soigneusement sur les meilleures éditions ; accompagné d'une Analyse en forme de sommaires ; de Notes Historiques, Critiques et Grammaticales ; et suivi d'un Index ou Vocabulaire des mots et locutions les plus remarquables.

PAR E. P. M. LONGUEVILLE.

PARIS.
DE L'IMPRIMERIE D'AUGUSTE DELALAIN,
Libraire, rue des Mathurins-S.-Jacques, N°. 5.

1817.

Toutes mes Editions sont revêtues de ma signature.

Auguste Delalain

Nota. On est prié de consulter l'*Errata*, p. 264.

A M. GAIL,

Membre de l'Institut de France, de l'Académie de Gœttingen, etc., Professeur de Littérature Grecque au Collége Royal de France, Conservateur des Manuscrits de la Bibliothèque du Roi, Chevalier de l'Ordre Royal de la Légion d'honneur, et de l'Ordre de St.-Wladimir de Russie.

MONSIEUR ET SAVANT AMI,

LORSQUE je formai le dessein d'attacher votre nom à cet ouvrage, le desir de vous donner un témoignage public de mon amitié me fit illusion, et je ne vis plus en vous que l'ami indulgent. Ce n'est point, en effet, à celui que ses doctes écrits placent au premier rang des hellénistes de l'Europe, que j'aurois cru pouvoir offrir une production qui ne se recommande ni par le savoir ni par la profondeur : je sais trop combien, sous ce double rapport, mon ouvrage est peu digne d'attirer votre attention.

L'amitié m'avoit abusé, je le sentis; mais une raison, que vous ne désavouerez pas, je l'espère, est venue m'encourager. J'ai réfléchi que la science n'étoit pas le seul titre que vous aviez à notre respect et à notre reconnoissance. Un zèle, que le temps ne semble qu'accroître, unit, depuis plus d'un quart de siècle, vos travaux à ceux de l'ancienne et de la nouvelle Université. Sans cesse inspiré par un dévouement qui ne pouvoit trouver son principe et son soutien que dans le plus ardent desir d'être utile, vous n'avez pas dédaigné de descendre des hauteurs de la critique, pour vous rapprocher de ceux qui ne pouvoient y atteindre, et, non content de mettre les principaux écrivains de la Grèce en état d'être mieux lus, vous leur avez aussi formé de nombreux lecteurs. Pour parvenir à ce noble résultat aucun sacrifice ne vous a coûté, ni celui de votre fortune, ni celui d'un temps que réclamoient des productions qui intéressoient plus particulièrement et votre gloire littéraire et les progrès de la science. Au sortir de cette chaire où vous veniez de parler au monde savant, pendant combien d'années on vous a vu aller expliquer les éléments de la langue d'Homère, et de la même main qui avoit ranimé Xénophon et Thucydide, tracer les leçons qui devoient un jour en révéler les beautés à vos jeunes auditeurs. Votre école, pendant nos temps désastreux, devint l'asyle des Muses grecques, et si vous avez eu la force de combattre d'antiques préjugés, vous avez eu le courage, non moins grand, sans doute, de repousser les attaques de la moderne barbarie qui menaçoit de nous envahir. Vos illustres prédécesseurs dans ce Collége, dont vous faites un des premiers ornements, avoient eu aussi à soutenir cette lutte glorieuse. La reconnoissance publique dira que, comme eux, vous en êtes sorti avec honneur.

Incapable de vous suivre dans la vaste carrière de l'érudition, j'ai voulu, du moins, seconder vos efforts, pour répandre la culture de la littérature grecque, et j'ai cru qu'un ouvrage, entrepris dans ce but, n'étoit pas entièrement indigne de vous être offert. Veuillez donc, mon savant et respectable ami, agréer cet hommage. Puissiez-vous trouver à le recevoir autant de satisfaction que j'en éprouve à vous le rendre! De toutes les consolations que je dois aux lettres, la plus douce et la plus précieuse pour moi est l'avantage de vous connoître et de pouvoir me dire publiquement votre ami.

E. P. M.LLIN LONGUEVILLE.

Paris, 12 juin, 1817.

PRÉFACE.

Il y a des auteurs dont la réputation est établie de manière qu'il ne reste plus rien à dire sur leurs beautés et leurs défauts, et tel est Isocrate, dont je présente aujourd'hui un discours au public. Les jugements portés sur cet écrivain sont devenus aussi classiques que ses ouvrages mêmes. Dans l'antiquité, et de nos jours, des esprits du premier ordre se sont exercés à l'apprécier, et cette considération seule suffiroit pour faire concevoir la plus haute idée de son mérite. Quand des hommes, tels que Platon, Cicéron, Quintilien, Denys d'Halicarnasse, Fénélon, Laharpe, ont prononcé, il y auroit peut-être plus que de la témérité à vouloir combattre leurs décisions, et à prétendre ajouter à leurs éloges et leurs critiques quelque aperçu nouveau et digne d'attention. Je me bornerai donc à parler d'Isocrate seulement sous le rapport de celui de ses ouvrages que je publie, et à exposer les motifs qui m'ont engagé à en donner une édition.

On assigne généralement le premier rang au *Panégyrique* parmi les productions d'Isocrate. Quand il s'agit d'un des plus beaux génies de l'antiquité, cette seule distinction, accordée à un de ses ouvrages, pourroit en faire concevoir l'opinion la plus avantageuse, et inspirer le desir de le connoître, sur-tout, si l'on réfléchit que c'est au soin que l'auteur mettoit à mûrir tous les fruits de sa plume, qu'il a dû la célébrité de son nom, qui a résisté à l'épreuve de plus de vingt siècles.

Je ne m'étendrai point ici sur toutes les qualités de la composition et du style, qui font du *Panégyrique* le chef-d'œuvre de celui que Cicéron (1) a nommé le père de l'éloquence : elles se feront assez remarquer d'elles-mêmes. Le *Panégyrique* présente un autre genre d'avantages et d'intérêt, qui ne paroissent pas jusqu'à présent avoir été assez sentis. Ce discours, ainsi que l'observe un estimable critique (2), peut servir d'introduction à tous les autres écrits d'Isocrate.

Quiconque a lu avec soin les ouvrages de l'illustre rhéteur, et en possède bien l'ensemble, conviendra sans peine que la plupart ont entr'eux une grande conformité. Les principaux traits qui constituent cette ressemblance, se trouvent réunis dans le *Panégyrique*. La raison en est, je crois, facile à expliquer. Isocrate, animé du noble desir de louer ou de disculper sa patrie, a donné au plus grand nombre de ses écrits le caractère de l'éloge historique. Ce genre ne comportant guère que l'exposé des actions les plus marquantes, et des évènements les plus célèbres, ne laissoit à l'auteur que peu de ressources pour éviter l'uniformité des plans, et comme, d'ailleurs, il s'est borné à l'histoire de son pays, le retour des mêmes faits ramenoit naturellement sous sa plume le même fonds d'idées, de preuves et de raisonnements. Voilà pourquoi, sans doute, les productions d'Isocrate se recommandent, en général, moins par la variété de la composition et

(1) *De Oratore*, lib. II, c. 3, §. 10.

(2) M. Morus, *Préf. de son édit. du Panégyr.*

la diversité des sujets, que par l'ordre, la clarté des pensées, et sur-tout la continuelle harmonie de l'élocution, perfection dont quelquefois, il faut l'avouer, il s'est montré trop jaloux.

Le *Panégyrique*, par sa nature et son but, devoit renfermer le plus de ces faits et de ces aperçus politiques dont je viens de parler. Aussi l'orateur y a-t-il rassemblé tout ce que ses autres ouvrages ont de plus animé, de plus fort et de plus pressant. Il y a mis tout l'art qu'il possède à ordonner ses matériaux, et à les recouvrir des couleurs harmonieuses de son style : il y a accumulé toutes les richesses de son imagination, les effets de son éloquence et les sentiments de son ame élevée. En un mot, tout Isocrate se trouve dans le *Panégyrique*.

On concevra facilement quels fruits nombreux on peut recueillir de la lecture de ce discours, qui est véritablement la clef de tous les autres. Le moindre avantage qu'on en retirera, est la connoissance des propriétés grammaticales d'un auteur dont la diction est si pure, que, selon la remarque d'un profond critique (1), il pourroit servir de base pour établir les principes de la syntaxe grecque. Cette connoissance, d'ailleurs, ne se borne pas uniquement à Isocrate ; elle s'étend nécessairement aux autres monuments de la plus riche des deux littératures anciennes.

Une fois habitué aux formes d'Isocrate, l'esprit ne peut que s'orner dans l'étude d'un écrivain qui ne pèche que par trop d'ornements. Le goût s'y exercera

---

(1) M. Coray, *Préf. de son édit. d'Isocr.* p. 72.

aussi, parce que là où les beautés et les défauts sont également sensibles, on trouve à la fois le modèle et la leçon. Le cœur, sur-tout, se formera dans le commerce d'un auteur essentiellement moraliste, et chez lequel on reconnoît à chaque instant le disciple et l'ami du premier sage de la Grèce, de SOCRATE, dont la morale respire dans les écrits d'ISOCRATE. Si elle si offre sous un aspect moins brillant et moins attachant que dans les ouvrages de PLATON et de XÉNOPHON, souvent aussi elle compense ce désavantage par la netteté avec laquelle elle y est exposée. L'instruction, pour ne parler ici que du *Panégyrique*, gagnera également beaucoup dans la lecture réfléchie d'un tableau historique de la Grèce, où n'est omis aucun fait important, et où sont traitées des questions (1) qui ont occupé les principaux historiens grecs. Imitateur ou modèle, ISOCRATE, dans le *Panégyrique*, peut encore initier à la lecture de plusieurs autres auteurs, tels que LYSIAS, LYCURGUE, ARISTIDE, dont les ouvrages intéressent tous ceux qui cultivent l'histoire et les lettres.

Malgré tant d'avantages incontestables, le *Panégyrique* est peu lu dans nos écoles, et l'usage, pour des causes assez difficiles à expliquer, a donné la préférence à d'autres écrits d'ISOCRATE, quoiqu'ils offrent véritablement beaucoup moins d'intérêt et d'utilité. Peut-être ce discours a-t-il été jugé trop fort pour les premières classes, et trop foible pour les dernières. Sous ce

(1) L'empire maritime d'Athènes, dans HÉROD. lib. IX, c. 27. XÉNOPH. *hellén.* lib. I, c. 7. La prééminence de cette même république sur les Etats de la Grèce, dans THUC. lib. II, c. 35 et suiv.

dernier point de vue, il me semble qu'il a été mal apprécié. Quoiqu'il en soit, j'ai cru rendre service aux bonnes études, en rappelant l'attention de ceux qui les dirigent sur un ouvrage éminemment classique, et c'est dans cette intention que je publie une édition du *Panégyrique*. Indépendamment des considérations que je viens d'exposer, j'y étois d'autant plus porté, que je savois avoir fort peu de chose à faire pour donner un texte pur, première qualité de tout ouvrage de littérature ancienne, destiné à être mis entre les mains de la jeunesse.

Deux savants critiques, MM. MORUS et CORAY, ont publié le *Panégyrique;* le premier, dans une édition particulière, et le second, avec les œuvres complètes d'ISOCRATE. J'ai travaillé sur la troisième édition donnée par M. MORUS, à Leipsic, en 1804 : elle est la plus récente que je connoisse. Je n'ai point négligé, non plus, les travaux des autres éditeurs ; mais j'ai pris pour base de mon texte les deux éditions que je viens de citer. J'ai cru ne pouvoir suivre des guides plus sûrs.

L'édition de M. MORUS, précieuse de bien des manières, mais principalement sous le rapport des recherches historiques, est assez rare en France, et peut-être même, malgré son mérite, ignorée d'un certain nombre de personnes qui ne s'occupent pas particulièrement de philologie. Celle de M. CORAY, quoique publiée dans notre pays, y est également rare, et surtout d'un prix trop élevé et d'un volume trop considérable, pour qu'elle puisse être à l'usage de nos écoles. De plus, les notes, écrites en un grec élégant, seroient pour la plupart des jeunes lecteurs une seconde traduction à faire.

J'ai donc cru qu'on me sauroit quelque gré de rendre plus facile, et, par cela même, plus générale, la connoissance de deux ouvrages importants, et c'est dans cette idée que j'ai entrepris le travail que j'offre au public. Je le dois presque tout entier à MM. Morus et Coray, dont je ne suis, le plus souvent, que le traducteur. Aussi, ai-je eu soin de placer le nom de ces deux savants à la fin de chacune de leurs notes, que j'ai traduite ou extraite, sauf un certain nombre, dont j'ai tellement changé la forme qu'elle emporte le fond, et que j'aurois craint de prêter ainsi mes idées ou mes erreurs à deux hommes qui n'ont pas besoin des unes, et qui ne pouvoient commettre les autres. D'ailleurs, ces cas sont rares, et je le dis avec d'autant plus de satisfaction, que, mettre ainsi mon ouvrage sous la protection de deux noms si recommandables, c'est me donner des titres à la confiance et aux succès. Mais, d'un autre côté, je ne puis me dissimuler combien ma position est difficile: si mon ouvrage est bon, le mérite ne m'en appartiendra pas; s'il est mauvais, c'est à moi seul qu'il faudra s'en prendre; j'aurai gâté d'excellents matériaux.

Je me flatte qu'aucun des deux savants éditeurs ne trouvera mauvais que j'aie disposé de son travail. Tous deux écrivoient pour être utiles à leurs jeunes compatriotes; le même motif m'a dirigé. Il ne peut, je l'espère, manquer de me servir d'excuse auprès du critique célèbre, qui consacre ses doctes veilles à faire revivre dans la jeunesse de la Grèce moderne le génie de ses aïeux, en lui révélant les beautés de la langue de Théophraste, avec lequel il a lui-même d'autres rapports que ceux de la patrie.

Je ne doute nullement que certaines personnes, cédant à l'habitude, n'improuvent et la nature et l'étendue de mes notes. Bien persuadé qu'il n'appartient qu'au mérite et à l'expérience de combattre les usages et les opinions reçues, je n'attaquerai point la méthode depuis trop long-temps et trop généralement suivie pour la publication des auteurs grecs et latins, destinés aux études. Un littérateur, aussi distingué par ses lumières, que par la pureté de son goût et la solidité de son jugement, M. Thurot, a exposé d'une manière frappante les vices de cette partie de l'enseignement (1). Je ne reproduirai pas ici ses raisons; on gagnera beaucoup plus à l'entendre lui-même les développer.

Il ne me reste plus qu'à parler des principes qui m'ont dirigé.

Je dois, avant tout, avertir que cette édition ne convient qu'à des élèves avancés, qui possèdent déjà parfaitement toutes les connoissances préliminaires, ou à de jeunes maîtres, qui, voulant approfondir le texte, objet de leurs leçons, n'auroient, pour faire leurs recherches, ni le temps, ni les ressources necessaires.

J'ai remarqué que les jeunes gens, dont l'attention est partagée entre les difficultés de la traduction, et les autres exercices de leur classe, ne saisissent ordinairement pas l'ensemble des ouvrages d'une certaine étendue: leur esprit se porte tout entier sur l'*explication* du moment. Aussi la plupart d'entr'eux ne conservent-ils qu'un souvenir assez vague de la composition des morceaux qu'ils

(1) Voy. *Préf. de l'Apologie de Socrate, d'après Platon et Xénophon*, édit. de M. Thurot.

ont traduits. Inconvénient d'autant plus grave, que, s'accroissant avec l'importance des ouvrages et la marche progressive des études, il nuit sensiblement à la connoissance des secrets et des règles de l'*invention*, partie si intéressante à étudier chez les anciens. J'ai cru y obvier en partie, en intercalant une analyse dans le texte: de cette manière elle se reproduit continuellement sous les yeux, et donne le moyen de résumer ou de rapprocher, quand on veut, toutes les parties du discours. Elle offre aussi l'avantage de faciliter l'intelligence des mots par la connoissance des choses.

En multipliant les notes grammaticales et explicatives, auxquelles j'ai même joint un *Index de la grécité*, j'ai voulu laisser sentir, le moins possible, le besoin des traductions latines ou françaises, dont l'usage n'est que trop répandu et trop funeste aux progrès des élèves. Il faut l'attribuer, en grande partie, à l'imperfection des textes qu'on met entre leurs mains. Ces textes, très souvent altérés, ou n'offrant aucune espèce de secours, jettent le découragement dans de jeunes esprits, et les portent naturellement à recourir au commode, mais pernicieux expédient des traductions. D'un autre côté, j'ai eu en vue, dans mon petit commentaire, d'abréger les leçons de l'usage, et de préparer, par une étude approfondie d'Isocrate, à la lecture des autres auteurs. On sait que les anciens renferment tous un certain nombre de tournures, qui leur sont communes, parce qu'elles tiennent essentiellement à leur langue et constituent leur syntaxe. Expliquer soigneusement ces idiotismes toutes les fois qu'ils peuvent arrêter, et en rapporter même d'analogues, quand l'occasion s'en présente, sans rien négliger de ce qui appartient aux évènements, aux usages, aux lois, aux idées du temps, c'est, il me semble, faire servir l'auteur, objet de ces remarques, à l'interprétation de beaucoup d'autres, et, dès l'entrée de la carrière, lever soi-même, ou donner le moyen de lever une foule d'obstacles qui pourroient empêcher d'aller plus avant.

Les notes historiques, sur-tout, sont assez étendues, et devoient l'être. Isocrate, trançant en orateur l'histoire de son pays pour ses contemporains, souvent se contente d'indiquer seulement les faits et les évènements, sans entrer dans des développements et des détails, qui, outre qu'ils auroient trop ralenti sa marche, devenoient inutiles pour ses auditeurs, qui en étoient parfaitement instruits. Quelquefois même il altère la vérité historique. Il étoit donc indispensable, pour nous qui sommes si loin de cette époque, d'éclaircir ou de rétablir les faits; et, si l'on réfléchit que la plus grande partie de l'histoire grecque se trouve dans le *Panégyrique*, on concevra que les notes ne pouvoient manquer de s'étendre et de se multiplier. Il m'eut été plus facile et plus court de renvoyer aux sources où elles sont puisées : mais combien de ceux à qui cet ouvrage est destiné, auroient pu y recourir?

Je suis entré dans la discussion du texte toutes les fois que je l'ai cru nécessaire. Cette partie de la critique m'a paru propre à former le goût et le jugement des élèves avancés, en même temps qu'elle les préparera à la lecture des ouvrages philologiques, dont la connoissance doit servir de complément à leur instruction.

J'ai cité soigneusement mes autorités, non pour faire

un vain appareil d'érudition, prétention dont mon travail, par sa nature, doit écarter de moi tout soupçon. J'ai voulu, en indiquant les auteurs dont je me suis servi, signaler aux jeunes gens studieux d'excellentes sources, et sur-tout mettre MM. les Professeurs à portée de vérifier aisément mes assertions, de suppléer à mes omissions, ou de rectifier mes erreurs. Je m'en reconnois moins exempt que tout autre, et l'indulgence est pour moi la plus précieuse faveur à laquelle je puisse prétendre.

SUR LE PANÉGYRIQUE.

« *Le quatrième éloge,* » *dit* Thomas (1), « *et en* » *même temps le plus fameux discours d'*Isocrate*,* » *est celui qui est intitulé le* Panégyrique*. Jamais* » *peut-être orateur, dans aucun pays, ne traita un* » *si beau sujet. Athènes et Lacédémone se dispu-* » *toient l'empire de la Grèce. Elles se déchiroient* » *pour commander, et la Perse profitoit de leur* » *désunion pour les rendre esclaves. L'orateur entre-* » *prend de prouver, en faisant l'éloge d'Athènes,* » *que c'est à elle qu'appartient naturellement l'em-* » *pire, et il exhorte les Grecs à s'unir tous ensemble* » *pour porter la guerre chez leurs communs enne-* » *mis.* »

C'est le Panégyrique *qui, au rapport d'*Elien (2)*, inspira à Philippe, roi de Macédoine, l'idée de subjuguer l'Asie et d'affranchir la Grèce de son influence. La mort l'empêcha de poursuivre cette entreprise, dont l'exécution étoit réservée à son fils Alexandre. La politique du père, et l'ambition du fils, n'avoient peut-être pas besoin d'être provoquées par un discours, pour concevoir et exécuter ce projet.*

(1) *Essai sur les Eloges*, c. VII.

(2) *Var. hist.* lib. XIII, c. 11. Voy. ci-après not. p. 62.

Le Panégyrique *coûta, dit-on, dix ans, et, selon d'autres, quinze ans* (1) *de travail à son auteur. Ces assertions, qui ne sont peut-être pas exemptes d'un peu d'exagération, prouvent du moins la haute opinion que les anciens se formoient du soin qu'*ISOCRATE *mettoit à la composition de ses ouvrages. Cette laborieuse patience lui tint lieu du génie, auquel seul il appartient de s'approcher rapidement de la perfection.*

On a accusé ISOCRATE *d'avoir fait de nombreux emprunts au sophiste* GORGIAS *et à l'orateur* LYSIAS, *qui, dans leur* Discours Olympiaque, *avoient traité un sujet semblable à celui du* Panégyrique. *Ce reproche ne se fonde guère aujourd'hui que sur de simples présomptions. Les ouvrages qui, par la comparaison, pourroient en etablir positivement la justesse, sont entièrement perdus pour nous. Le fragment, très court, de l'*Olympiaque *de Lysias, que nous a conservé* DENYS D'HALICARNASSE, *ne suffit pas du moins pour intenter à* ISOCRATE *l'accusation de plagiat. Quant à l'ouvrage de* GORGIAS, *si nous en jugeons par son* Eloge d'Hélène, *qui nous est parvenu, il devoit, dit M.* CORAY, *être écrit de ce style exagéré et ambitieux, qui convient mieux à la poésie qu'à la prose, au jugement d'*ARISTOTE, *dont l'autorité est irrécusable dans ces matières. De plus, si l'on com-*

(1) Voy. LONGIN. sect. IV. PLUT. *in Vitâ Isocr.* t. IX, p. 332, édit. REISK. DION. HALICARN. t. II, p. 30, v. 27, édit. SYLBURG.

pare les deux Eloges d'Hélène, *on verra sans peine, pour peu qu'on ait de critique, combien l'ouvrage d'*ISOCRATE, *quoiqu'il ne soit pas entièrement exempt du genre maniéré des sophistes, a de supériorité sur celui de* GORGIAS. *Aux yeux des gens sensés, dit encore le même critique, ce n'est point là s'approprier les idées des autres; c'est bien faire ce qu'ils ont mal fait. Ceci s'applique seulement à* GORGIAS : *nous ne parlons pas de* LYSIAS, *un des plus grands orateurs de l'antiquité. Toutefois, si l'on trouve dans son oraison funèbre quelques traits qui se rencontrent aussi dans le* Panégyrique d'Isocrate, *il paroît assez juste d'attribuer cette ressemblance à celle des sujets que les deux orateurs avoient à traiter: les mêmes faits inspirent naturellement les mêmes pensées et les mêmes expressions.*

« *Le* Panégyrique d'Athènes, *par* ISOCRATE, » *dit M.* LAHARPE (1), « *ayant pour principal objet d'en-*
» *gager les Athéniens à se mettre à la tête des Grecs*
» *pour faire la guerre aux Barbares, rentre dans le*
» genre délibératif. »

On ne sauroit fixer d'une manière certaine et précise l'époque où fut publié le Panégyrique. *Les faits historiques mentionnés dans cet ouvrage, au lieu de contribuer à en déterminer l'époque, comme il seroit naturel de le croire, jettent, au contraire, beaucoup d'obscurité et d'embarras dans cette question.*

(1) *Lycée*, t. II, p. 36, édit. de M. AUGER.

M. Morus, qui l'a traitée avec soin, conjecture, d'après un passage du paragraphe XXXIX (1), *où il est question de la guerre d'Artaxerxès Mnémon contre Evagoras, que la publication du* Panégyrique *peut-être reportée à la XCVII*e. *ou XCVIII*e. *Olympiade, c'est-à-dire, de l'an 392 à 388 avant J. C. Mais cette opinion, comme l'avoue lui-même ce savant, n'est pas à l'abri de toute objection. Je n'entrerai pas dans la discussion de ce point chronologique : il exigeroit de trop longs développements, qui ne conduiroient point encore à une solution complète.*

---

(1) P. 42, l. 25-26 de cette édit.

ΙΣΟΚΡΑΤΟΥΣ
ΠΑΝΗΓΥΡΙΚΟΣ.

SOMMAIRE DE WOLF.

Οὗτός ἐστιν ὁ πολυθρύλλητος ἐκεῖνος λόγος, καὶ σχεδὸν κορυφαῖος ἐν τοῖς Ἰσοκράτους. Καὶ οἱ μὲν φασιν αὐτὸν δέκα, οἱ δὲ πεντεκαίδεκα ἔτεσιν ἐξειργασμένον, περισσοτέρῳ δήπου μήκει χρόνου, ἥπερ οἱ ἐλέφαντες τίκτουσιν. Οἱ μὲν οὖν Ἕλληνες οὐκ εὐφυείας μόνον, ἀλλὰ καὶ σχολῆς ηὐπόρουν, καθὰ Κικέρων φησίν· ἡμεῖς δὲ (λέγω δὲ περὶ ἐμαυτοῦ, καὶ τῶν ὁμοίων, οὐχὶ δὲ περὶ τῶν εἰς ἄκρον παιδείας ἐληλακότων) τοσούτου δεόμεθα τοῦ μιμήσασθαι, ὥστε μηδ᾽ ἀποθαυμάζειν ἢ κατανοῆσαι ἱκανῶς τὸ τῶν λόγων ἔντεχνον οἷοί τ᾽ εἶναι. Μικτὸς δ᾽ ἐστὶν ὁ λόγος ἐξ ἐγκωμίου καὶ συμβουλῆς. Ὁρῶντι μὲν οὖν εἰς τὸ τέλος, ὅπερ Φάβιος δεῖν φησίν, ἐπὶ τὸ συμβουλευτικὸν εἶδος ἀνενεχθήσεται· ἢν δὲ Διονυσίῳ τῷ Ἁλικαρνασσεῖ πειθώμεθα, ἐσχηματισμένον Ἀθηναίων συμβουλῆς προφάσει ἐγκώμιον ὑποληψόμεθα. Τὴν ὑπόθεσιν βέλτιον ἴσως αὐτοῦ Ἰσοκράτους, ἢ τοῖς ἐμαυτοῦ ῥήμασιν ἡρμηνεῦσθαι. Λέγει δ᾽ οὖν ἐν τῷ Περὶ Ἀντιδόσεως ὑπὲρ τοῦ Πανηγυρικοῦ ταῦτα· « Ὁ » μὲν γὰρ λόγος, ὁ μέλλων πρῶτος ὑμῖν ἐπιδείχθήσεσθαι, » κατ᾽ ἐκείνους ἐγράφη τοὺς χρόνους, ὅτε Λακεδαιμόνιοι » μὲν ἦρχον τῶν Ἑλλήνων, ἡμεῖς δὲ ταπεινῶς ἐπράττο- » μεν· ἐστὶ δὲ τοὺς μὲν Ἕλληνας παρακαλῶν ἐπὶ τὴν κατὰ » τῶν βαρβάρων στρατείαν, Λακεδαιμονίοις δὲ περὶ τῆς » ἡγεμονίας ἀμφισβητῶν. Τοιαύτην δὲ τὴν ὑπόθεσιν ποιη- » σάμενος, ἀποφαίνω τὴν πόλιν ἁπάντων τῶν ὑπαρχόντων » τοῖς Ἕλλησιν ἀγαθῶν αἰτίαν γεγενημένην· ἀφορισάμενος » δὲ τὸν λόγον, τὸν περὶ τῶν τοιούτων εὐεργεσιῶν, καὶ » βουλόμενος τὴν ἡγεμονίαν ἔτι σαφέστερον ἀποφαίνειν, ὡς » τῆς πόλεώς ἐστιν, ἐνθένδε ποθεν ἐπιχειρῶ διδάσκειν » περὶ τούτων, ὡς τῇ πόλει τιμᾶσθαι προσήκει πολὺ μᾶλ- » λον ἐκ τῶν περὶ τὸν πόλεμον κινδύνων, ἢ τῶν ἄλλων

» εὐεργεσιῶν. » Μετὰ ταῦθ' ὑποφέρει· « Ἐνθυμήθητε δὲ » πρὸς ὑμᾶς αὐτοὺς, εἰ δοκῶ τοῖς λόγοις διαφθείρειν τοὺς » νεωτέρους, ἀλλὰ μὴ προτρέπειν ἐπ' ἀρετὴν, καὶ τοὺς » ὑπὲρ τῆς πόλεως κινδύνους· ἢ δικαίως ἂν δοῦναι δίκην » ὑπὲρ τῶν εἰρημένων, ἀλλ' οὐκ ἂν χάριν κομίσασθαι παρ' » ὑμῶν τὴν μεγίστην, ὃς οὕτως ἐγκεκωμίακα καὶ τὴν πό- » λιν, καὶ τοὺς προγόνους, καὶ τοὺς κινδύνους, τοὺς ἐν » ἐκείνοις τοῖς χρόνοις γεγενημένους, ὥστε τούς τε πρό- » τερον γράψαντας περὶ τὴν ὑπόθεσιν ταύτην ἅπαντας ἠφα- » νικέναι τοὺς λόγους, αἰσχυνομένους ὑπὲρ τῶν εἰρημένων » αὐτοῖς· τούς τε νῦν δοκοῦντας εἶναι δεινοὺς μὴ τολμᾶν » ἔτι λέγειν περὶ τούτων, ἀλλὰ καὶ καταμέμφεσθαι τὴν » δύναμιν τὴν σφετέραν αὐτῶν. » Καὶ μέχρι μὲν τοσούτων Ἰσοκράτης, ὁ τὴν μὲν αὐτὴν ταύτην ὑπόθεσιν περὶ τοῦ πολεμεῖν τοῖς βαρβάροις ἐν τῷ πρὸς Φίλιππον ἀναλαβὼν, τὴν δὲ τῶν τε Ἀθηναίων καὶ τῶν Λακεδαιμονίων ἀντεξέτασιν ἐν τῷ Παναθηναϊκῷ διὰ πλειόνων ἐκθέμενος, ὥστε προηρημένος φαίνεται τὸν ἀνυπέρβλητον τουτονὶ δοκοῦντα λόγον ὑπερβάλλειν, καὶ αὐτὸς ἑαυτοῦ γενέσθαι κρείττων.

Exorde. *Première Partie*, *tirée* 1°. de l'éloge des dons de l'esprit; 2°. de l'exposition du sujet et de son importance; 3°. des motifs de l'orateur.

I. Πολλάκις ἐθαύμασα τῶν τὰς πανηγύρεις συναγαγόντων, καὶ τοὺς γυμνικοὺς ἀγῶνας καταστησάντων, ὅτι τὰς μὲν τῶν σωμάτων εὐεξίας οὕτω μεγάλων δωρεῶν ἠξίωσαν, τοῖς δὲ ὑπὲρ τῶν κοινῶν ἰδίᾳ πονήσασι, καὶ τὰς ἑαυτῶν ψυχὰς οὕτω παρασκευάσασιν, ὥστε καὶ τοὺς ἄλλους ὠφελεῖν δύνασθαι, τούτοις οὐδεμίαν τιμὴν ἀπένειμαν· ὧν εἰκὸς ἦν αὐτοὺς μᾶλλον ποιήσασθαι πρόνοιαν. Τῶν μὲν γὰρ ἀθλητῶν δὶς τοσαύτην ῥώμην λαβόντων, οὐδὲν ἂν πλέον γένοιτο τοῖς ἄλλοις· ἑνὸς δὲ ἀνδρὸς εὖ φρονήσαντος ἅπαντες ἂν ἀπολαύσειαν οἱ βουλόμενοι κοινωνεῖν τῆς ἐκείνου διανοίας. Οὐ μὴν ἐπὶ τούτοις ἀθυμήσας εἰλόμην ῥαθυμεῖν, ἀλλ' ἱκανὸν νομίσας ἆθλον ἔσεσθαί μοι τὴν δόξαν, τὴν ἀπ' αὐτοῦ τοῦ λόγου γενησομένην, ἥκω συμβουλεύσων περί τε τοῦ πολέμου τοῦ πρὸς τοὺς βαρβάρους, καὶ τῆς ὁμονοίας τῆς πρὸς ἡμᾶς αὐτούς· οὐκ ἀγνοῶν ὅτι πολλοὶ τῶν προσποιησαμένων εἶναι σοφιστῶν ἐπὶ τοῦτον τὸν λόγον ὥρμησαν· ἀλλ' ἅμα μὲν ἐλπίζων τοσοῦτον αὐτῶν διοίσειν, ὥστε τοῖς ἄλλοις μηδὲν πώποτε δοκεῖν εἰρῆσθαι περὶ αὐτῶν· ἅμα δὲ προκρίνας τούτους καλλίστους εἶναι τῶν λόγων, οἵτινες περὶ μεγίστων τυγχάνουσιν ὄντες, καὶ τούς τε λέγοντας μάλιστα ἐπιδεικνύουσι, καὶ τοὺς ἀκούοντας πλεῖστα ὠφελοῦσιν· ὧν εἷς οὗτός ἐστιν. Ἔπειτα οὐδ' οἱ καιροί πω παρεληλύθασιν, ὥστ' ἤδη μάτην εἶναι τὸ μεμνῆσθαι περὶ αὐτῶν· τότε γὰρ χρὴ παύεσθαι λέγοντα, ὅταν ἢ τὰ πράγματα λάβῃ τέλος, καὶ μηκέτι δέῃ βουλεύεσθαι περὶ αὐτῶν, ἢ τὸν λόγον ἴδῃ τις ἔχοντα πέρας, ὥστε μηδεμίαν λελεῖφθαι τοῖς ἄλλοις ὑπερβολήν. Ἕως δ' ἂν τὰ μὲν ὁμοίως ὥσπερ πρότερον φέρηται, τὰ δ' εἰρημένα φαύλως ἔχοντα τυγχάνῃ, πῶς οὐ χρὴ* σκοπεῖν καὶ φιλοσοφεῖν τοῦτον τὸν λόγον, ὃς, ἢν κατορθωθῇ, καὶ τοῦ πολέμου τοῦ πρὸς ἀλλήλους, καὶ τῆς ταραχῆς τῆς παρούσης, καὶ τῶν μεγίστων κακῶν ἡμᾶς ἀπαλλάξει; Πρὸς δὲ τούτοις, εἰ μὲν μηδαμῶς ἄλλως οἷόν τ' ἦν δηλοῦν τὰς αὐτὰς πράξεις, ἀλλ' ἢ διὰ μιᾶς ἰδέας, εἶχεν ἄν τις ὑπολαβεῖν, ὡς περίεργόν ἐστι, τὸν αὐτὸν τρόπον ἐκείνοις λέγοντα, πάλιν ἐνοχλεῖν τοῖς ἀκούουσιν· ἐπειδὴ δ' οἱ λόγοι τοιαύτην ἔχουσι τὴν φύσιν, ὥσθ' οἷόν τ' εἶναι περὶ τῶν αὐτῶν πολλαχῶς ἐξηγήσασθαι, καὶ τά τε μεγάλα ταπεινὰ ποιῆσαι, καὶ τοῖς μικροῖς μέγεθος προςθεῖναι, καὶ τὰ παλαιὰ καινῶς διεξελθεῖν, καὶ περὶ τῶν νεωστὶ γεγενημένων ἀρχαίως εἰπεῖν· οὐκ ἔτι φευκτέον ταῦτ' ἐστὶ, περὶ ὧν ἕτεροι πρότερον εἰρήκασιν, ἀλλ' ἄμεινον ἐκείνων εἰπεῖν πειρατέον. Αἱ μὲν γὰρ πράξεις αἱ προγεγενημέναι κοιναὶ πᾶσιν ἡμῖν κατελείφθησαν· τὸ δὲ ἐν καιρῷ ταύταις καταχρήσασθαι, καὶ τὰ προςήκοντα περὶ ἑκάστης ἐνθυμηθῆναι, καὶ τοῖς ὀνόμασιν εὖ διαθέσθαι, τῶν εὖ φρονούντων ἴδιόν ἐστιν. Ἡγοῦμαι δ' οὕτως ἂν μεγίστην ἐπίδοσιν λαμβάνειν καὶ τὰς ἄλλας τέχνας, καὶ τὴν περὶ τοὺς λόγους φιλοσοφίαν, εἴ τις τιμῴη καὶ θαυμάζοι, μὴ τοὺς πρώτους τῶν λόγων ἀρχομένους, ἀλλὰ τοὺς ἄριστα αὐτῶν ἕκαστον ἐξεργαζομένους· μηδὲ τοὺς περὶ τούτων ζητοῦντάς τι λέγειν, περὶ ὧν μηδεὶς πρότερον εἴρηκεν, ἀλλὰ τοὺς οὕτως ἐπισταμένους εἰπεῖν, ὡς οὐδεὶς ἂν ἄλλος δύναιτο.

Deuxième Partie de l'Exorde, tirée 1°. de la réfutation de quelques opinions littéraires; 2°. de promesses magnifiques, faites pour fixer l'attention; 3°. d'une nouvelle exposition du sujet et de la division du discours.

II. Καίτοι τινὲς ἐπιτιμῶσι τῶν λόγων τοῖς ὑπὲρ τοὺς ἰδιώτας ἔχουσι, καὶ λίαν ἀπηκριβωμένοις· καὶ τοσοῦτον διημαρτήκασιν, ὥςτε τοὺς πρὸς ὑπερβολὴν πεπονημένους πρὸς τοὺς ἀγῶνας, τοὺς περὶ τῶν ἰδίων συμβολαίων, σκοποῦσιν, ὥςπερ ὁμοίως ἀμφοτέρους δέον ἔχειν, ἀλλ' οὐ τοὺς μὲν ἀσφαλῶς, τοὺς δὲ ἐπιδεικτικῶς· ἢ σφᾶς μὲν διορῶντας τὰς μετριότητας, τὸν δὲ ἀκριβῶς ἐπιστάμενον λέγειν, ἁπλῶς οὐκ ἂν μὴ δυνάμενον εἰπεῖν.

Οὗτοι μὲν οὖν οὐ λελήθασιν, ὅτι τούτους ἐπαινοῦσιν, ὧν ἐγγὺς αὐτοὶ τυγχάνουσιν ὄντες· ἐμοὶ δ' οὐδὲν πρὸς τοὺς τοιούτους ἐστὶν, ἀλλὰ πρὸς ἐκείνους, τοὺς οὐδὲν ἀποδεξομένους εἰκῆ τῶν λεγομένων, ἀλλὰ δυςχερανοῦντας, καὶ ζητήσοντας ἰδεῖν τι τοιοῦτον ἐν τοῖς ἐμοῖς λόγοις, ὃ παρὰ τοῖς ἄλλοις οὐχ εὑρήσουσι. Πρὸς οὓς ἔτι μικρὸν ὑπὲρ ἐμαυτοῦ θρασυνάμενος, ἤδη περὶ τοῦ πράγματος ποιήσομαι τοὺς λόγους. Τοὺς μὲν γὰρ ἄλλους ἐν τοῖς προοιμίοις ὁρῶ καταπραΰνοντας τοὺς ἀκροατὰς, καὶ προφασιζομένους ὑπὲρ τῶν μελλόντων ῥηθήσεσθαι, καὶ λέγοντας, τοὺς μὲν, ὡς ἐξ ὑπογυίου γέγονεν αὐτοῖς ἡ παρασκευὴ, τοὺς δὲ, ὡς χαλεπόν ἐστιν ἴσους τῷ μεγέθει λόγους τῶν ἔργων ἐξευρεῖν. Ἐγὼ δ', ἢν μὴ καὶ τοῦ πράγματος ἀξίως εἴπω, καὶ τῆς δόξης τῆς ἐμαυτοῦ, καὶ τοῦ χρόνου, μὴ μόνον τοῦ περὶ τὸν λόγον ἡμῖν διατριφθέντος, ἀλλὰ καὶ σύμπαντος οὗ βεβίωκα, παρακελεύομαι μηδεμίαν μοι συγγνώμην ἔχειν, ἀλλὰ καταγελᾷν καὶ καταφρονεῖν· οὐδὲν γὰρ ὅ τι τῶν τοιούτων οὐκ ἄξιός εἰμι πάσχειν, εἴπερ, μηδὲν τῶν ἄλλων διαφέρων, οὕτω μεγάλας τὰς ὑποσχέσεις ποιοῦμαι. Περὶ μὲν οὖν τῶν ἰδίων ταῦτά μοι προειρήσθω· περὶ δὲ τῶν κοινῶν, ὅσοι μὲν εὐθὺς ἐπελθόντες διδάσκουσιν, ὡς χρὴ, διαλυσαμένους τὰς πρὸς ἡμᾶς αὐτοὺς ἔχθρας, ἐπὶ τὸν βάρβαρον τραπέσθαι, καὶ διεξέρχονται τάς τε συμφορὰς, τὰς ἐκ τοῦ πολέμου τοῦ πρὸς ἀλλήλους ἡμῖν γεγενημένας, καὶ τὰς ὠφελείας, τὰς ἐκ τῆς στρατείας τῆς ἐπ' ἐκεῖνον ἐσομένας, ἀληθῆ μὲν λέγουσιν, οὐ μὴν ἐντεῦθέν γε ποιοῦνται τὴν ἀρχὴν, ὅθεν ἂν μάλιστα συστῆσαι ταῦτα δυνηθεῖεν. Τῶν γὰρ Ἑλλήνων οἱ μὲν ἐφ' ἡμῖν, οἱ δὲ ὑπὸ Λακεδαιμονίοις εἰσίν· αἱ γὰρ πολιτεῖαι, δι' ὧν οἰκοῦσι τὰς πόλεις, οὕτω τοὺς πλείστους αὐτῶν διειλήφασιν. Ὅστις οὖν οἴεται τοὺς ἄλλους κοινῇ τι πράξειν ἀγαθὸν, πρὶν ἂν τοὺς προεστῶτας αὐτῶν διαλλάξῃ, λίαν ἁπλῶς ἔχει, καὶ πόῤῥω τῶν πραγμάτων ἐστίν. Ἀλλὰ δεῖ τοὺς μὴ μόνον ἐπίδειξιν ποιουμένους, ἀλλὰ καὶ διαπράξασθαί τι βουλομένους, ἐκείνους τοὺς λόγους ζητεῖν, οἵτινες τὰς πόλεις ταύτας πείσουσιν ἰσομοιρῆσαι πρὸς ἀλλήλας, καὶ τάς θ' ἡγεμονίας διελέσθαι, καὶ τὰς πλεονεξίας, ἃς νῦν παρὰ τῶν Ἑλλήνων ἐπιθυμοῦσιν αὑταῖς γίγνεσθαι, ταύτας παρὰ τῶν βαρβάρων ποιήσασθαι.

PREMIÈRE PARTIE *du discours, dans laquelle l'orateur s'attache à prouver que l'empire de la mer appartient aux Athéniens, à titre d'ancienneté, et par reconnoissance des bienfaits dont la Grèce leur est redevable. — Preuves tirées des temps fabuleux.*

Prétention mal fondée des Lacédémoniens. L'union de la Grèce impossible sans l'accord de Sparte et d'Athènes. Titres incontestables des Athéniens, l'habileté, la priorité et la bienfaisance.

III. ΤΗΝ μὲν οὖν ἡμετέραν πόλιν ῥᾴδιον ἐπὶ ταῦτα προσαγαγεῖν· Λακεδαιμόνιοι δὲ νῦν μὲν ἔτι δυσπείστως ἔχουσι· παρειλήφασι γὰρ ψευδῆ λόγον, ὡς ἔστιν αὐτοῖς ἡγεῖσθαι πάτριον. Ἢν δ' ἐπιδείξῃ τις αὐτοῖς ταύτην τὴν τιμὴν ἡμετέραν οὖσαν μᾶλλον ἢ ἐκείνων, τάχ' ἂν, ἐάσαντες τὸ διακριβοῦσθαι περὶ τούτων, ἐπὶ τὸ συμφέρον ἔλθοιεν. Ἐχρῆν μὲν οὖν καὶ τοὺς ἄλλους ἐντεῦθεν ἄρχεσθαι, καὶ μὴ πρότερον περὶ τῶν ὁμολογουμένων συμβουλεύειν, πρὶν περὶ τῶν ἀμφισβητουμένων ἡμᾶς ἀπαλλάξαι· ἐμοὶ δ' οὖν ἀμφοτέρων ἕνεκα προσήκει περὶ ταῦτα ποιήσασθαι τὴν πλείστὴν διατριβὴν, μάλιστα μὲν, ἵνα προὔργου τι γένηται, καὶ, παυσάμενοι τῆς πρὸς ἡμᾶς αὐτοὺς φιλονεικίας, κοινῇ τοῖς βαρβάροις πολεμήσωμεν· εἰ δὲ τοῦτό ἐστιν ἀδύνατον, ἵνα δηλώσω τοὺς ἐμποδὼν ὄντας τῇ τῶν Ἑλλήνων εὐδαιμονίᾳ, καὶ πᾶσι γένηται φανερὸν, ὅτι καὶ πρότερον ἡ πόλις ἡμῶν δικαίως τῆς θαλάττης ἦρξε, καὶ νῦν οὐκ ἀδίκως ἀμφισβητεῖ περὶ τῆς ἡγεμονίας. Τοῦτο μὲν γὰρ, εἰ δεῖ τούτους ἐφ᾽ ἑκάστῳ τιμᾶσθαι τῶν ἔργων, τοὺς ἐμπειροτάτους ὄντας, καὶ μεγίστην δύναμιν ἔχοντας, ἀναμφισβητήτως ἡμῖν προσήκει τὴν ἡγεμονίαν ἀπολαβεῖν, ἣν πρότερον ἐτυγχάνομεν ἔχοντες· οὐδεὶς γὰρ ἂν ἑτέραν πόλιν ἐπιδείξειε τοσοῦτον ἐν τῷ πολέμῳ τῷ κατὰ γῆν ὑπερέχουσαν, ὅσον τὴν ἡμετέραν ἐν τοῖς κινδύνοις τοῖς κατὰ θάλατταν διαφέρουσαν. Τοῦτο δὲ, εἴ τινες ταύτην μὲν μὴ νομίζουσι δικαίαν εἶναι τὴν κρίσιν, ἀλλὰ πολλὰς τὰς μεταβολὰς γίγνεσθαι (τὰς γὰρ δυναστείας οὐδέποτε τοῖς αὐτοῖς παραμένειν), ἀξιοῦσι δὲ τὴν ἡγεμονίαν ἔχειν, ὥσπερ ἄλλο τι γέρας, ἢ τοὺς πρώτους τυχόντας ταύτης τῆς τιμῆς, ἢ τοὺς πλείστων ἀγαθῶν αἰτίους τοῖς Ἕλλησιν ὄντας· ἡγοῦμαι καὶ τούτους γ᾽ εἶναι μεθ᾽ ἡμῶν· ὅσῳ γὰρ ἄν τις πορρωτέρω σκοπῇ περὶ τούτων ἀμφοτέρων, τοσούτῳ πλεῖον ἀπολείψομεν τοὺς ἀμφισβητοῦντας περὶ αὐτῶν.

Antiquité d'Athènes : ses habitants autochthones.

IV. Ὁμολογεῖται μὲν γὰρ τὴν πόλιν ἡμῶν ἀρχαιοτάτην εἶναι, καὶ μεγίστην, καὶ παρὰ πᾶσιν ἀνθρώποις ὀνομαστοτάτην. Οὕτω δὲ καλλίστης ὑποθέσεως οὔσης, ἐπὶ τοῖς ἐχομένοις τούτων ἔτι μᾶλλον ἡμᾶς προσήκει τιμᾶσθαι. Ταύτην γὰρ οἰκοῦμεν, οὐχ ἑτέρους ἐκβαλόντες, οὐδὲ ἐρήμην καταλαβόντες, οὐδὲ ἐκ πολλῶν ἐθνῶν μιγάδες συλλεγέντες· ἀλλ᾽ οὕτω καλῶς καὶ γνησίως γεγόναμεν, ὥςτ᾽, ἐξ ἧςπερ ἔφυμεν, ταύτην ἔχοντες ἅπαντα τὸν χρόνον διατελοῦμεν, αὐτόχθονες ὄντες, καὶ τοῖς ὀνόμασι τοῖς αὐτοῖς, οἷςπερ τοὺς οἰκειοτάτους, τὴν πόλιν ἔχοντες προςειπεῖν· μόνοις γὰρ ἡμῖν τῶν Ἑλλήνων τὴν αὐτὴν τροφὸν, καὶ πατρίδα, καὶ μητέρα καλέσαι προςήκει. Καίτοι χρὴ τοὺς εὐλόγως μέγα φρονοῦντας, καὶ περὶ τῆς ἡγεμονίας δικαίως ἀμφιςβητοῦντας, καὶ τῶν πατρίων πολλάκις μεμνημένους, τοιαύτην τὴν ἀρχὴν τοῦ γένους ἔχοντας φαίνεσθαι.

La Grèce redevable à Athènes de sa civilisation.

V. Τὰ μὲν οὖν ἐξ ἀρχῆς ὑπάρξαντα, καὶ παρὰ τῆς τύχης δωρηθέντα, τηλικαῦτα ἡμῖν τὸ μέγεθός ἐστιν· ὅσων δὲ τοῖς ἄλλοις ἀγαθῶν αἴτιοι γεγόναμεν, οὕτως ἂν κάλλιστα ἐξετάσαιμεν, εἰ τόν τε χρόνον ἀπ᾽ ἀρχῆς, καὶ τὰς πράξεις τὰς τῆς πόλεως ἐφεξῆς διέλθοιμεν· εὑρήσομεν γὰρ αὐτὴν, οὐ μόνον τῶν πρὸς τὸν πόλεμον κινδύνων, ἀλλὰ καὶ τῆς ἄλλης κατασκευῆς, ἐν ᾗ κατοικοῦμεν, καὶ μεθ᾽ ἧς πολιτευόμεθα, καὶ δι᾽ ἣν ζῆν δυνάμεθα, σχεδὸν ἁπάσης αἰτίαν οὖσαν. Ἀνάγκη δὲ προαιρεῖσθαι τῶν εὐεργεσιῶν μὴ τὰς διὰ μικρότητα διαλαθούσας καὶ κατασιωπηθείσας, ἀλλὰ τὰς διὰ τὸ μέγεθος ὑπὸ πάντων ἀνθρώπων, καὶ πάλαι, καὶ νῦν, καὶ πανταχοῦ, καὶ λεγομένας καὶ μνημονευομένας.

Les Athéniens doivent à Cérès l'agriculture et les mystères, bienfaits dont ils ont fait part à la Grèce.

VI. Πρῶτον μὲν οὖν, οὗ πρῶτον ἡ φύσις ἡμῶν ἐδεήθη, διὰ τῆς πόλεως τῆς ἡμετέρας ἐπορίσθη· καὶ γὰρ εἰ μυθώδης ὁ λόγος γέγονεν, ὅμως αὐτὸν καὶ νῦν ῥηθῆναι προςήκει. Δήμητρος γὰρ ἀφικνουμένης εἰς τὴν χώραν ἡμῶν, ὅτε ἐπλανήθη, τῆς Κόρης ἁρπασθείσης, καὶ πρὸς τοὺς προγόνους τοὺς ἡμετέρους εὐμενῶς διατεθείσης ἐκ τῶν εὐεργεσιῶν (ἃς οὐχ οἷόν τε ἄλλοις, ἢ τοῖς μεμυημένοις, ἀκούειν), καὶ δούσης δωρεὰς διττὰς, αἵπερ μέγισται τυγχάνουσιν οὖσαι, τούς τε καρποὺς, οἳ τοῦ μὴ θηριωδῶς ζῆν ἡμᾶς αἴτιοι γεγόνασι, καὶ τὴν τελετὴν, ἧς οἱ μετέχοντες περί τε τῆς τοῦ βίου τελευτῆς καὶ τοῦ σύμπαντος αἰῶνος ἡδίους τὰς ἐλπίδας ἔχουσιν· οὕτως ἡ πόλις ἡμῶν οὐ μόνον θεοφιλῶς, ἀλλὰ καὶ φιλανθρώπως ἔσχεν, ὥςτε, κυρία γενομένη τοιούτων ἀγαθῶν, οὐκ ἐφθόνησε τοῖς ἄλλοις, ἀλλ' ὧν ἔλαβεν ἅπασι μετέδωκε. Καὶ τὰ μὲν ἔτι καὶ νῦν καθ' ἕκαστον ἐνιαυτὸν δείκνυμεν· τῶν δὲ συλλήβδην τὰς εὐεργεσίας καὶ τὰς χρείας καὶ τὰς ὠφελείας, τὰς δι' αὐτῶν γιγνομένας, ἐδιδάξαμεν. Καὶ τούτοις ἀπιστεῖν, μικρὸν ἔτι ἡμῶν προςτιθέντων, οὐδεὶς ἂν ἀξιώσειεν.

Vérité de la tradition, appuyée sur l'ancienneté des peuples et les usages encore existants.

VII. Πρῶτον μὲν γὰρ, ἐξ ὧν ἄν τις καταφρονήσειε τῶν λεγομένων, ὡς ἀρχαίων ὄντων, ἐκ τῶν αὐτῶν τούτων εἰκότως ἂν καὶ τὰς πράξεις γεγενῆσθαι νομίσειεν· διὰ γὰρ τὸ πολλοὺς εἰρηκέναι, καὶ πάντας ἀκηκοέναι, προσήκει, μὴ καινὰ μὲν, πιστὰ δὲ δοκεῖν εἶναι τὰ λεγόμενα περὶ αὐτῶν. Ἔπειτα, οὐ μόνον ἐνταῦθα καταφυγεῖν ἔχομεν, ὅτι τὸν λόγον καὶ τὴν φήμην ἐκ πολλοῦ παρειλήφαμεν, ἀλλὰ καὶ σημείοις μείζοσιν ἢ τούτοις ἐστὶν ἡμῖν χρήσασθαι περὶ αὐτῶν. Αἱ μὲν γὰρ πλεῖσται τῶν πόλεων, ὑπομνήματα τῆς παλαιᾶς εὐεργεσίας, ἀπαρχὰς τοῦ σίτου καθ' ἕκαστον ἐνιαυτὸν ὡς ἡμᾶς ἀποπέμπουσι· ταῖς δὲ ἐκλειπούσαις πολλάκις ἡ Πυθία προσέταξεν ἀποφέρειν τὰ μέρη τῶν καρπῶν, καὶ ποιεῖν πρὸς τὴν πόλιν τὴν ἡμετέραν τὰ πάτρια. Καίτοι περὶ τίνων χρὴ μάλιστα πιστεύειν, ἢ περὶ ὧν ὅ τε θεὸς ἀναιρεῖ, καὶ πολλοῖς τῶν Ἑλλήνων συνδοκεῖ, καὶ τά τε πάλαι ῥηθέντα τοῖς παροῦσιν ἔργοις συμμαρτυρεῖ, καὶ τὰ νῦν γιγνόμενα τοῖς ὑπ' ἐκείνων εἰρημένοις ὁμολογεῖ;

Autre raisonnement tiré de la supériorité naturelle et de la piété des Athéniens. — La grandeur de leurs bienfaits les met au-dessus de toute récompense.

VIII. Χωρὶς δὲ τούτων, ἐὰν, ἅπαντα ἐάσαντες, ἀπὸ τῆς ἀρχῆς σκοπῶμεν, εὑρήσομεν, ὅτι τὸν βίον οἱ πρῶτοι φανέντες ἐπὶ γῆς, οὐκ εὐθὺς οὕτως ὥσπερ νῦν ἔχοντα, κατέλαβον, ἀλλὰ κατὰ μικρὸν αὑτοῖς συνεπορίσαντο. Τίνας οὖν χρὴ μᾶλλον νομίζειν, ἢ δωρεὰν παρὰ τῶν θεῶν λαβεῖν, ἢ ζητοῦντας αὐτοὺς ἐντυχεῖν; οὐ τοὺς ὑπὸ πάντων ὁμολογουμένους, καὶ πρώτους γενομένους, καὶ πρός τε τὰς τέχνας εὐφυεστάτους ὄντας, καὶ πρός τε τὰ τῶν θεῶν εὐσεβέστατα διακειμένους; Καὶ μὴν ὅσης προσήκει τιμῆς τυγχάνειν τοὺς τηλικούτων ἀγαθῶν αἰτίους, πάρεργον διδάσκειν· οὐδεὶς γὰρ ἂν δύναιτο δωρεᾶς τοσαύτης τὸ μέγεθος εὑρεῖν, ἥτις ἴση τοῖς πεπραγμένοις ἐστί. Περὶ μὲν οὖν τοῦ μεγίστου τῶν εὐεργετημάτων, καὶ πρώτου γενομένου, καὶ πᾶσι κοινοτάτου, ταῦτ' ἔχομεν εἰπεῖν.

Deuxième Partie. *Titres des Athéniens à la prééminence, fondés sur leurs actions dans les temps héroïques, et leur supériorité dans les connoissances humaines.*

Athènes délivre la Grèce des barbares, et fonde les premières colonies.

IX. Περὶ δὲ τοὺς αὐτοὺς χρόνους, ὁρῶσα τοὺς μὲν βαρβάρους τὴν πλείστην τῆς χώρας κατέχοντας, τοὺς δὲ Ἕλληνας εἰς μικρὸν τόπον κατακεκλεισμένους, καὶ διὰ σπανιότητα τῆς γῆς ἐπιβουλεύοντάς τε σφίσιν αὐτοῖς, καὶ στρατείας ἐπ' ἀλλήλους ποιουμένους, καὶ τοὺς μὲν, δι' ἔνδειαν τῶν καθ' ἡμέραν, τοὺς δὲ, διὰ τὸν πόλεμον ἀπολλυμένους· οὐδὲ ταῦθ' οὕτως ἔχοντα περιεῖδεν; ἀλλ' ἡγεμόνας εἰς τὰς πόλεις ἐξέπεμψεν, οἵ, παραλαβόντες τοὺς μάλιστα βίου δεομένους, στρατηγοὶ καταστάντες αὐτῶν, καὶ πολέμῳ κρατήσαντες τοὺς βαρβάρους, πολλὰς μὲν ἐφ' ἑκάτερα τῆς ἠπείρου πόλεις ἔκτισαν, πάσας δὲ τὰς νήσους κατῴκισαν, ἀμφοτέρους δὲ, καὶ τοὺς ἀκολουθήσαντας, καὶ τοὺς ὑπομείναντας, ἔσωσαν· τοῖς μὲν γὰρ ἱκανὴν τὴν οἴκοι χώραν κατέλιπον, τοῖς δὲ πλείω τῆς ὑπαρχούσης ἐπόρισαν· ἅπαντα γὰρ περιεβάλοντο τὸν τόπον, ὃν νῦν τυγχάνομεν κατέχοντες. Ὥστε καὶ τοῖς ὕστερον βουληθεῖσιν ἀποικίσαι τινὰς, καὶ μιμήσασθαι τὴν πόλιν τὴν ἡμετέραν, πολλὴν ῥᾳστώνην ἐποίησαν· οὐ γὰρ αὐτοὺς ἔδει κτωμένους χώραν διακινδυνεύειν, ἀλλ' εἰς τὴν ἀφ' ἡμῶν ἀφορισθεῖσαν εἰς ταύτην οἰκεῖν ἰόντας. Καίτοι τίς ἂν ταύτης ἡγεμονίαν ἐπιδείξειεν ἢ πατριωτέραν τῆς πρότερον γενομένης, πρὶν πλείστας οἰκισθῆναι τῶν ἑλληνίδων πόλεων, ἢ μᾶλλον συμφέρουσαν τῆς τοὺς μὲν βαρβάρους ἀναστάτους ποιησάσης, τοὺς δὲ Ἕλληνας ἐπὶ τοσαύτην εὐπορίαν προαγαγούσης;

Athènes, source de la civilisation, invente les arts, ou nécessaires, ou agréables, et donne la première l'exemple d'un gouvernement stable et modéré.

X. Οὐ τοίνυν, ἐπειδὴ τὰ μέγιστα συνδιέπραξε, τῶν ἄλλων ὠλιγώρησεν· ἀλλ᾽ ἀρχὴν μὲν ταύτην ἐποιήσατο τῶν εὐεργεσιῶν, τροφὴν τοῖς δεομένοις εὑρεῖν, ἥνπερ χρὴ τοὺς μέλλοντας καὶ περὶ τῶν ἄλλων καλῶς διοικήσειν. Ἡγουμένη δὲ τὸν βίον, τὸν ἐπὶ τούτοις μόνον, οὔπω τοῦ ζῆν ἐπιθυμεῖν ἀξίως ἔχειν, οὕτως ἐπεμελήθη καὶ τῶν λοιπῶν, ὥςτε τῶν παρόντων τοῖς ἀνθρώποις ἀγαθῶν, ὅσα μὴ παρὰ τῶν θεῶν ἔχομεν, ἀλλὰ δι᾽ ἀλλήλους ἡμῖν γέγονε, μηδὲν μὲν ἄνευ τῆς πόλεως τῆς ἡμετέρας εἶναι, τὰ δὲ πλεῖστα διὰ ταύτην γεγενῆσθαι. Παραλαβοῦσα γὰρ τοὺς Ἕλληνας ἀνόμως ζῶντας, καὶ σποράδην οἰκοῦντας, καὶ τοὺς μὲν ὑπὸ δυναστειῶν ὑβριζομένους, τοὺς δὲ δι᾽ ἀναρχίαν ἀπολλυμένους, καὶ τούτων τῶν κακῶν αὐτοὺς ἀπήλλαξε, τῶν μὲν κυρία γενομένη, τοῖς δ᾽ αὑτὴν παράδειγμα ποιήσασα· πρώτη γὰρ καὶ νόμους ἔθετο, καὶ πολιτείαν κατεστήσατο. Δῆλον δὲ ἐκεῖθεν· οἱ γὰρ ἐν ἀρχῇ περὶ τῶν φονικῶν ἐγκαλέσαντες, καὶ βουληθέντες μετὰ λόγου, καὶ μὴ μετὰ βίας, διαλύσασθαι τὰ πρὸς ἀλλήλους, ἐν τοῖς νόμοις τοῖς ἡμετέροις τὰς κρίσεις ἐποιήσαντο περὶ τούτων. Καὶ μὲν δὴ καὶ τῶν τεχνῶν τάς τε πρὸς τὰ ἀναγκαῖα τοῦ βίου χρησίμας, καὶ τὰς πρὸς ἡδονὴν μεμηχανημένας, τὰς μὲν εὑροῦσα, τὰς δὲ δοκιμάσασα, χρῆσθαι τοῖς λοιποῖς παρέδωκε.

Athènes pourvoit aux besoins de tous les peuples, et devient le centre de leurs relations.

XI. Τὴν τοίνυν ἄλλην διοίκησιν οὕτω φιλοξένως κατεσκευάσατο, καὶ πρὸς ἅπαντας οἰκείως, ὥςτε καὶ τοῖς χρημάτων δεομένοις, καὶ τοῖς ἀπολαῦσαι τῶν ὑπαρχόντων ἐπιθυμοῦσιν, ἀμφοτέροις ἁρμόττειν, καὶ μήτε τοῖς εὐδαιμονοῦσι, μήτε τοῖς δυςτυχοῦσιν ἐν ταῖς ἑαυτῶν ἀχρήστως ἔχειν, ἀλλ' ἑκατέροις αὐτῶν εἶναι παρ' ἡμῖν, τοῖς μὲν ἡδίστας διατριβὰς, τοῖς δὲ ἀσφαλεστάτην καταφυγήν. Ἔτι δὲ τὴν χώραν οὐκ αὐτάρκη κεκτημένων ἑκάστων, ἀλλὰ τὰ μὲν ἐλλείπουσαν, τὰ δὲ πλείω τῶν ἱκανῶν φέρουσαν, καὶ πολλῆς ἀπορίας οὔσης, τὰ μὲν ὅπου χρὴ διαθέσθαι, τὰ δὲ ὁπόθεν εἰςαγαγέσθαι· καὶ ταύταις ταῖς συμφοραῖς ἐπήμυνεν. Ἐμπόριον γὰρ ἐν μέσῳ τῆς Ἑλλάδος τὸν Πειραιᾶ κατεστήσατο, τοσαύτην ὑπερβολὴν ἔχον, ὥςτε, ἃ παρὰ τῶν ἄλλων ἓν παρ' ἑκάστων χαλεπόν ἐστι λαβεῖν, ταῦθ' ἅπαντα παρ' αὐτῆς ῥᾴδιον εἶναι πορίσασθαι.

Utilité des assemblées générales de la Grèce, et prépondérance des Athéniens dans ces réunions.

XII. Τῶν τοίνυν τὰς πανηγύρεις καταστησάντων δικαίως ἐπαινουμένων, ὅτι τοιοῦτον ἔθος ἡμῖν παρέδοσαν, ὥςτε, σπεισαμένους πρὸς ἀλλήλους, καὶ τὰς ἔχθρας τὰς ἐνεστηκυίας διαλυσαμένους, συνελθεῖν εἰς ταυτὸν, μετὰ δὲ τοῦτο, εὐχὰς καὶ θυσίας κοινὰς ποιησαμένους, ἀναμνησθῆναι μὲν τῆς συγγενείας τῆς πρὸς ἀλλήλους ὑπαρχούσης, εὐμενεστέρως δ' εἰς τὸν λοιπὸν χρόνον διατεθῆναι πρὸς ἡμᾶς αὐτοὺς, καὶ τάς τε παλαιὰς ξενίας ἀνανεώσασθαι, καὶ καινὰς ἄλλας ποιήσασθαι, καὶ μήτε τοῖς ἰδιώταις, μήτε τοῖς διενεγκοῦσι τὴν φύσιν ἀργὸν εἶναι τὴν διατριβὴν, ἀλλὰ, ἀθροισθέντων τῶν Ἑλλήνων εἰς ἓν, ἐγγενέσθαι τοῖς μὲν ἐπιδείξασθαι τὰς ἑαυτῶν εὐτυχίας, τοῖς δὲ θεάσασθαι τούτους πρὸς ἀλλήλους ἀγωνιζομένους, καὶ μηδ' ἑτέρους ἀθύμως διάγειν, ἀλλ' ἑκατέρους ἔχειν ἐφ' οἷς φιλοτιμηθῶσιν, οἱ μὲν, ὅτ' ἂν ἴδωσι τοὺς ἀθλητὰς ἑαυτῶν ἕνεκα πονοῦντας, οἱ δὲ, ὅτ' ἂν ἐνθυμηθῶσιν ὅτι πάντες ἐπὶ τὴν σφετέραν θεωρίαν ἥκουσι. Τοσούτων τοίνυν ἀγαθῶν διὰ τὰς συνόδους ἡμῖν γιγνομένων, οὐδ' ἐν τούτοις ἡ πόλις ἡμῶν ἀπελείφθη· καὶ γὰρ θεάματα πλεῖστα καὶ κάλλιστα κέκτηται, τὰ μὲν ταῖς δαπάναις ὑπερβάλλοντα, τὰ δὲ κατὰ τὰς τέχνας εὐδοκιμοῦντα, τὰ δὲ ἀμφοτέροις τούτοις διαφέροντα. Καὶ τὸ πλῆθος τῶν ἀφικνουμένων ὡς ἡμᾶς τοσοῦτόν ἐστιν, ὥστ', εἴ τι ἐν τῷ πλησιάζειν ἀλλήλοις ἀγαθόν ἐστι, καὶ τοῦτο ὑπ' αὐτῆς περιειλῆφθαι. Πρὸς δὲ τούτοις καὶ φιλίας εὑρεῖν πιστοτάτας, καὶ συνουσίαις ἐντυχεῖν παντοδαπαῖς, μάλιστα παρ' ἡμῖν ἐστίν· ἔτι δὲ ἀγῶνας ἰδεῖν, καὶ μὴ μόνον τάχους καὶ ῥώμης, ἀλλὰ καὶ λόγων καὶ γνώμης, καὶ τῶν ἄλλων ἔργων ἁπάντων, καὶ τούτων ἆθλα μέγιστα. Πρὸς γὰρ οἷς αὐτὴ τίθησι, καὶ τοὺς ἄλλους διδόναι συναναπείθει· τὰ γὰρ ὑφ' ἡμῶν κριθέντα τοσαύτην λαμβάνει δόξαν, ὥστε παρὰ πᾶσιν ἀνθρώποις ἀγαπᾶσθαι. Χωρὶς δὲ τούτων, αἱ μὲν ἄλλαι πανηγύρεις, διὰ πολλοῦ χρόνου συλλεγεῖσαι, ταχέως διελύθησαν· ἡ δὲ ἡμετέρα πόλις ἅπαντα τὸν αἰῶνα τοῖς ἀφικνουμένοις πανήγυρίς ἐστιν.

Athènes, berceau de la philosophie : éloge de celle-ci. Avantages de l'éloquence. Supériorité reconnue des Athéniens, en particulier, et des Grecs, en général, pour les dons de l'esprit.

XIII. Φιλοσοφίαν τοίνυν, ἣ πάντα ταῦτα συνεξεῦρε καὶ συγκατεσκεύασε, καὶ πρός τε τὰς πράξεις ἡμᾶς ἐπαίδευσε, καὶ πρὸς ἀλλήλους ἐπράϋνε, καὶ τῶν συμφορῶν τάς τε δι᾽ ἀμαθίαν, καὶ τὰς ἐξ ἀνάγκης γιγνομένας διεῖλε, καὶ τὰς μὲν φυλάξασθαι, τὰς δὲ καλῶς ἐνεγκεῖν ἐδίδαξεν, ἡ πόλις ἡμῶν κατέδειξε, καὶ λόγους ἐτίμησεν, ὧν πάντες μὲν ἐπιθυμοῦσι, τοῖς δὲ ἐπισταμένοις φθονοῦσι· συνειδυῖα μὲν, ὅτι τοῦτο μόνον ἐξ ἁπάντων τῶν ζώων ἴδιον ἔφυμεν ἔχοντες, καὶ ὅτι, τούτῳ πλεονεκτήσαντες, καὶ τοῖς ἄλλοις ἅπασιν αὐτῶν διηνέγκαμεν· ὁρῶσα δὲ περὶ μὲν τὰς ἄλλας πράξεις οὕτω ταραχώδεις οὔσας τὰς τύχας, ὥστε πολλάκις ἐν αὐταῖς καὶ τοὺς φρονίμους ἀτυχεῖν, καὶ τοὺς ἀνοήτους κατορθοῦν, τῶν δὲ λόγων τῶν καλῶς καὶ τεχνικῶς ἐχόντων οὐ μετὸν τοῖς φαύλοις, ἀλλὰ ψυχῆς εὖ φρονούσης ἔργον ὄντας, καὶ τούς τε σοφοὺς καὶ τοὺς ἀμαθεῖς δοκοῦντας εἶναι ταύτῃ πλεῖστον ἀλλήλων διαφέροντας, ἔτι δὲ τοὺς ἐξ ἀρχῆς ἐλευθέρως τεθραμμένους, ἐκ μὲν ἀνδρίας καὶ πλούτου καὶ τῶν τοιούτων ἀγαθῶν οὐ γιγνωσκομένους, ἐκ δὲ τῶν λεγομένων μάλιστα καταφανεῖς γιγνομένους, καὶ τοῦτο σύμβολον τῆς παιδεύσεως ἡμῶν ἑκάστου πιστότατον ἀποδεδειγμένον, καὶ τοὺς τῷ λόγῳ καλῶς χρωμένους οὐ μόνον ἐν ταῖς αὐτῶν δυναμένους, ἀλλὰ καὶ παρὰ τοῖς ἄλλοις ἐντίμους ὄντας. Τοσοῦτον δ᾽ ἀπολέλοιπεν ἡ πόλις ἡμῶν περὶ τοῦ φρονεῖν καὶ λέγειν τοὺς ἄλλους ἀνθρώπους, ὥςθ' οἱ ταύτης μαθηταὶ τῶν ἄλλων διδάσκαλοι γεγόνασι, καὶ τὸ τῶν Ἑλλήνων ὄνομα πεποίηκε μηκέτι τοῦ γένους, ἀλλὰ τῆς διανοίας δοκεῖν τεκμήριον εἶναι, καὶ μᾶλλον Ἕλληνας καλεῖσθαι τοὺς τῆς παιδεύσεως τῆς ἡμετέρας, ἢ τοὺς τῆς κοινῆς φύσεως μετασχόντας.

Troisième Partie. *Eloge des Athéniens, sous le rapport de la gloire militaire.*

Ainsi que leurs aïeux, ils ont toujours eu pour principe de défendre l'opprimé.

XIV. Ἵνα δὲ μὴ δοκῶ περὶ τὰ μέρη διατρίβειν, ὑπὲρ ὅλων τῶν πραγμάτων ὑποθέμενος ἐρεῖν, μηδὲ ἐκ τούτων ἐγκωμιάζειν τὴν πόλιν, ἀπορῶν τὰ πρὸς τὸν πόλεμον αὐτὴν ἐπαινεῖν· ταῦτα μὲν εἰρήσθω μοι πρὸς τοὺς ἐπὶ τοῖς τοιούτοις φιλοτιμουμένους. Ἡγοῦμαι δὲ τοὺς προγόνους ἡμῶν οὐχ ἧττον ἐκ τῶν κινδύνων, τῶν πρὸς τὸν πόλεμον, τιμᾶσθαι προςήκειν, ἢ τῶν ἄλλων εὐεργεσιῶν. Οὐ γὰρ μικροὺς, οὐδὲ ὀλίγους, οὐδὲ ἀφανεῖς ἀγῶνας ὑπέμειναν, ἀλλὰ πολλοὺς, καὶ δεινοὺς, καὶ μεγάλους, τοὺς μὲν ὑπὲρ τῆς αὐτῶν χώρας, τοὺς δὲ ὑπὲρ τῆς τῶν ἄλλων ἐλευθερίας· ἅπαντα γὰρ τὸν χρόνον διετέλεσαν κοινὴν τὴν πόλιν παρέχοντες, καὶ τοῖς ἀδικουμένοις ἀεὶ τῶν Ἑλλήνων ἐπαμύνουσαν. Διὸ δὴ καὶ κατηγοροῦσί τινες ἡμῶν, ὡς οὐκ ὀρθῶς βουλευομένων, ὅτι τοὺς ἀσθενεστέρους εἰθίσμεθα θεραπεύειν, ὥςπερ οὐ μετὰ τῶν ἐπαινεῖν βουλομένων ἡμᾶς τοὺς λόγους ὄντας τοὺς τοιούτους. Οὐ γὰρ ἀγνοοῦντες ὅσον διαφέρουσιν αἱ μείζους τῶν συμμαχιῶν πρὸς τὴν ἀσφάλειαν, οὕτως ἐβουλευσάμεθα περὶ αὐτῶν, ἀλλὰ, πολὺ τῶν ἄλλων ἀκριβέστερον εἰδότες τὰ συμβαίνοντα ἐκ τῶν τοιούτων, ὅμως ἡρούμεθα τοῖς ἀσθενεστέροις, καὶ παρὰ τὸ συμφέρον, βοηθεῖν μᾶλλον, ἢ τοῖς κρείττοσι, τοῦ λυσιτελοῦντος ἕνεκα, συναδικεῖν.

Preuves tirées, 1°. de la guerre de Thèbes; 2°. de la protection accordée aux Héraclides.

XV. Γνοίη δ' ἄν τις καὶ τὸν τρόπον καὶ τὴν ῥώμην τῆς πόλεως ἐκ τῶν ἱκετειῶν, ἃς ἤδη τινὲς ἡμῶν ἐποιήσαντο. Τὰς μὲν οὖν ἢ νεωστὶ γεγενημένας, ἢ περὶ μικρῶν ἐλθούσας, παραλείψω. Πολὺ δὲ πρὸ τῶν Τρωϊκῶν (ἐκεῖθεν γὰρ δίκαιον τὰς πίστεις λαμβάνειν τοὺς περὶ τῶν πατρίων ἀμφισβητοῦντας) ἦλθον οἵ θ' Ἡρακλέους παῖδες, καὶ μικρὸν πρὸ τούτων Ἄδραστος ὁ Ταλαοῦ, βασιλεὺς ὢν Ἄργους· οὗτος μὲν ἐκ τῆς στρατείας δεδυστυχηκὼς τῆς ἐπὶ Θήβας, καὶ τοὺς ὑπὸ τῇ Καδμείᾳ τελευτήσαντας αὐτὸς μὲν οὐ δυνάμενος ἀνελέσθαι, τὴν δὲ πόλιν ἡμῶν ἀξιῶν βοηθεῖν ταῖς κοιναῖς τύχαις, καὶ μὴ παρορᾷν τοὺς ἐν τοῖς πολέμοις ἀποθνήσκοντας ἀτάφους γιγνομένους, μηδὲ παλαιὸν ἔθος καὶ πάτριον νόμον καταλυόμενον· οἱ δὲ παῖδες Ἡρακλέους, φεύγοντες τὴν Εὐρυσθέως ἔχθραν, καὶ τὰς μὲν ἄλλας πόλεις ὑπερορῶντες, ὡς οὐκ ἂν δυναμένας βοηθῆσαι ταῖς ἑαυτῶν συμφοραῖς, τὴν δ' ἡμετέραν ἱκανὴν νομίζοντες εἶναι μόνην ἀποδοῦναι χάριν, ὑπὲρ ὧν ὁ πατὴρ αὐτῶν ἅπαντας ἀνθρώπους εὐηργέτησεν. Ἐκ δὴ τούτων ῥᾴδιον κατιδεῖν, ὅτι καὶ κατ' ἐκεῖνον τὸν χρόνον ἡ πόλις ἡμῶν ἡγεμονικῶς εἶχε, καὶ νῦν οὐκ ἀδίκως ἀμφισβητεῖ περὶ τῆς ἡγεμονίας. Τίνες γὰρ ἂν ἱκετεύειν τολμήσαιεν, ἢ τοὺς ἥττους αὐτῶν, ἢ τοὺς ὑφ' ἑτέροις ὄντας, παραλιπόντες τοὺς μείζω δύναμιν ἔχοντας· ἄλλως τε καὶ περὶ πραγμάτων οὐκ ἰδίων, ἀλλὰ κοινῶν, καὶ περὶ ὧν οὐδένας ἄλλους εἰκὸς ἦν ἐπιμεληθῆναι, πλὴν τῶν προεστάναι τῶν Ἑλλήνων ἀξιούντων; Ἔπειτα, οὐδὲ ψευσθέντες φαίνονται τῶν ἐλπίδων, δι' ἃς κατέφυγον ἐπὶ τοὺς προγόνους ἡμῶν. Ἀνελόμενοι γὰρ τὸν πόλεμον, ὑπὲρ μὲν τῶν τελευτησάντων πρὸς Θηβαίους, ὑπὲρ δὲ τῶν παίδων τῶν Ἡρακλέους πρὸς τὴν Εὐρυσθέως δύναμιν, τοὺς μὲν ἐπιστρατεύσαντες ἠνάγκασαν ἀποδοῦναι θάψαι τοὺς νεκροὺς τοῖς προςήκουσι, Πελοποννησίων δὲ τοὺς μετ' Εὐρυσθέως εἰς τὴν χώραν ἡμῶν εἰςβαλόντας, ἐπεξελθόντες, ἐνίκησαν μαχόμενοι, κἀκεῖνον τῆς ὕβρεως ἔπαυσαν. Θαυμαζόμενοι δὲ καὶ διὰ τὰς ἄλλας πράξεις, ἐκ τούτων τῶν ἔργων ἔτι μᾶλλον εὐδοκίμησαν. Οὐ γὰρ παρὰ μικρὸν ἐποίησαν, ἀλλὰ τοσοῦτον τὰς τύχας ἑκατέρων μετήλλαξαν, ὥςθ' ὁ μὲν ἱκετεύειν ἡμᾶς ἀξιώσας, βίᾳ τῶν ἐχθρῶν κρατήσας, ἅπανθ' ὅσων ἐδεήθη διαπραξάμενος ἀπῆλθεν· Εὐρυσθεὺς δὲ βιάσασθαι προςδοκήσας, αὐτὸς αἰχμάλωτος γεγονὼς, ἱκέτης ἠναγκάσθη καταστῆναι· καὶ τῷ μὲν ὑπερενεγκόντι τὴν ἀνθρωπίνην φύσιν, ὃς ἐκ Διὸς μὲν ἦν γεγονὼς, ἔτι δὲ θνητὸς ὢν θεοῦ ῥώμην εἶχε, τούτῳ μὲν ἐπιτάττων καὶ λυμαινόμενος ἅπαντα τὸν χρόνον διετέλεσεν· ἐπειδὴ δὲ εἰς ἡμᾶς ἐξήμαρτεν, εἰς τοσαύτην κατέστη μεταβολὴν, ὥςτε, ἐπὶ τοῖς παισὶ τοῖς ἐκείνου γενόμενος, ἐπονειδίστως τὸν βίον ἐτελεύτησε.

Reproches d'ingratitude adressés aux Lacédémoniens, qui ont prétendu asservir les Athéniens, auxquels ils doivent la ſondation de leur empire.

XVI. Πολλῶν δὲ ὑπαρχουσῶν εὐεργεσιῶν ἡμῖν

εἰς τὴν πόλιν τῶν Λακεδαιμονίων, περὶ ταύτης μόνης μοι συμβέβηκεν εἰπεῖν. Ἀφορμὴν γὰρ λαβόντες τὴν δι᾽ ἡμῶν αὐτοῖς γενομένην σωτηρίαν, οἱ πρόγονοι μὲν τῶν νῦν ἐν Λακεδαίμονι βασιλευόντων, ἔκγονοι δ᾽ Ἡρακλέους, κατῆλθον μὲν εἰς Πελοπόννησον, κατέσχον δ᾽ Ἄργος καὶ Λακεδαίμονα, καὶ Μεσσήνην, οἰκισταὶ δὲ Σπάρτης ἐγένοντο, καὶ τῶν παρόντων αὐτοῖς ἀγαθῶν ἁπάντων ἀρχηγοὶ κατέστησαν. Ὧν ἐχρῆν ἐκείνους μεμνημένους μηδέποτ᾽ εἰς τὴν χώραν ταύτην ἐμβαλεῖν, ἐξ ἧς ὁρμηθέντες αὐτῶν οἱ πρόγονοι εἰς τοσαύτην εὐδαιμονίαν κατέστησαν, μηδ᾽ εἰς κινδύνους καθιστάναι τὴν πόλιν, τὴν ὑπὲρ τῶν παίδων τῶν Ἡρακλέους προκινδυνεύσασαν, μηδὲ τοῖς μὲν ἀπ᾽ ἐκείνου γενομένοις διδόναι τὴν βασιλείαν, τὴν δὲ τῷ γένει τῆς σωτηρίας αἰτίαν οὖσαν δουλεύειν ἑαυτοῖς ἀξιοῦν. Εἰ δὲ δεῖ τὰς χάριτας καὶ τὰς ἐπιεικείας ἀνελόντας ἐπὶ τὴν ὑπόθεσιν πάλιν ἐπανελθεῖν, καὶ τὸν ἀκριβέστατον τῶν λόγων εἰπεῖν, οὐ δήπου πάτριόν ἐστιν ἡγεῖσθαι τοὺς ἐπήλυδας τῶν αὐτοχθόνων, οὐδὲ τοὺς εὖ παθόντας τῶν εὖ ποιησάντων, οὐδὲ τοὺς ἱκέτας γενομένους τῶν ὑποδεξαμένων.

Dernière preuve, tirée de la récapitulation des services rendus par les aïeux.

XVII. Ἔτι δὲ συντομωτέρως ἔχω δηλῶσαι περὶ αὐτῶν. Τῶν μὲν γὰρ ἑλληνίδων πόλεων, χωρὶς τῆς ἡμετέρας, Ἄργος, καὶ Θῆβαι, καὶ Λακεδαίμων, καὶ τότ᾽ ἦσαν μέγισται, καὶ νῦν ἔτι διατελοῦσι· φαίνονται δ᾽ ἡμῶν οἱ πρόγονοι τοσοῦτον ἁπάντων διενεγκόντες, [ὥςθ᾽], ὑπὲρ μὲν Ἀργείων δυςτυχησάντων, Θηβαίοις, ὅτε μέγιστον ἐφρόνησαν, ἐπιτάττοντες, ὑπὲρ δὲ τῶν παίδων τῶν

Ἡρακλέους, Ἀργείους καὶ τοὺς ἄλλους Πελοποννησίους μάχῃ νικήσαντες, ἐκ δὲ τοῦ πρὸς Εὐρυσθέα κινδύνου τοὺς οἰκιστὰς τῆς Σπάρτης καὶ τοὺς ἡγεμόνας τοὺς Λακεδαιμονίων διασώσαντες, ὥστε περὶ μὲν τῆς ἐν τοῖς Ἕλλησι δυναστείας οὐκ οἶδ' ὅπως ἄν τις σαφέστερον ἐπιδεῖξαι δυνηθείη.

Quatrième Partie. *Guerres contre les barbares.*

Puissance des Scythes, des Thraces et des Perses. Athènes objet de leurs agressions.

XVIII. Δοκεῖ δέ μοι καὶ περὶ [τῶν πρότερον] τῶν πρὸς τοὺς βαρβάρους τῇ πόλει πεπραγμένων προσήκειν εἰπεῖν, ἄλλως τε ἐπειδὴ καὶ τὸν λόγον κατεστησάμην περὶ τῆς ἡγεμονίας τῆς ἐπ' ἐκείνους. Ἅπαντας μὲν οὖν ἐξαριθμῶν τοὺς κινδύνους, λίαν ἂν μακρολογοίην· ἐπὶ δὲ τῶν μεγίστων στὰς, τὸν αὐτὸν τρόπον, ὅνπερ ὀλίγῳ πρότερον διῆλθον, πειράσομαι καὶ περὶ τούτων διελθεῖν. Ἔστι γὰρ ἀρχικώτατα μὲν τῶν ἐθνῶν, καὶ μεγίστας δυναστείας ἔχοντα, Σκύθαι καὶ Θρᾷκες καὶ Πέρσαι· τυγχάνουσι δ' οὗτοι μὲν ἅπαντες ἡμῖν ἐπιβουλεύσαντες, ἡ δὲ ἡμετέρα πόλις πρὸς ἅπαντας τούτους διακινδυνεύσασα. Καίτοι τί λοιπὸν ἔσται τοῖς ἀντιλέγουσιν, ἢν ἐπιδειχθῶσι τῶν μὲν Ἑλλήνων οἱ μὴ δυνάμενοι τυγχάνειν τῶν δικαίων, ἡμᾶς ἱκετεύειν ἀξιοῦντες, τῶν δὲ βαρβάρων οἱ βουλόμενοι καταδουλώσασθαι τοὺς Ἕλληνας, ἐφ' ἡμᾶς πρώτους ἰόντες;

Les Athéniens vainqueurs des Thraces, des Amazones et des Scythes. — Suites de leurs victoires.

XIX. Ἐπιφανέστατος μὲν οὖν τῶν πολέμων ὁ Περσικὸς γέγονεν· οὐ μὴν ἐλάττω τούτων τεκμήρια τὰ παλαιὰ τῶν ἔργων ἐστὶ τοῖς περὶ τῶν πατρίων ἀμφισβητοῦσιν. Ἔτι γὰρ ταπεινῆς οὔσης τῆς Ἑλλάδος, ἦλθον εἰς τὴν χώραν ἡμῶν Θρᾷκες μὲν μετ' Εὐμόλπου τοῦ Ποσειδῶνος, Σκύθαι δὲ μετὰ Ἀμαζόνων, τῶν Ἄρεως θυγατέρων, οὐ κατὰ τὸν αὐτὸν χρόνον, ἀλλὰ καθ' ὃν ἑκάτεροι τῆς Εὐρώπης ἐπῆρχον, μισοῦντες μὲν ἅπαν τὸ τῶν Ἑλλήνων γένος, ἰδίᾳ δὲ πρὸς ἡμᾶς ἐγκλήματα ποιησάμενοι· νομίζοντες ἐκ τούτου τοῦ τρόπου πρὸς μίαν μὲν πόλιν κινδυνεύσειν, ἁπασῶν δὲ ἅμα κρατήσειν. Οὐ μὴν κατώρθωσαν, ἀλλὰ, πρὸς μόνους τοὺς προγόνους τοὺς ἡμετέρους συμβαλόντες, ὁμοίως διεφθάρησαν, ὥςπερ ἂν εἰ πρὸς ἅπαντας ἀνθρώπους ἐπολέμησαν. Δῆλον δὲ τὸ μέγεθος τῶν κακῶν τῶν γενομένων ἐκείνοις· οὐ γὰρ ἄν ποθ' οἱ λόγοι περὶ αὐτῶν τοσοῦτον χρόνον διέμειναν, εἰ μὴ καὶ τὰ πραχθέντα πολὺ τῶν ἄλλων διήνεγκε. Λέγεται δ' οὖν περὶ μὲν Ἀμαζόνων, ὡς τῶν μὲν ἐλθουσῶν οὐδεμία πάλιν ἀπῆλθεν, αἱ δ' ὑπολειφθεῖσαι διὰ τὴν ἐνθάδε συμφορὰν ἐκ τῆς ἀρχῆς ἐξεβλήθησαν· περὶ δὲ Θρᾳκῶν, ὅτι, τὸν ἄλλον χρόνον ὅμοροι προςοικοῦντες ἡμῖν, διὰ τὴν τότε γεγενημένην στρατείαν τοσοῦτον διέλιπον, ὥςτε ἐν τῷ μεταξὺ τῆς χώρας ἔθνη πολλὰ, καὶ γένη παντοδαπὰ, καὶ πόλεις μεγάλας κατοικισθῆναι.

Prééminence des Athéniens dans la guerre contre les Perses, reconnue de tous les Grecs.

XX. Καλὰ μὲν οὖν καὶ ταῦτα, καὶ πρέποντα τοῖς περὶ τῆς ἡγεμονίας ἀμφιςβητοῦσιν· ἀδελφὰ δὲ τῶν εἰρημένων, καὶ τοιαῦτα, οἷάπερ εἰκὸς τοὺς ἐκ τοιούτων γεγονότας, οἱ πρὸς Δαρεῖον καὶ Ξέρξην πολεμήσαντες ἔπραξαν. Μεγίστου γὰρ ἐκείνου πολέμου συστάντος, καὶ πλείστων κινδύνων κατὰ τὸν αὐτὸν χρόνον συμπεσόντων, καὶ τῶν μὲν πολεμίων ἀνυποστάτων οἰομένων εἶναι διὰ τὸ πλῆθος, τῶν δὲ συμμάχων ἀνυπέρβλητον ἡγουμένων ἔχειν τὴν ἀρετήν· ἀμφοτέρων κρατήσαντες, ὡς ἑκατέρων προςῆκεν, καὶ πρὸς ἅπαντας τοὺς κινδύνους διενεγκόντες, εὐθὺς μὲν τῶν ἀριστείων ἠξιώθησαν; οὐ πολλῷ δ' ὕστερον τῆς θαλάττης τὴν ἀρχὴν ἔλαβον, δόντων μὲν τῶν ἄλλων Ἑλλήνων, οὐκ ἀμφισβητούντων δὲ τῶν νῦν ἡμᾶς ἀφαιρεῖσθαι ζητούντων.

Eloge adroit des Lacédémoniens. Difficulté de celui qu'il reste à faire à l'orateur.

XXI. Καὶ μηδεὶς οἰέσθω με ἀγνοεῖν, ὅτι καὶ Λακεδαιμόνιοι περὶ τούτους τοὺς καιροὺς πολλῶν ἀγαθῶν αἴτιοι τοῖς Ἕλλησι κατέστησαν· ἀλλὰ διὰ τοῦτο καὶ μᾶλλον ἐπαινεῖν ἔχω τὴν πόλιν τὴν ἡμετέραν, ὅτι, τοιούτων ἀνταγωνιστῶν τυχοῦσα, τοσοῦτον αὐτῶν διήνεγκε. Βούλομαι δὲ ὀλίγῳ μακρότερα περὶ τοῖν πολέοιν ταύταιν εἰπεῖν, καὶ μὴ ταχὺ λίαν παραδραμεῖν, ἵν' ἀμφοτέρων ἡμῖν ὑπομνήματα γένηται, τῆς τε τῶν προγόνων ἀρετῆς, καὶ τῆς πρὸς τοὺς βαρβάρους ἔχθρας. Καίτοι με οὐδὲ λέληθεν, ὅτι χαλεπόν ἐστιν, ὕστατον ἐπελθόντα, λέγειν περὶ πραγμάτων πάλαι προκατειλημμένων, καὶ περὶ ὧν οἱ μάλιστα δυνηθέντες τῶν πολιτῶν εἰπεῖν ἐπὶ τοῖς δημοσίᾳ θαπτομένοις πολλάκις εἰρήκασιν· ἀνάγκη γὰρ τὰ μὲν μέγιστα τούτων ἤδη κατακεχρῆσθαι, μικρὰ δέ τινα παραλελεῖφθαι· ὅμως δὲ ἐκ τῶν ὑπολοίπων, ἐπειδὴ συμφέρει τοῖς πράγμασιν, οὐκ ὀκνητέον μνησθῆναι περὶ αὐτῶν.

Tableau des anciennes républiques de la Grèce.

XXII. Πλείστων μὲν οὖν ἀγαθῶν αἰτίους καὶ μεγίστων ἐπαίνων ἀξίους ἡγοῦμαι γεγενῆσθαι τοὺς τοῖς σώμασιν ὑπὲρ τῆς Ἑλλάδος προκινδυνεύσαντας· οὐ μὴν οὐδὲ τῶν πρὸ τοῦ πολέμου τούτου γεγενημένων, καὶ δυναστευσάντων ἐν ἑκατέρᾳ ταῖν πολέοιν, δίκαιον ἀμνημονεῖν. Ἐκεῖνοι γὰρ ἦσαν οἱ προασκήσαντες τοὺς ἐπιγιγνομένους, καὶ τὰ πλήθη προτρέψαντες ἐπ' ἀρετῇ, καὶ χαλεποὺς ἀνταγωνιστὰς τοῖς βαρϐάροις ποιήσαντες. Οὐ γὰρ ὠλιγώρουν τῶν κοινῶν, οὐδ' ἀπέλαυον μὲν ὡς ἰδίων, ἠμέλουν δὲ ὡς ἀλλοτρίων· ἀλλ' ἐκήδοντο μὲν ὡς οἰκείων, ἀπείχοντο δὲ, ὥςπερ χρὴ τῶν μηδὲν προςηκόντων. Οὐδὲ πρὸς ἀργύριον τὴν εὐδαιμονίαν ἔκρινον, ἀλλ' οὗτος ἐδόκει πλοῦτον ἀσφαλέστατον κεκτῆσθαι καὶ κάλλιστον, ὅς τις τυγχάνοι τοιαῦτα πράττων, ἐξ ὧν αὐτός τε μέλλοι μάλιστα εὐδοκιμήσειν, καὶ τοῖς παισὶ μεγίστην δόξαν καταλείψειν. Οὐδὲ γὰρ τὰς θρασύτητας ἀλλήλων ἐζήλουν, οὐδὲ τὰς τόλμας τὰς καθ' ἑαυτῶν ἤσκουν, ἀλλὰ δεινότερον ἐνόμιζον εἶναι τὸ κακῶς ὑπὸ τῶν πολιτῶν ἀκούειν, ἢ καλῶς ὑπὲρ τῆς πατρίδος ἀποθανεῖν. Μᾶλλον δὲ ᾐσχύνοντο ἐπὶ τοῖς κοινοῖς ἁμαρτήμασιν, ἢ νῦν ἐπὶ τοῖς ἰδίοις τοῖς σφετέροις αὐτῶν. Τούτων δ' ἦν αἴτιον, ὅτι τοὺς νόμους ἐσκόπουν ὅπως ἀκριϐῶς καὶ καλῶς ἕξουσιν, οὐχ οὕτω τοὺς περὶ τῶν ἰδίων συμϐολαίων, ὡς τοὺς περὶ τῶν καθ' ἑκάστην ἡμέραν ἐπιτηδευμάτων· ἠπίσταντο γὰρ, ὅτι τοῖς καλοῖς κἀγαθοῖς τῶν ἀνθρώπων οὐδὲν δεήσει πολλῶν γραμμάτων, ἀλλὰ ἀπ' ὀλίγων συνθημάτων ῥᾳδίως καὶ περὶ τῶν ἰδίων καὶ περὶ τῶν κοινῶν ὁμονοήσουσιν. Οὕτω δὲ πολιτικῶς εἶχον, ὥστε καὶ τὰς στάσεις ἐποιοῦντο πρὸς ἀλλήλους, οὐχ ὁπότεροι, τοὺς ἑτέρους ἀπολέσαντες, τῶν λοιπῶν ἄρξουσιν, ἀλλ' ὁπότεροι φθήσονται τὴν πόλιν ἀγαθόν τι ποιήσαντες· καὶ τὰς ἑταιρίας συνῆγον, οὐχ ὑπὲρ τῶν ἰδίᾳ συμφερόντων, ἀλλ' ἐπὶ τῇ τοῦ πλήθους ὠφελείᾳ. Τὸν αὐτὸν δὲ τρόπον καὶ τὰ τῶν ἄλλων διῴκουν, θεραπεύοντες, ἀλλ' οὐχ ὑβρίζοντες τοὺς Ἕλληνας· καὶ στρατηγεῖν οἰόμενοι δεῖν, ἀλλὰ μὴ τυραννεῖν αὐτῶν· καὶ μᾶλλον ἐπιθυμοῦντες ἡγεμόνες ἢ δεσπόται προσαγορεύεσθαι, καὶ σωτῆρες, ἀλλὰ μὴ λυμεῶνες, ἀποκαλεῖσθαι· τῷ ποιεῖν εὖ προσαγόμενοι τὰς πόλεις, ἀλλ' οὐ βίᾳ καταστρεφόμενοι· πιστοτέροις μὲν τοῖς λόγοις, ἢ νῦν τοῖς ὅρκοις χρώμενοι· ταῖς δὲ συνθήκαις ὥσπερ ἀνάγκαις ἐμμένειν ἀξιοῦντες· οὐχ οὕτως ἐπὶ ταῖς δυναστείαις μέγα φρονοῦντες, ὡς ἐπὶ τῷ σωφρόνως ζῆν φιλοτιμούμενοι· τὴν αὐτὴν ἀξιοῦντες γνώμην ἔχειν πρὸς τοὺς ἥττους, ἥνπερ τοὺς κρείττους πρὸς σφᾶς αὐτούς· ἴδια μὲν ἄστη τὰς ἑαυτῶν πόλεις ἡγούμενοι, κοινὴν δὲ πατρίδα τὴν Ἑλλάδα νομίζοντες εἶναι.

Eloges des Grecs qui ont combattu contre les Perses.

XXIII. Τοιαύταις δὲ διανοίαις χρώμενοι, καὶ τοὺς νεωτέρους τοιούτοις ἤθεσι παιδεύοντες, οὕτως ἄνδρας ἀγαθοὺς ἀπέδειξαν τοὺς πολεμήσαντας πρὸς τοὺς ἐκ τῆς Ἀσίας, ὥστε μηδένα πώποτε δυνηθῆναι περὶ αὐτῶν, μήτε τῶν ποιητῶν, μήτε τῶν σοφιστῶν, ἀξίως τῶν ἐκείνοις πεπραγμένων εἰπεῖν. Καὶ πολλὴν αὐτοῖς ἔχω συγγνώμην· ὁμοίως γάρ ἐστι χαλεπὸν, ἐπαινεῖν τοὺς ὑπερβεβληκότας τὰς τῶν ἄλλων ἀρετὰς, ὥσπερ τοὺς μηδὲν ἀγαθὸν πεποιηκότας· τοῖς μὲν γὰρ οὐχ ὕπεισι πράξεις, πρὸς δὲ τοὺς οὐκ εἰσὶν ἁρμόττοντες λόγοι. Πῶς γὰρ ἂν γένοιντο σύμμετροι τοιούτοις ἀνδράσιν, οἳ τοσοῦτον τῶν ἐπὶ Τροίαν στρατευσαμένων διήνεγκαν, ὅσον οἱ μὲν περὶ μίαν πόλιν στρατεύσαντες, ἔτη δέκα διέτριψαν, οἱ δὲ τὴν ἐξ ἁπάσης τῆς Ἀσίας δύναμιν ἐν ὀλίγῳ χρόνῳ κατεπολέμησαν, οὐ μόνον δὲ τὰς ἑαυτῶν πατρίδας διέσωσαν, ἀλλὰ καὶ τὴν Ἑλλάδα σύμπασαν ἠλευθέρωσαν; Ποίων δ' ἂν ἔργων, ἢ πόνων, ἢ κινδύνων ἀπέστησαν, ὥστε ζῶντες εὐδοκιμεῖν, οἵτινες ὑπὲρ τῆς δόξης, ἧς ἔμελλον τελευτήσαντες ἕξειν, οὕτως ἑτοίμως ἤθελον ἀποθνήσκειν; Οἶμαι δὲ καὶ τὸν πόλεμον τοῦτον θεῶν τινα συναγαγεῖν, ἀγασθέντα τὴν ἀρετὴν αὐτῶν, ἵνα μὴ τοιοῦτοι γενόμενοι τὴν φύσιν διαλάθοιεν, μηδ' ἀκλεῶς τὸν βίον τελευτήσαιεν, ἀλλὰ τῶν αὐτῶν τοῖς ἐκ τῶν θεῶν γεγονόσι, καὶ καλουμένοις ἡμιθέοις, ἀξιωθεῖεν. Καὶ γὰρ ἐκεῖνοι τὰ μὲν σώματα ταῖς τῆς φύσεως ἀνάγκαις ἀπέδοσαν, τῆς δ' ἀρετῆς ἀθάνατον τὴν μνήμην κατέλιπον.

Noble rivalité des Lacédémoniens et des Athéniens dans la guerre contre Darius.

XXIV. Ἀεὶ μὲν οὖν οἵ θ' ἡμέτεροι πρόγονοι καὶ Λακεδαιμόνιοι φιλοτίμως πρὸς ἀλλήλους εἶχον· οὐ μὴν ἀλλὰ καὶ περὶ καλλίστων ἐν ἐκείνοις τοῖς χρόνοις ἐφιλονείκησαν, οὐκ ἐχθροὺς, ἀλλ' ἀνταγωνιστὰς σφᾶς αὐτοὺς εἶναι νομίζοντες, οὐδὲ ἐπὶ δουλείᾳ τῇ τῶν Ἑλλήνων τὸν βάρβαρον θεραπεύοντες, ἀλλὰ ἅμα μὲν περὶ τῆς κοινῆς σωτηρίας ὁμονοοῦντες, ὁπότεροι δὲ ταύτης αἴτιοι γενήσονται, περὶ τούτου ποιούμενοι τὴν ἅμιλλαν.

Ἐπεδείξαντο δὲ τὰς αὐτῶν ἀρετὰς, πρῶτον μὲν ἐν τοῖς ὑπὸ Δαρείου πεμφθεῖσιν. Ἀποβάντων γὰρ αὐτῶν εἰς τὴν Ἀττικὴν, οἱ μὲν οὐ περιέμειναν τοὺς συμμάχους, ἀλλὰ, τὸν κοινὸν πόλεμον ἴδιον κίνδυνον ποιησάμενοι, πρὸς τοὺς ἁπάσης τῆς Ἑλλάδος καταφρονήσαντας ἀπήντων, τὴν οἰκείαν δύναμιν ἔχοντες, ὀλίγοι πρὸς πολλὰς μυριάδας, ὥσπερ ἐν ἀλλοτρίαις ψυχαῖς μέλλοντες κινδυνεύσειν· οἱ δὲ οὐκ ἔφθησαν πυθόμενοι τὸν περὶ τὴν Ἀττικὴν πόλεμον, καὶ πάντων τῶν ἄλλων ἀμελήσαντες, ἧκον ἡμῖν ἀμυνοῦντες, τοσαύτην ποιησάμενοι σπουδὴν, ὅσηνπερ ἂν τῆς ἑαυτῶν χώρας πορθουμένης. Σημεῖον δὲ τοῦ τάχους καὶ τῆς ἀμίλλης· τοὺς μὲν γὰρ ἡμετέρους προγόνους φασὶ τῆς αὐτῆς ἡμέρας πυθέσθαι τε τὴν ἀπόβασιν τὴν τῶν βαρβάρων, καὶ βοηθήσαντας ἐπὶ τοὺς ὅρους τῆς χώρας, καὶ μάχῃ νικήσαντας, τρόπαιον στῆσαι τῶν πολεμίων· τοὺς δὲ ἐν τρισὶν ἡμέραις, καὶ τοσαύταις νυξὶ, διακόσια καὶ χίλια στάδια διελθεῖν, στρατοπέδῳ πορευομένους. Οὕτω σφόδρα ἠπείχθησαν, οἱ μὲν μετασχεῖν τῶν κινδύνων, οἱ δὲ φθῆναι συμβαλόντες, πρὶν ἐλθεῖν τοὺς βοηθήσοντας.

Guerre contre Xerxès. Dévouement des Spartiates.

XXV. Μετὰ δὲ ταῦτα γενομένης τῆς ὕστερον στρατείας, ἣν αὐτὸς Ξέρξης ἤγαγεν, ἐκλιπὼν μὲν τὰ βασίλεια, στρατηγὸς δὲ καταστῆναι τολμήσας, ἅπαντας δὲ τοὺς ἐκ τῆς Ἀσίας συναγείρας· περὶ οὗ τίς οὐχ, ὑπερβολὰς προθυμηθεὶς εἰπεῖν, ἐλάττω τῶν ὑπαρχόντων εἴρηκεν; ὃς εἰς τοσοῦτον ἦλθεν ὑπερηφανείας, ὥστε, μικρὸν μὲν ἡγησάμενος ἔργον εἶναι τὴν Ἑλλάδα χειρώσασθαι, βουληθεὶς δὲ τοιοῦτον μνημεῖον καταλιπεῖν, ὃ μὴ τῆς ἀνθρωπίνης φύσεώς ἐστιν, οὐ πρότερον ἐπαύσατο, πρὶν ἐξεῦρε καὶ συνηνάγκασεν, ὃ πάντες θρυλλοῦσιν, ὥστε τῷ στρατοπέδῳ πλεῦσαι μὲν διὰ τῆς ἠπείρου, πεζεῦσαι δὲ διὰ τῆς θαλάττης, τὸν μὲν Ἑλλήσποντον ζεύξας, τὸν δὲ Ἄθω διορύξας· πρὸς δὴ τὸν οὕτω μέγα φρονήσαντα, καὶ τηλικαῦτα διαπραξάμενον, καὶ τοσούτων δεσπότην γενόμενον, ἀπήντων, διελόμενοι τὸν κίνδυνον, Λακεδαιμόνιοι μὲν εἰς Θερμοπύλας, πρὸς τὸ πεζὸν, χιλίους αὐτῶν ἐπιλέξαντες, καὶ τῶν συμμάχων ὀλίγους παραλαβόντες, ὡς ἐν τοῖς στενοῖς κωλύσοντες αὐτοὺς περαιτέρω προελθεῖν· οἱ δὲ ἡμέτεροι πατέρες ἐπ' Ἀρτεμίσιον, ἑξήκοντα τριήρεις πληρώσαντες, πρὸς ἅπαν τὸ τῶν πολεμίων ναυτικόν. Ταῦτα δὲ ποιεῖν ἐτόλμων, οὐχ οὕτω τῶν πολεμίων καταφρονοῦντες, ὡς πρὸς ἀλλήλους ἀγωνιζόμενοι· Λακεδαιμόνιοι μὲν, ζηλοῦντες τὴν πόλιν τῆς ἐν Μαραθῶνι μάχης, καὶ ζητοῦντες ἑαυτοὺς ἐξίσου καταστῆσαι, καὶ δεδιότες μὴ δὶς ἐφεξῆς ἡ πόλις ἡμῶν αἰτία γένηται τοῖς Ἕλλησι τῆς σωτηρίας· οἱ δὲ ἡμέτεροι πρόγονοι, μάλιστα μὲν βουλόμενοι διαφυλάξαι τὴν παροῦσαν δόξαν, καὶ πᾶσι ποιῆσαι φανερὸν, ὅτι καὶ πρότερον δι' ἀρετὴν, ἀλλ' οὐ διὰ τὴν τύχην ἐνίκησαν· ἔπειτα δὲ καὶ προσαγαγέσθαι τοὺς Ἕλληνας ἐπὶ τῷ διαναυμαχεῖν, ἐπιδείξαντες αὐτοῖς, ὁμοίως ἐν τοῖς ναυτικοῖς κινδύνοις, ὥσπερ ἐν τοῖς πεζοῖς, τὴν ἀρετὴν τοῦ πλήθους περιγιγνομένην.

Combats des Thermopyles et de Salamine. Constance des Athéniens.

XXVI. Ἴσας δὲ τὰς τόλμας παρασχόντες, οὐχ ὁμοίως ἐχρήσαντο ταῖς τύχαις· ἀλλ᾽ οἱ μὲν διεφθάρησαν, καὶ, ταῖς ψυχαῖς νικῶντες, τοῖς σώμασιν ἀπεῖπον· οὐ γὰρ δὴ τοῦτό γε θέμις εἰπεῖν, ὡς ἡττήθησαν, οὐδεὶς γὰρ αὐτῶν φυγεῖν ἠξίωσεν· οἱ δὲ ἡμέτεροι τὰς μὲν πρόπλους ἐνίκησαν· ἐπειδὴ δὲ ἤκουσαν τῆς παρόδου τοὺς πολεμίους κρατοῦντας, οἴκαδε καταπλεύσαντες [καὶ τὰ κατὰ τὴν πόλιν διοικήσαντες], οὕτως ἐβουλεύσαντο περὶ τῶν λοιπῶν, ὥστε, πολλῶν καὶ καλῶν αὐτοῖς προειργασμένων, ἐν τοῖς τελευταίοις τῶν κινδύνων ἐπὶ πλέον διενεγκεῖν. Ἀθύμως γὰρ ἁπάντων τῶν συμμάχων διακειμένων, καὶ Πελοποννησίων μὲν διατειχιζόντων τὸν Ἰσθμὸν, καὶ ζητούντων ἰδίαν αὐτοῖς σωτηρίαν, τῶν δὲ ἄλλων πόλεων ὑπὸ τοῖς βαρβάροις γεγενημένων, καὶ συστρατευομένων ἐκείνοις, πλὴν εἴ τις διὰ σμικρότητα παρημελήθη, προσπλεουσῶν δὲ τριηρῶν διακοσίων καὶ χιλίων, καὶ τῆς πεζῆς στρατιᾶς ἀναριθμήτου μελλούσης εἰς τὴν Ἀττικὴν εἰσβάλλειν, οὐδεμιᾶς σωτηρίας αὐτοῖς ὑπολειπομένης, ἀλλ᾽ ἔρημοι συμμάχων γεγενημένοι, καὶ τῶν ἐλπίδων ἁπασῶν διημαρτηκότες, ἐξὸν αὐτοῖς, μὴ μόνον τοὺς παρόντας κινδύνους διαφυγεῖν, ἀλλὰ καὶ τιμὰς ἐξαιρέτους λαβεῖν, ἃς αὐτοῖς ἐδίδου βασιλεὺς, ἡγούμενος, εἰ τὸ τῆς πόλεως προσλάβοι ναυτικὸν, παραχρῆμα καὶ Πελοποννήσου κρατήσειν· οὐχ ὑπέμειναν τὰς παρ᾽ ἐκείνου δωρεὰς, οὐδὲ ὀργισθέντες τοῖς Ἕλλησιν, ὅτι προὐδόθησαν, ἀσμένως ἐπὶ τὰς διαλλαγὰς τὰς πρὸς τοὺς βαρβάρους ὥρμησαν, ἀλλ' αὐτοὶ μὲν ὑπὲρ τῆς ἐλευθερίας πολεμεῖν παρεσκευάζοντο, τοῖς δ' ἄλλοις τὴν δουλείαν αἱρουμένοις συγγνώμην εἶχον. Ἡγοῦντο γὰρ, ταῖς μὲν ταπειναῖς τῶν πόλεων προςήκειν ἐξ ἅπαντος τρόπου ζητεῖν τὴν σωτηρίαν· ταῖς δὲ προεστάναι τῆς Ἑλλάδος ἀξιούσαις οὐχ οἷόντ' εἶναι διαφεύγειν τοὺς κινδύνους, ἀλλ', ὥςπερ τῶν ἀνδρῶν τοῖς καλοῖς κἀγαθοῖς αἱρετώτερόν ἐστι καλῶς ἀποθανεῖν, ἢ ζῆν αἰσχρῶς, οὕτω καὶ τῶν πόλεων ταῖς ὑπερεχούσαις λυσιτελεῖν ἐξ ἀνθρώπων ἀφανισθῆναι μᾶλλον, ἢ δούλαις ὀφθῆναι γενομέναις. Δῆλον δ' ὅτι ταῦτα διενοήθησαν· ἐπειδὴ γὰρ οὐχ οἷοίτ' ἦσαν πρὸς ἀμφοτέρας ἅμα παρατάξασθαι τὰς δυνάμεις, παραλαβόντες ἅπαντα τὸν ὄχλον, τὸν ἐκ τῆς πόλεως, εἰς τὴν ἐχομένην νῆσον ἐξέπλευσαν, ἵν' ἐν μέρει πρὸς ἑκατέραν τὴν δύναμιν, ἀλλὰ μὴ πρὸς ἀμφοτέρας ἅμα κινδυνεύσωσι.

Les Athéniens, réduits à leurs seuls vaisseaux, sauvent la Grèce entière à la bataille de Salamine.

XXVII. Καίτοι πῶς ἂν ἐκείνων ἄνδρες ἀμείνους, ἢ μᾶλλον φιλέλληνες ὄντες ἐπιδειχθεῖεν, οἵτινες ἐτόλμησαν ἐπιδεῖν, ὥςτε μὴ τοῖς λοιποῖς αἴτιοι γενέσθαι τῆς δουλείας, ἐρήμην μὲν τὴν πόλιν γιγνομένην, τὴν δὲ χώραν πορθουμένην, ἱερὰ δὲ συλώμενα, καὶ νεὼς ἐμπιπραμένους, ἅπαντα δὲ τὸν πόλεμον περὶ πατρίδα τὴν ἑαυτῶν γιγνόμενον; Καὶ οὐδὲ ταῦτα ἀπέχρησεν αὐτοῖς, ἀλλὰ πρὸς χιλίας καὶ διακοσίας τριήρεις μόνοι διαναυμαχεῖν ἐτόλμησαν. Οὐ μὴν εἰάθησαν· καταισχυνθέντες γὰρ Πελοποννήσιοι τὴν ἀρετὴν αὐτῶν, καὶ νομίσαντες, προδιαφθαρέντων μὲν τῶν ἡμετέρων, οὐδ' αὐτοὶ σωθήσεσθαι, κατορθωσάντων δὲ, εἰς ἀτιμίαν τὰς αὑτῶν πόλεις καταστήσειν, ἠναγκάσθησαν μετασχεῖν τῶν κινδύνων. Καὶ τοὺς μὲν θορύβους τοὺς ἐν τῷ πράγματι γενομένους, καὶ τὰς κραυγὰς, καὶ τὰς παρακελεύσεις, ἃ κοινὰ πάντων εἰσὶ τῶν ναυμαχούντων, οὐχ ὁρῶ τί δεῖ λέγοντα διατρίβειν· ἃ δέ ἐστιν ἴδια, καὶ τῆς ἡγεμονίας ἄξια, καὶ τοῖς προειρημένοις ὁμολογούμενα, ταῦτα δ' ἐμὸν ἔργον εἰπεῖν ἐστί. Τοσοῦτον γὰρ ἡ πόλις ἡμῶν διέφερεν, ὅτ' ἦν ἀκέραιος, ὥστε, ἀνάστατος γενομένη, πλείους μὲν συνεβάλετο τριήρεις εἰς τὸν κίνδυνον, τὸν ὑπὲρ τῆς Ἑλλάδος, ἢ σύμπαντες οἱ ναυμαχήσαντες. Οὐδεὶς δὲ πρὸς ἡμᾶς οὕτως ἔχει δυσμενῶς, ὅστις οὐκ ἂν ὁμολογήσειε, διὰ μὲν τὴν ναυμαχίαν ἡμᾶς τῷ πολέμῳ κρατῆσαι, ταύτης δὲ τὴν ἡμετέραν πόλιν αἰτίαν γενέσθαι.

Récapitulation des services et des droits d'Athènes.

XXVIII. Καίτοι μελλούσης στρατείας ἐπὶ τοὺς βαρβάρους ἔσεσθαι, τίνας χρὴ τὴν ἡγεμονίαν ἔχειν; οὐ τοὺς ἐν τῷ προτέρῳ πολέμῳ μάλιστα εὐδοκιμήσαντας, καὶ πολλάκις μὲν ἰδίᾳ προκινδυνεύσαντας, ἐν δὲ τοῖς κοινοῖς τῶν ἀγώνων ἀριστείων ἀξιωθέντας; οὐ τοὺς τὴν ἑαυτῶν ἐκλιπόντας ὑπὲρ τῆς τῶν ἄλλων σωτηρίας, καὶ τό τε παλαιὸν οἰκιστὰς τῶν πλείστων πόλεων γενομένους, καὶ πάλιν αὐτὰς ἐκ τῶν μεγίστων συμφορῶν διασώσαντας; Πῶς δὲ οὐκ ἂν δεινὰ πάθοιμεν, εἰ, τῶν κακῶν πλεῖστον μέρος μετασχόντες, ἐν ταῖς τιμαῖς ἔλαττον ἔχειν ἀξιωθείημεν, καὶ, τότε προταχθέντες ὑπὲρ ἁπάντων, νῦν ἑτέροις ἀκολουθεῖν ἀναγκασθείημεν;

Quatrième Partie. Réfutation des reproches de violence et d'oppression adressés aux Athéniens.

XXIX. Μέχρι μὲν οὖν τούτων οἶδ' ὅτι πάντες ἂν ὁμολογήσαιεν πλείστων ἀγαθῶν τὴν πόλιν ἡμῶν αἰτίαν γεγενῆσθαι, καὶ δικαίως ἂν αὐτῆς τὴν ἡγεμονίαν εἶναι. Μετὰ δὲ ταῦτα, ἤδη τινὲς ἡμῶν κατηγοροῦσιν, ὡς, ἐπειδὴ τὴν ἀρχὴν τῆς θαλάττης παρελάβομεν, πολλῶν κακῶν αἴτιοι τοῖς Ἕλλησι κατέστημεν, καὶ τόν τε Μηλίων ἀνδραποδισμὸν, καὶ τὸν Σκιωναίων ὄλεθρον ἐν τούτοις τοῖς λόγοις ἡμῖν προφέρουσιν. Ἐγὼ δ' ἡγοῦμαι, πρῶτον μὲν, οὐδὲν εἶναι τοῦτο σημεῖον, ὡς κακῶς ἤρχομεν, εἴ τινες τῶν πολεμησάντων ἡμῖν σφόδρα φαίνονται κολασθέντες· ἀλλὰ πολὺ τόδε μεῖζον τεκμήριον, ὡς καλῶς διῳκοῦμεν τὰ τῶν συμμάχων, ὅτι τῶν πόλεων, τῶν ἐφ' ἡμῖν οὐσῶν, οὐδεμία τοιαύταις συμφοραῖς περιέπεσεν. ἔπειτα, εἰ μὲν ἄλλοι τινὲς τῶν αὐτῶν πραγμάτων πρᾳότερον ἐπεμελήθησαν, εἰκότως ἂν ἡμῖν ἐπιτιμῷεν· εἰ δὲ μήποτε τοῦτο γέγονε, μήθ' οἷόν τέ ἐστι τοσούτων πόλεων τὸ πλῆθος κρατεῖν, ἢν μή τις κολάζῃ τοὺς ἐξαμαρτάνοντας, πῶς οὐ δίκαιόν ἐστιν ἡμᾶς ἐπαινεῖν, οἵτινες, ἐλαχίστοις χαλεπήναντες, πλεῖστον χρόνον τὴν ἀρχὴν κατασχεῖν ἠδυνήθημεν;

Les Athéniens protecteurs de la liberté des autres peuples.

XXX. Οἶμαι δὲ πᾶσι δοκεῖν τούτους κρατίστους προστάτας γεγενῆσθαι τῶν Ἑλλήνων, ἐφ' ὧν οἱ πειθαρχήσαντες ἄριστα τυγχάνουσι πράξαντες. Ἐπὶ τοίνυν τῆς ἡμετέρας ἡγεμονίας εὑρήσομεν καὶ τοὺς οἴκους ἰδίους πρὸς εὐδαιμονίαν πλεῖστου ἐπιδόντας, καὶ τὰς πόλεις μεγίστας γενομένας. Οὐ γὰρ ἐφθονοῦμεν ταῖς αὐξανομέναις αὐτῶν, οὐδὲ ταραχὰς ἐποιοῦμεν, πολιτείας ὑπεναντίας παρακαθιστάντες, ἵν' ἐν ἀλλήλοις μὲν στασιάζοιεν, ἡμᾶς δὲ ἀμφότεροι θεραπεύοιεν· ἀλλὰ, τὴν τῶν συμμάχων ὁμόνοιαν κοινὴν ὠφέλειαν νομίζοντες, τοῖς αὐτοῖς νόμοις ἁπάσας τὰς πόλεις διῳκοῦμεν, συμμαχικῶς, ἀλλ' οὐ δεσποτικῶς, βουλευόμενοι περὶ αὐτῶν· ὅλων μὲν τῶν πραγμάτων ἐπιστατοῦντες, ἰδίᾳ δ' ἑκάστους ἐλευθέρους ἐῶντες εἶναι· καὶ τῷ μὲν πλήθει βοηθοῦντες, ταῖς δυναστείαις δὲ πολεμοῦντες, δεινὸν ἡγούμενοι, τοὺς πολλοὺς ὑπὸ τοῖς ὀλίγοις εἶναι, καὶ τοὺς ταῖς οὐσίαις ἐνδεεστέρους, τὰ δὲ ἄλλα μηδὲν χείρους ὄντας, ἀπελαύνεσθαι τῶν ἀρχῶν· ἔτι δὲ, κοινῆς τῆς πατρίδος οὔσης, τοὺς μὲν τυραννεῖν, τοὺς δὲ μετοικεῖν, καὶ φύσει πολίτας ὄντας, νόμῳ τῆς πολιτείας ἀποστερεῖσθαι. Τοιαῦτ' ἔχοντες ταῖς ὀλιγαρχίαις ἐπιτιμᾷν, καὶ πλείω τούτων, τὴν αὐτὴν πολιτείαν, ἥνπερ παρ' ἡμῖν αὐτοῖς, καὶ παρὰ τοῖς ἄλλοις κατεστήσαμεν· ἣν οὐκ οἶδ' ὅ τι δεῖ διὰ μακροτέρων ἐπαινεῖν, ἄλλως τε καὶ συντόμως ἔχοντα δηλῶσαι περὶ αὐτῆς. Μετὰ γὰρ ταύτης οἰκοῦντες ἑβδομήκοντα διετελέσαμεν, ἄπειροι μὲν τυραννίδων, ἐλεύθεροι δὲ πρὸς τοὺς βαρβάρους, ἀστασίαστοι δὲ πρὸς σφᾶς αὐτοὺς, εἰρήνην δὲ ἄγοντες πρὸς ἅπαντας ἀνθρώπους.

Modération des Athéniens à l'égard de l'Eubée.

XXXI. Ὑπὲρ ὧν προσήκει τοὺς εὖ φρονοῦντας μεγάλην χάριν ἔχειν πολὺ μᾶλλον, ἢ τὰς κληρουχίας ἡμῖν ὀνειδίζειν, ἃς ἡμεῖς εἰς τὰς ἐρημουμένας τῶν πόλεων, φυλακῆς ἕνεκα τῶν χωρίων, ἀλλ' οὐ διὰ πλεονεξίαν, ἐξεπέμπομεν. Σημεῖον δὲ τούτων· ἔχοντες γὰρ χώραν πρὸς μὲν τὸ πλῆθος τῶν πολιτῶν ἐλαχίστην, ἀρχὴν δὲ μεγίστην, κεκτημένοι δὲ τριήρεις διπλασίας μὲν ἢ σύμπαντες οἱ ἄλλοι, δυναμένας δὲ πρὸς δὶς τοσαύτας κινδυνεύειν, ὑποκειμένης δὲ τῆς Εὐβοίας ὑπὸ τὴν Ἀττικὴν, ἣ καὶ πρὸς τὴν ἀρχὴν τῆς θαλάττης εὐφυῶς εἶχε, καὶ πρὸς τὴν ἄλλην ἀρετὴν ἁπασῶν τῶν νήσων διέφερε, κρατοῦντες αὐτῆς μᾶλλον, ἢ τῆς ἡμετέρας αὐτῶν, καὶ πρὸς τούτοις εἰδότες καὶ τῶν ἄλλων Ἑλλήνων, καὶ τῶν βαρβάρων, τούτους κάλλιστ' εὐδοκιμοῦντας, οἳ, τοὺς ὁμόρους ἀναστάτους ποιήσαντες, ἄφθονον καὶ ῥᾴθυμον αὐτοῖς κατεστήσαντο τὸν βίον· ὅμως οὐδὲν τούτων ἡμᾶς ἐπῆρε περὶ τοὺς ἔχοντας τὴν νῆσον ἐξαμαρτεῖν, ἀλλὰ, μόνοι δὴ τῶν μεγάλην δύναμιν ἐχόντων, περιείδομεν ἡμᾶς αὐτοὺς ἀπορώτερον ζῶντας τῶν δουλεύειν αἰτίαν ἐχόντων. Καίτοι βουλόμενοι πλεονεκτεῖν, οὐκ ἂν δήπου τῆς μὲν Σκιωναίων γῆς ἐπεθυμήσαμεν, ἣν Πλαταιέων τοῖς ὡς ἡμᾶς καταφυγοῦσι φαινόμεθα παραδόντες· τοσαύτην δὲ χώραν παρελίπομεν, ἣ πάντας ἂν ἡμᾶς εὐπορωτέρους ἐποίησε.

Tableau vigoureux des injustices et des violences exercées par les Lacédémoniens et leurs partisans, pendant leur domination.

XXXII. Τοιούτων τοίνυν ἡμῶν γεγενημένων, καὶ τοσαύτην πίστιν δεδωκότων ὑπὲρ τοῦ μὴ τῶν ἀλλοτρίων ἐπιθυμεῖν, τολμῶσι κατηγορεῖν οἱ τῶν δεκαδαρχιῶν κοινωνήσαντες, καὶ τὰς ἑαυτῶν πατρίδας λυμηνάμενοι, καὶ μικρὰς μὲν ποιήσαντες δοκεῖν εἶναι τὰς τῶν προγεγενημένων ἀδικίας, οὐδεμίαν δὲ ἀπολιπόντες ὑπερβολὴν τοῖς αὖθις βουλομένοις γεγενῆσθαι πονηροῖς, ἀλλὰ φάσκοντες μὲν λακωνίζειν, τἀναντία δ' ἐκείνοις ἐπιτηδεύοντες, καὶ τὰς μὲν Μηλίων ὀδυρόμενοι συμφορὰς, περὶ δὲ τοὺς ἑαυτῶν πολίτας ἀνήκεστα τολμήσαντες ἐξαμαρτεῖν. Ποῖον γὰρ αὐτοὺς ἀδίκημα διέφυγεν; ἢ τί τῶν αἰσχρῶν καὶ δεινῶν οὐ διεξῆλθον; Οἳ τοὺς μὲν ἀνοητοτάτους πιστοτάτους ἐνόμιζον, τοὺς δὲ προδότας ὥςπερ εὐεργέτας ἐθεράπευον, ἡροῦντο δὲ τῶν Εἱλώτων ἐνίοις δουλεύειν, ὥςτε εἰς τὰς ἑαυτῶν πατρίδας ὑβρίζειν, μᾶλλον δὲ ἐτίμων τοὺς αὐτόχειρας * καὶ φονέας * τῶν πολιτῶν, ἢ τοὺς γονέας τοὺς ἑαυτῶν, εἰς τοῦτο δ' ὠμότητος ἅπαντας ἡμᾶς κατέστησαν, ὥςτε προτοῦ μὲν, διὰ τὴν παροῦσαν εὐδαιμονίαν, καὶ ταῖς μικραῖς ἀτυχίαις πολλοὺς ἕκαστος ἡμῶν εἶχε τοὺς συμπαθήσοντας, ἐπὶ δὲ τῆς τούτων ἀρχῆς, διὰ τὸ πλῆθος τῶν οἰκείων κακῶν, ἐπαυσάμεθα ἀλλήλους ἐλεοῦντες. Οὐδενὶ γὰρ τοσαύτην σχολὴν παρέλιπον, ὥςτε ἑτέρῳ συναχθεσθῆναι. Τίνος γὰρ οὐκ ἐφίκοντο; ἢ τίς οὕτω πόῤῥω τῶν πολιτικῶν ἦν πραγμάτων, ὅςτις οὐκ ἐγγὺς ἠναγκάσθη γενέσθαι τῶν συμφορῶν, εἰς ἃς αἱ τοιαῦται φύσεις ἡμᾶς κατέστησαν; Εἶτα οὐκ αἰσχύνονται τὰς μὲν ἑαυτῶν πόλεις οὕτως ἀνόμως διαθέντες, τῆς δ' ἡμετέρας ἀδίκως κατηγοροῦντες! ἀλλὰ, πρὸς τοῖς ἄλλοις, καὶ περὶ τῶν δικῶν καὶ τῶν γραφῶν, τῶν ποτὲ παρ' ἡμῖν γενομένων, λέγειν τολμῶσιν, αὐτοὶ πλείους ἐν τρισὶ μησὶν ἀκρίτους ἀποκτείναντες, ὧν ἡ πόλις ἐπὶ τῆς ἀρχῆς ἁπάσης ἔκρινε. Φυγὰς δὲ, καὶ στάσεις, καὶ νόμων συγχύσεις, καὶ πολιτειῶν μεταβολὰς, ἔτι δὲ παίδων ὕβρεις, καὶ γυναικῶν αἰσχύνας, καὶ χρημάτων ἁρπαγὰς, τίς ἂν δύναιτο διεξελθεῖν; Πλὴν τοσοῦτον εἰπεῖν ἔχω κατὰ πάντων, ὅτι τὰ μὲν ἐφ' ἡμῶν δεινὰ ῥᾳδίως ἄν τις ἑνὶ ψηφίσματι διέλυσεν· τὰς δὲ σφαγὰς καὶ τὰς ἀνομίας, τὰς ἐπὶ τούτων γενομένας, οὐδεὶς ἂν ἰάσασθαι δύναιτο.

Malheur et servitude de la Grèce sous la domination de Lacédémone : sa prospérité sous celle d'Athènes.

XXXIII. Καὶ μὴν οὐδὲ τὴν παροῦσαν εἰρήνην, οὐδὲ τὴν αὐτονομίαν, τὴν ἐν ταῖς πολιτείαις μὲν οὐκ ἐνοῦσαν, ἐν δὲ ταῖς συνθήκαις ἀναγεγραμμένην, ἄξιον ἑλέσθαι μᾶλλον, ἢ τὴν ἀρχὴν τὴν ἡμετέραν. Τίς γὰρ ἂν τοιαύτης καταστάσεως ἐπιθυμήσειεν, ἐν ᾗ καταποντισταὶ μὲν τὴν θάλατταν κατέχουσιν, πελτασταὶ δὲ τὰς πόλεις καταλαμβάνουσιν, ἀντὶ δὲ τοῦ πρὸς ἑτέρους περὶ τῆς χώρας πολεμεῖν, ἐντὸς τείχους πρὸς ἀλλήλους οἱ πολῖται μάχονται, πλείους δὲ πόλεις αἰχμάλωτοι γεγόνασιν, ἢ πρὶν τὴν εἰρήνην ἡμᾶς ποιήσασθαι, διὰ δὲ τὴν πυκνότητα τῶν μεταβολῶν, ἀθυμότερον διάγουσιν οἱ τὰς πόλεις οἰκοῦντες τῶν ταῖς φυγαῖς ἐζημιωμένων; οἱ μὲν γὰρ τὸ μέλλον δεδίασιν, οἱ δὲ ἀεὶ κατιέναι προσδοκῶσι. Τοσοῦτον δ' ἀπέχουσι τῆς ἐλευθερίας καὶ τῆς αὐτονομίας, ὥστε αἳ μὲν ὑπὸ τυράννοις εἰσί, τὰς δὲ ἁρμοσταὶ κατέχουσιν, ἔνιαι δὲ ἀνάστατοι γεγόνασι, τῶν δὲ οἱ βάρβαροι δεσπόται καθεστήκασιν· οὓς ἡμεῖς διαβῆναι τολμήσαντας εἰς τὴν Εὐρώπην, καὶ μεῖζον ἢ προσῆκον αὐτοῖς φρονήσαντας, οὕτω διέθεμεν, ὥστε, μὴ μόνον παύσασθαι στρατείας ἐφ' ἡμᾶς ποιουμένους, ἀλλὰ καὶ τὴν αὑτῶν χώραν ἀνέχεσθαι πορθουμένην, καὶ διακοσίαις καὶ χιλίαις ναυσὶ περιπλέοντας εἰς τοσαύτην ταπεινότητα κατεστήσαμεν, ὥστε μακρὸν πλοῖον ἐντὸς Φασήλιδος μὴ καθέλκειν, ἀλλ' ἡσυχίαν ἄγειν, καὶ τοὺς καιροὺς περιμένειν, ἀλλὰ μὴ τῇ παρούσῃ δυνάμει πιστεύειν. Καὶ ταῦθ', ὅτι διὰ τὴν τῶν προγόνων τῶν ἡμετέρων ἀρετὴν οὕτως εἶχον, αἱ τῆς πόλεως συμφοραὶ σαφῶς ἐπέδειξαν· ἅμα γὰρ ἡμεῖς τε τῆς ἀρχῆς ἀπεστερούμεθα, καὶ τοῖς Ἕλλησιν ἀρχὴ τῶν κακῶν ἐγίγνετο. Μετὰ γὰρ τὴν ἐν Ἑλλησπόντῳ γενομένην ἀτυχίαν, ἑτέρων ἡγεμόνων καταστάντων, ἐνίκησαν μὲν οἱ βάρβαροι ναυμαχοῦντες, ἦρξαν δὲ τῆς θαλάττης, κατέσχον δὲ τὰς πλείστας τῶν νήσων, ἀπέβησαν δὲ εἰς τὴν Λακωνικὴν, Κύθηρα δὲ κατὰ κράτος εἷλον, ἅπασαν δὲ τὴν Πελοπόννησον κακῶς ποιοῦντες περιέπλευσαν.

Les Lacédémoniens cause de l'asservissement de la Grèce et des malheurs de l'Ionie.

XXXIV. Μάλιστα δ' ἄν τις συνίδοι τὸ μέγεθος τῆς μεταβολῆς, εἴπερ ἀναγνοίη τὰς συνθήκας, τάς τε ἐφ' ἡμῶν γενομένας, καὶ τὰς νῦν ἀναγεγραμμένας. Τότε μὲν γὰρ ἡμεῖς φανησόμεθα τὴν ἀρχὴν τὴν βασιλέως ὁρίζοντες, καὶ τῶν φόρων ἐνίους τάττοντες, καὶ κωλύοντες αὐτὸν τῇ θαλάσσῃ χρῆσθαι· νῦν δὲ ἐκεῖνός ἐστιν ὁ διοικῶν τὰ τῶν Ἑλλήνων, καὶ προστάττων ἃ χρὴ ποιεῖν ἑκάστους, καὶ μόνον οὐκ ἐπιστάθμους ἐν ταῖς πόλεσι καθιστάς. Πλὴν γὰρ τούτου, τί τῶν ἄλλων ὑπόλοιπόν ἐστιν; Οὐ καὶ τοῦ πολέμου κύριος ἐγένετο, καὶ τὴν εἰρήνην ἐπρυτάνευσε, καὶ τῶν παρόντων πραγμάτων ἐπιστάτης καθέστηκεν;

Οὐχ' ὡς ἐκεῖνον πλέομεν, ὥσπερ πρὸς δεσπότην, ἀλλήλων κατηγορήσοντες; Οὐ βασιλέα τὸν μέγαν αὐτὸν προσαγορεύομεν, ὥσπερ αἰχμάλωτοι γεγονότες; Οὐκ ἐν τοῖς πολέμοις τοῖς πρὸς ἀλλήλους ἐν ἐκείνῳ τὰς ἐλπίδας ἔχομεν τῆς σωτηρίας, ὃς ἀμφοτέρους ἡμᾶς ἡδέως ἂν ἀπολέσειεν; Ὧν ἄξιον ἐνθυμηθέντας ἀγανακτῆσαι μὲν ἐπὶ τοῖς παροῦσι, ποθῆσαι δὲ τὴν ἡγεμονίαν τὴν ἡμετέραν, μέμψασθαι δὲ Λακεδαιμονίοις, ὅτι, τὴν μὲν ἀρχὴν, εἰς τὸν πόλεμον κατέστησαν, ὡς ἐλευθερώσοντες τοὺς Ἕλληνας, ἐπὶ τελευτῆς δὲ, οὕτω πολλοὺς αὐτῶν ἐκδότους τοῖς βαρβάροις ἐποίησαν· καὶ τῆς μὲν ἡμετέρας πόλεως τοὺς Ἴωνας ἀπέστησαν, ἐξ ἧς ἀπῴκησαν, καὶ δι' ἣν πολλάκις ἐσώθησαν, τοῖς δὲ βαρβάροις αὐτοὺς ἐξέδοσαν, ὧν ἀκόντων τὴν χώραν ἔχουσι, καὶ πρὸς οὓς οὐδὲ πώποτε ἐπαύσαντο πολεμοῦντες. Καὶ τότε μὲν ἠγανάκτουν, ὅθ' ἡμεῖς νομίμως ἐπάρχειν τινῶν ἠξιοῦμεν· νῦν δὲ εἰς τοσαύτην δουλείαν καθεστώτων οὐδὲν φροντίζουσιν αὐτῶν, οἷς οὐκ ἐξαρκεῖ δασμολογεῖσθαι, καὶ τὰς ἀκροπόλεις ὁρᾷν ὑπὸ τῶν ἐχθρῶν κατεχομένας, ἀλλὰ, πρὸς ταῖς κοιναῖς συμφοραῖς, καὶ τοῖς σώμασι δεινότερα πάσχουσι τῶν παρ' ἡμῖν ἀργυρωνήτων· οὐδεὶς γὰρ ἡμῶν οὕτως αἰκίζεται τοὺς οἰκέτας, ὡς ἐκεῖνοι τοὺς ἐλευθέρους κολάζουσι. Μέγιστον δὲ τῶν κακῶν, ὅταν ὑπὲρ αὐτῆς τῆς δουλείας ἀναγκάζωνται συστρατεύεσθαι, καὶ πολεμεῖν τοῖς ἐλευθέροις ἀξιοῦσι, καὶ τοιούτους κινδύνους ὑπομένειν, ἐν οἷς ἡττηθέντες μὲν, παραχρῆμα διαφθαρήσονται, κατορθώσαντες δὲ, μᾶλλον εἰς τὸν ἐπίλοιπον χρόνον δουλεύσουσιν.

Les Lacédémoniens auteurs des maux de la Grèce, par leur conduite aussi injuste qu'inconséquente.

XXXV. Ὧν τίνας ἄλλους αἰτίους χρὴ νομίζειν, ἢ Λακεδαιμονίους, οἳ, τοσαύτην ἰσχὺν ἔχοντες, περιορῶσι τοὺς μὲν ἑαυτῶν συμμάχους γενομένους οὕτω δεινὰ πάσχοντας, τὸν δὲ βάρβαρον τῇ τῶν Ἑλλήνων ῥώμῃ τὴν ἀρχὴν τὴν αὑτοῦ κατασκευαζόμενον; Καὶ πρότερον μὲν τοὺς τυράννους ἐξέβαλλον, τῷ δὲ πλήθει τὰς βοηθείας ἐποιοῦντο, νῦν δὲ εἰς τοσοῦτον μεταβεβλήκασιν, ὥστε ταῖς μὲν πολιτείαις πολεμοῦσι, τὰς δὲ μοναρχίας συγκαθιστᾶσι· τὴν δὲ Μαντινέων πόλιν, εἰρήνης ἤδη γεγενημένης, ἀνάστατον ἐποίησαν, τὴν δὲ Θηβαίων Καδμείαν κατέλαβον· καὶ νῦν Ὀλυνθίοις καὶ Φλιασίοις πολεμοῦσιν, Ἀμύντᾳ δὲ τῷ Μακεδόνων βασιλεῖ, καὶ Διονυσίῳ τῷ Σικελίας τυράννῳ, καὶ τῷ βαρβάρῳ, τῆς Ἀσίας κρατοῦντι, συμπράττουσιν, ὅπως μεγίστην ἀρχὴν ἕξουσιν. Καίτοι πῶς οὐκ ἄτοπον τοὺς προεστῶτας τῶν Ἑλλήνων ἕνα μὲν ἄνδρα τοσούτων ἀνθρώπων καθιστάναι δεσπότην, ὧν οὐδὲ τὸν ἀριθμὸν ἐξευρεῖν ῥᾴδιόν ἐστι· τὰς δὲ μεγίστας τῶν πόλεων μηδὲ αὐτὰς ἑαυτῶν ἐᾶν εἶναι κυρίας, ἀλλ᾽ ἀναγκάζειν δουλεύειν, ἢ ταῖς μεγίσταις συμφοραῖς περιβάλλειν; Ὃ δὲ πάντων δεινότατον, ὅταν τις ἴδῃ τοὺς τὴν ἡγεμονίαν ἔχειν ἀξιοῦντας ἐπὶ μὲν τοὺς Ἕλληνας μονονουχὶ καθ᾽ ἑκάστην ἡμέραν στρατευομένους, πρὸς δὲ τοὺς βαρβάρους εἰς ἅπαντα τὸν χρόνον συμμαχίαν πεποιημένους.

Excuse des reproches adressés aux Lacédémoniens, fondée sur leur justesse, et servant de transition à la sixième partie.

XXXVI. Καὶ μηδεὶς ὑπολάβῃ με δυσκόλως ἔχειν, ὅτι τραχύτερον τούτων ἐμνήσθην, προειπὼν ὡς περὶ διαλλαγῶν ποιήσομαι τοὺς λόγους· οὐ γὰρ, ἵνα πρὸς τοὺς ἄλλους διαβάλω τὴν πόλιν τὴν Λακεδαιμονίων, οὕτως εἴρηκα περὶ αὐτῶν, ἀλλ' ἵνα αὐτοὺς ἐκείνους παύσω, καθ' ὅσον ὁ λόγος δύναται, τοιαύτην γνώμην ἔχοντας. Ἔστι δ' οὐχ οἷόν τε ἀποτρέπειν τῶν ἁμαρτημάτων, οὐδ' ἑτέρων πράξεων πείθειν ἐπιθυμεῖν, ἢν μή τις ἐῤῥωμένως ἐπιτιμήσῃ τοῖς ἁμαρτάνουσι. Χρὴ δὲ κατηγορεῖν μὲν ἡγεῖσθαι τοὺς ἐπὶ βλάβῃ λοιδοροῦντας, νουθετεῖν δὲ τοὺς ἐπ' ὠφελείᾳ τοιαῦτα πράττοντας· τὸν γὰρ αὐτὸν λόγον οὐχ ὁμοίως ὑπολαμβάνειν δεῖ, μὴ μετὰ τῆς αὐτῆς διανοίας λεγόμενον. Ἐπεὶ καὶ τοῦτ' ἔχομεν αὐτοῖς ἐπιτιμᾷν, ὅτι τῇ μὲν αὐτῶν πόλει τοὺς ὁμόρους εἱλωτεύειν ἀναγκάζουσι, τῷ δὲ κοινῷ τῶν συμμάχων οὐδὲν τοιοῦτον κατασκευάζουσιν, ἐξ ὧν ἔσται αὐτοῖς, τὰ πρὸς ἡμᾶς διαλυσαμένοις, ἅπαντας τοὺς βαρβάρους περιοίκους ὅλης τῆς Ἑλλάδος καταστῆσαι. Καίτοι χρὴ τοὺς φύσει, καὶ μὴ διὰ τύχην μέγα φρονοῦντας, τοιούτοις ἔργοις ἐπιχειρεῖν πολὺ μᾶλλον, ἢ τοὺς νησιώτας δασμολογεῖν· οὓς ἄξιόν ἐστιν ἐλεεῖν, ὁρῶντας, τοὺς μὲν, διὰ σπανιότητα τῆς γῆς, τὰ ὄρη γεωργεῖν ἀναγκαζομένους, τοὺς δὲ ἠπειρώτας, δι' ἀφθονίαν χώρας, τὴν μὲν πλείστην αὐτῆς ἀργὸν περιορῶντας, ἐξ ἧς δὲ καρποῦνται, τοσοῦτον πλοῦτον κεκτημένους.

SIXIÈME PARTIE. *Transition à la guerre contre les Perses.*

Les Grecs, occupés de foibles intérêts, en négligent de très importants, et laissent le roi de Perse profiter de leur indifférence et de leur discorde.

XXXVII. Ἡγοῦμαι δ', εἴ τινες ἄλλοθέν ποθεν ἐπελθόντες, θεαταὶ γένοιντο τῶν παρόντων πραγμάτων, πολλὴν ἂν αὐτοὺς καταγνῶναι μανίαν ἀμφοτέρων ἡμῶν, οἵτινες οὕτω περὶ μικρῶν κινδυνεύομεν, ἐξὸν ἀδεῶς πολλὰ κεκτῆσθαι, καὶ τὴν ἡμετέραν αὐτῶν χώραν διαφθείρομεν, ἀμελήσαντες τοῦ τὴν Ἀσίαν καρποῦσθαι. Καὶ τῷ μὲν οὐδέν ἐστι προὐργιαίτερον, ἢ σκοπεῖν ἐξ ὧν οὐδέποτε παυσόμεθα πολεμοῦντες πρὸς ἀλλήλους· ἡμεῖς δὲ τοσούτου δέομεν συγκρούειν τι τῶν ἐκείνου πραγμάτων, ἢ ποιεῖν στασιάζειν, ὥστε καὶ τὰς διὰ τύχας αὐτῷ γεγενημένας ταραχὰς διαλύειν ἐπιχειροῦμεν, οἵτινες καὶ τοῖν στρατοπέδοιν τοῖν περὶ Κύπρον ἐῶμεν αὐτὸν τῷ μὲν χρῆσθαι, τὸ δὲ πολιορκεῖν, ἀμφοτέροιν αὐτοῖν ἐκ τῆς Ἑλλάδος ὄντοιν· οἵ τε γὰρ ἀφεστῶτες, πρὸς ἡμᾶς τε οἰκείως ἔχουσι, καὶ Λακεδαιμονίοις σφᾶς αὐτοὺς ἐνδιδόασι· τῶν τε μετὰ Τιριβάζου στρατευομένων, καὶ τοῦ πεζοῦ τὸ χρησιμώτατον ἐκ τῶνδε τῶν τόπων ἤθροισται, καὶ τοῦ ναυτικοῦ τὸ πλεῖστον μέρος ἀπ' Ἰωνίας συμπέπλευκεν, οἳ πολὺ ἂν ἥδιον κοινῇ τὴν Ἀσίαν ἐπόρθουν, ἢ πρὸς ἀλλήλους ἕνεκα μικρῶν ἐκινδύνευον. Ὧν ἡμεῖς οὐδεμίαν ποιούμεθα πρόνοιαν, ἀλλὰ περὶ μὲν τῶν Κυκλάδων νήσων ἀμφισβητοῦμεν, τοσαύτας δὲ τὸ πλῆθος τριήρεις καὶ τηλικαύτας τὸ μέγεθος δυνάμεις οὕτως εἰκῇ τῷ βαρβάρῳ παραδεδώκαμεν.

Τοιγαροῦν τὰ μὲν ἔχει, τὰ δὲ μέλλει, τοῖς δ' ἐπιβουλεύει, δικαίως ἁπάντων ἡμῶν καταπεφρονηκώς. Διαπέπρακται γὰρ ὃ τῶν ἐκείνου προγόνων οὐδεὶς πώποτε· τήν τε γὰρ Ἀσίαν διωμολόγηται, καὶ παρ' ἡμῶν, καὶ παρὰ Λακεδαιμονίων, βασιλέως εἶναι, τάς τε πόλεις τὰς ἑλληνίδας οὕτω κυρίως παρείληφεν, ὥστε τὰς μὲν αὐτῶν κατασκάπτειν, ἐν δὲ ταῖς ἀκροπόλεις τειχίζειν. καὶ ταῦτα πάντα γέγονε διὰ τὴν ἡμετέραν ἄνοιαν, ἀλλ' οὐ διὰ τὴν ἐκείνου δύναμιν.

Nécessité de déclarer la guerre sans délai. La puissance du roi de Perse mal connue et mal jugée.

XXXVIII. Καίτοι τινὲς θαυμάζουσι τὸ μέγεθος τῶν βασιλέως πραγμάτων, καὶ φασὶν αὐτὸν εἶναι δυσπολέμητον, διεξιόντες ὡς πολλὰς τὰς μεταβολὰς ἐν τοῖς Ἕλλησι πεποίηται. Ἐγὼ δ' ἡγοῦμαι μὲν ταῦτα τοὺς λέγοντας οὐκ ἀποτρέπειν, ἀλλ' ἐπισπεύδειν τὴν στρατείαν. Εἰ γὰρ, ἡμῶν ὁμονοησάντων ἁπάντων, αὐτὸς, ἐν ταραχαῖς ὢν, χαλεπὸς ἔσται πρὸς τὸ πολεμεῖν, ἦπου σφόδρα χρὴ δεδιέναι τὸν καιρὸν ἐκεῖνον, ὅταν τὰ μὲν τῶν βαρβάρων καταστῇ, καὶ διὰ μιᾶς γένηται γνώμης, ἡμεῖς δὲ πρὸς ἀλλήλους ὥσπερ νῦν πολεμικῶς ἔχωμεν. Οὐ μὴν, οὐδ' εἰ συναγορεύουσι τοῖς ὑπ' ἐμοῦ λεγομένοις, οὐδ' ὡς ὀρθῶς περὶ τῆς ἐκείνου δυνάμεως γινώσκουσιν. Εἰ μὲν γὰρ ἀπέφαινον αὐτὸν ἅμα ταῖν πολέοιν ἀμφοτέραιν πρότερόν ποτε περιγεγενημένον, εἰκότως ἂν ἡμᾶς καὶ νῦν ἐκφοβεῖν ἐπεχείρουν· εἰ δὲ τοῦτο μὲν μηδέποτε γέγονεν, ἀντιπάλων δὲ ὄντων ἡμῶν καὶ Λακεδαιμονίων, προσθέμενος τοῖς ἑτέροις, ἐπικυδέστερα τὰ πράγματα τούτων ἐποίησεν, οὐδέν ἐστι τοῦτο σημεῖον τῆς ἐκείνου ῥώμης. Ἐν γὰρ τοῖς τοιούτοις καιροῖς πολλάκις μικραὶ δυνάμεις μεγάλας ῥοπὰς ἐποίησαν· ἐπεὶ καὶ περὶ Χίων ἔχοιμ' ἂν τοῦτον τὸν λόγον εἰπεῖν, ὡς, ὁποτέροις ἐκεῖνοι προσθέσθαι βουληθεῖεν, οὗτοι κατὰ θάλατταν κρείττους ἦσαν.

Preuves tirées de la guerre du roi de Perse contre Lacédémone.

XXXIX. Ἀλλὰ γὰρ οὐκ ἐκ τούτων δίκαιόν ἐστι σκοπεῖν τὴν βασιλέως δύναμιν, ἐξ ὧν μεθ' ἑκατέρων γέγονεν, ἀλλ' ἐξ ὧν αὐτὸς ὑπὲρ ἑαυτοῦ πεπολέμηκεν. Καὶ πρῶτον μὲν, ἀποστάσης Αἰγύπτου, τί διαπέπρακται πρὸς τοὺς ἔχοντας αὐτήν; Οὐκ ἐκεῖνος μὲν ἐπὶ τὸν πόλεμον τοῦτον κατέπεμψε τοὺς εὐδοκιμωτάτους Περσῶν, Ἀκροκόμαν, καὶ Τιθραύστην, καὶ Φαρνάβαζον; Οὗτοι δὲ τρία ἔτη μείναντες, καὶ πλείω κακὰ παθόντες ἢ ποιήσαντες, τελευτῶντες οὕτως αἰσχρῶς ἀπηλλάγησαν, ὥστε τοὺς ἀφεστῶτας μηκέτι τὴν ἐλευθερίαν ἀγαπᾷν, ἀλλ' ἤδη καὶ τῶν ὁμόρων ζητεῖν ἐπάρχειν. Μετὰ δὲ ταῦτα ἐπ' Εὐαγόραν στρατεύσας, ὃς ἄρχει μὲν μιᾶς πόλεως τῶν ἐν Κύπρῳ, ἐν δὲ ταῖς συνθήκαις ἔκδοτός ἐστιν, οἰκῶν δὲ τὴν νῆσον, κατὰ μὲν θάλασσαν προδεδυστύχηκεν, ὑπὲρ δὲ τῆς χώρας τρισχιλίους ἔχει μόνον πελταστάς· ἀλλ' ὅμως οὕτω ταπεινῆς δυνάμεως οὐ δύναται περιγενέσθαι βασιλεὺς πολεμῶν, ἀλλ' ἤδη μὲν ἓξ ἔτη διατέτριφεν· εἰ δὲ δεῖ τὰ μέλλοντα τοῖς γεγενημένοις τεκμαίρεσθαι, πολὺ πλεῖον ἐλπίς ἐστιν, ἕτερον ἀποστῆναι, πρὶν ἐκεῖνον ἐκπολιορκηθῆναι. Τοιαῦται βραδυτῆτες ἐν ταῖς πράξεσι ταῖς βασιλέως ἔνεισιν. Ἐν δὲ τῷ πολέμῳ τῷ περὶ Κνίδον, ἔχων μὲν τοὺς Λακεδαιμονίων συμμάχους εὔνους, διὰ τὴν χαλεπότητα τῶν πολιτειῶν, χρώμενος δὲ ταῖς ὑπηρεσίαις ταῖς παρ' ἡμῶν, στρατηγοῦντος δὲ αὐτῷ Κόνωνος, ὃς ἦν ἐπιμελέστατος μὲν τῶν στρατηγῶν, πιστότατος δὲ τοῖς Ἕλλησιν, ἐμπειρότατος δὲ τῶν πρὸς τὸν πόλεμον κινδύνων, τοιοῦτον λαβὼν συναγωνιστὴν, τρία μὲν ἔτη περιεῖδε τὸ ναυτικὸν τὸ περὶ τὴν Ἀσίαν ὑπὸ τριηρῶν ἑκατὸν μόνον πολιορκούμενον, πεντεκαίδεκα δὲ μηνῶν τοὺς στρατιώτας τὸν μισθὸν ἀπεστέρησεν. Ὥστε, τὸ μὲν ἐπ' ἐκείνῳ, πολλάκις ἂν διελύθησαν, διὰ δὲ τὸν ἐφεστῶτα κίνδυνον, καὶ τὴν συμμαχίαν τὴν περὶ Κόρινθον συστᾶσαν, μόλις ποτὲ ναυμαχοῦντες ἐνίκησαν. Καὶ ταῦτ' ἐστι τὰ βασιλικώτατα καὶ σεμνότατα τῶν ἐκείνῳ πεπραγμένων, καὶ περὶ ὧν οὐδέποτε παύονται λέγοντες οἱ βουλόμενοι τὰ τῶν βαρβάρων μεγάλα ποιεῖν.

Autres preuves tirées de l'expédition de Cyrus le jeune, et de la retraite des Dix-mille.

XL. Ὥστ' οὐδεὶς ἂν ἔχοι τοῦτ' εἰπεῖν, ὡς οὐ δικαίοις χρῶμαι τοῖς παραδείγμασιν, οὐδ' ὡς ἐπὶ μικροῖς διατρίβω, τὰς μεγίστας τῶν πράξεων παραλιπών· φεύγων γὰρ ταύτην τὴν αἰτίαν, τὰ κάλλιστα τῶν ἔργων διῆλθον, οὐκ ἀμνημονῶν οὐδὲ ἐκείνων, ὅτι Δερκυλλίδας μὲν, χιλίους ἔχων ὁπλίτας, τῆς Αἰολίδος ἐπῆρξε· Δράκων δὲ, Ἀταρνέα καταλαβὼν, καὶ τρισχιλίους πελταστὰς συλλέξας, τὸ Μύσιον πεδίον ἀνάστατον ἐποίησε· Θίμβρων δὲ, ὀλίγῳ πλείους τούτων διαβιβάσας, τὴν Λυδίαν πᾶσαν ἐπόρθησεν· Ἀγησίλαος δὲ, τῷ Κυρείῳ στρατοπέδῳ χρώμενος, μικροῦ δεῖν τῆς ἐντὸς Ἅλυος χώρας ἁπάσης ἐκράτησε. Καὶ οὐδὲ τὴν στρατιὰν, τὴν μετὰ βασιλέως περιπολοῦσαν, οὐδὲ τὴν Περσῶν ἀνδρίαν ἄξιον φοβηθῆναι· καὶ γὰρ ἐκεῖνοι φανερῶς ἐπεδείχθησαν ὑπὸ τῶν Κύρῳ συναναβάντων οὐδὲν βελτίους ὄντες τῶν ἐπὶ θαλάττης. Τὰς μὲν γὰρ ἄλλας μάχας, ὅσας ἡττήθησαν, ἐῶ, καὶ τίθημι στασιάζειν αὐτοὺς, καὶ μὴ βούλεσθαι προθύμως πρὸς τὸν ἀδελφὸν τοῦ βασιλέως διακινδυνεύειν· ἀλλ᾽ ἐπειδὴ, Κύρου τελευτήσαντος, συνῆλθον ἅπαντες οἱ τὴν Ἀσίαν κατοικοῦντες, ἐν τούτοις τοῖς καιροῖς οὕτως αἰσχρῶς ἐπολέμησαν, ὥςτε μηδένα λόγον ὑπολείπειν τοῖς εἰθισμένοις τὴν τῶν Περσῶν ἀνδρίαν ἐπαινεῖν. Λαβόντες γὰρ ἑξακιςχιλίους τῶν Ἑλλήνων, οὐκ ἀριστίνδην μὲν ἐπιλελεγμένους, ἀλλ᾽ οἳ διὰ φαυλότητα ἐν ταῖς ἑαυτῶν πόλεσιν οὐχ᾽ οἷοί τ᾽ ἦσαν ζῆν, ἀπείρους μὲν τῆς χώρας ὄντας, ἐρήμους δὲ συμμάχων γεγενημένους, προδεδομένους δὲ ὑπὸ τῶν συναναβάντων, ἀπεστερημένους δὲ τοῦ στρατηγοῦ, μεθ᾽ οὗ συνηκολούθησαν· τοσοῦτον ἥττους αὐτῶν ἦσαν, ὥςθ᾽ ὁ βασιλεὺς, ἀπορήσας τοῖς παροῦσι πράγμασι, καὶ καταφρονήσας τῆς περὶ αὐτὸν δυνάμεως, τοὺς ἄρχοντας τοὺς τῶν Ἑλλήνων ὑποσπόνδους συλλαβεῖν ἐτόλμησεν, ὡς, εἰ τοῦτο παρανομήσειε, συνταράξων τὸ στρατόπεδον, καὶ μᾶλλον εἵλετο περὶ τοὺς θεοὺς ἐξαμαρτεῖν, ἢ πρὸς ἐκείνους ἐκ τοῦ φανεροῦ διαγωνίσασθαι. Διαμαρτὼν δὲ τῆς ἐπιβουλῆς καὶ τῶν στρατιωτῶν συμμεινάντων, καὶ καλῶς ἐνεγκάντων τὴν συμφορὰν, ἀπιοῦσιν αὐτοῖς Τισαφέρνην καὶ τοὺς ἱππέας συνέπεμψεν, ὑφ᾽ ὧν ἐκεῖνοι παρὰ πᾶσαν ἐπιβουλευόμενοι τὴν ὁδὸν ὁμοίως διεπορεύθησαν, ὥςπερ ἂν εἰ προπεμπόμενοι, μάλιστα μὲν φοβούμενοι τὴν ἀοίκητον τῆς χώρας, μέγιστον δὲ τῶν ἀγαθῶν νομίζοντες, εἰ τῶν πολεμίων ὡς πλείστοις ἐντύχοιεν. Κεφάλαιον δὲ τῶν εἰρημένων· ἐκεῖνοι γὰρ, οὐκ ἐπὶ μὲν λείαν ἐλθόντες, οὐδὲ κώμην καταλαβόντες, ἀλλ' ἐπ' αὐτὸν τὸν βασιλέα στρατεύσαντες, ἀσφαλέστερον κατέβησαν τῶν περὶ φιλίας αὐτῶν πρεσβευόντων. Ὥστέ μοι δοκοῦσιν ἐν ἅπασι τοῖς τόποις σαφῶς ἐπιδεδεῖχθαι τὴν αὑτῶν μαλακίαν. Καὶ γὰρ ἐν τῇ παραλίᾳ τῆς Ἀσίας πολλὰς μάχας ἥττηνται, καὶ διαβάντες εἰς τὴν Εὐρώπην, δίκην ἔδοσαν· οἱ μὲν γὰρ αὐτῶν κακῶς ἀπώλοντο, οἱ δὲ αἰσχρῶς ἐσώθησαν· καὶ τελευτῶντες ἐπ' αὐτοῖς τοῖς βασιλείοις καταγέλαστοι γεγόνασι.

Les défaites des Perses suite nécessaire de leur avilissement. Tableau de la servitude du peuple et des grands. Leur lâcheté avec leurs ennemis, et leur perfidie envers leurs amis. Sujets d'une haine éternelle entre les Perses et les Grecs.

XLI. Καὶ τούτων οὐδὲν ἀλόγως γέγονεν, ἀλλὰ πάντα εἰκότως ἀποβέβηκεν· οὐδὲ γὰρ οἷόν τε τοὺς οὕτω τρεφομένους, καὶ πολιτευομένους, οὔτε τῆς ἄλλης ἀρετῆς μετέχειν, οὔτε ἐν ταῖς μάχαις τρόπαιον ἵστασθαι τῶν πολεμίων. Πῶς γὰρ ἂν ἐν τοῖς ἐκείνων ἐπιτηδεύμασιν ἐγγενέσθαι δύναιτ' ἂν ἢ στρατηγὸς δεινὸς, ἢ στρατιώτης ἀγαθὸς, ὧν τὸ μὲν πλεῖστόν ἐστιν ὄχλος ἄτακτος καὶ κινδύνων ἄπειρος, πρὸς μὲν τὸν πόλεμον ἐκλελυμένος, πρὸς δὲ τὴν δουλείαν ἄμεινον τῶν παρ' ἡμῖν οἰκετῶν πεπαιδευμένος; Οἱ δὲ ἐν ταῖς μεγίσταις δόξαις ὄντες αὐτῶν, ὁμαλῶς μὲν, οὐδὲ κοινῶς, οὐδὲ πολιτικῶς, οὐδεπώποτ' ἐβίωσαν, ἅπαντα δὲ τὸν χρόνον διάγουσιν εἰς μὲν τοὺς ὑβρίζοντες, τοῖς δὲ δουλεύοντες, ὡςανεὶ ἄνθρωποι μάλιστα τὰς φύσεις διεφθαρμένοι· καὶ τὰ μὲν σώματα διὰ τοὺς πλούτους τρυφῶντες, τὰς δὲ ψυχὰς διὰ τὰς μοναρχίας ταπεινὰς καὶ περιδεεῖς ἔχοντες, ἐξεταζόμενοι δὲ πρὸς αὐτοῖς τοῖς βασιλείοις, καὶ προκυλινδούμενοι, καὶ πάντα τρόπον μικρὸν φρονεῖν μελετῶντες· θνητὸν μὲν ἄνδρα προςκυνοῦντες καὶ δαίμονα προςαγορεύοντες, τῶν δὲ θεῶν μᾶλλον ἢ τῶν ἀνθρώπων καταφρονοῦντες. Τοιγαροῦν οἱ καταβαίνοντες αὐτῶν ἐπὶ θάλατταν, οὓς καλοῦσι σατράπας, οὐ καταισχύνουσι τὴν ἐκείνων παίδευσιν, ἀλλ' ἐν τοῖς ἤθεσι τοῖς αὐτοῖς διαμένουσι, πρὸς μὲν τοὺς φίλους ἀπίστως, πρὸς δὲ τοὺς ἐχθροὺς ἀνάνδρως ἔχοντες· καὶ τὰ μὲν ταπεινῶς, τὰ δ' ὑπερηφάνως ζῶντες· τῶν μὲν συμμάχων καταφρονοῦντες, τοὺς δὲ πολεμίους θεραπεύοντες. Τὴν μέν γε μετ' Ἀγησιλάου στρατιὰν ὀκτὼ μῆνας ταῖς ἑαυτῶν δαπάναις διέθρεψαν, τοὺς δὲ ὑπὲρ αὐτῶν κινδυνεύσαντας ἑτέρου τοσούτου χρόνου τὸν μισθὸν ἀπεστέρησαν· καὶ τοῖς μὲν Κισθήνην καταλαβοῦσιν ἑκατὸν τάλαντα διένειμαν, τοὺς δὲ μεθ' ἑαυτῶν εἰς Κύπρον στρατευσαμένους μᾶλλον ἢ τοὺς αἰχμαλώτους ὕβριζον. Ὡς δὲ ἁπλῶς εἰπεῖν, καὶ μὴ καθ' ἕκαστον, ἀλλ' ὡς ἐπὶ τὸ πολὺ, τίς ἢ τῶν πολεμησάντων αὐτοῖς, οὐκ εὐδαιμονήσας ἀπῆλθεν, ἢ τῶν ὑπ' ἐκείνοις γενομένων, οὐκ αἰκισθεὶς τὸν βίον ἐτελεύτησεν; οὐ Κόνωνα μὲν, ὃς ὑπὲρ τῆς Ἀσίας στρατηγήσας τὴν Λακεδαιμονίων ἀρχὴν κατέλυσεν, ἐπὶ θανάτῳ συλλαβεῖν ἐτόλμησαν· Θεμιστοκλέα δὲ, ὃς ὑπὲρ τῆς Ἑλλάδος αὐτοὺς κατεναυμάχησεν, καὶ μεγίστων δωρεῶν ἠξίωσαν; Καίτοι πῶς χρὴ τὴν τούτων φιλίαν ἀγαπᾷν, οἳ τοὺς μὲν εὐεργέτας τιμωροῦνται, τοὺς δὲ κακῶς ποιοῦντας οὕτως ἐπιφανῶς κολακεύουσι; Περὶ τίνας δ' ἡμῶν οὐκ ἐξαμαρτάνουσι; Ποῖον δὲ χρόνον διαλελοίπασιν οὐκ ἐπιβουλεύοντες τοῖς Ἕλλησι; Τί δ' οὐκ ἐχθρὸν αὐτοῖς ἐστι τῶν παρ' ἡμῖν, οἳ καὶ τὰ τῶν θεῶν ἕδη, καὶ τοὺς νεὼς συλᾷν ἐν τῷ προτέρῳ πολέμῳ καὶ κατακαίειν ἐτόλμησαν; Διὸ καὶ τοὺς Ἴωνας ἄξιον ἐπαινεῖν, ὅτι, τῶν ἐμπρησθέντων ἱερῶν, ἐπηράσαντο, εἴ τινες οἰκοδομήσαιεν, ἢ πάλιν εἰς τὰ ἀρχαῖα καταστῆσαι βουληθεῖεν· οὐκ ἀποροῦντες ὅθεν ἐπισκευάσωσιν, ἀλλ' ἵνα ὑπόμνημα τοῖς ἐπιγιγνομένοις ᾖ τῆς τῶν βαρβάρων ἀσεβείας, καὶ μηδεὶς πιστεύῃ τοῖς τοιαῦτα εἰς τὰ τῶν θεῶν ἕδη ἐξαμαρτεῖν τολμήσασιν, ἀλλὰ καὶ φυλάττωνται, καὶ δεδίωσιν, ὁρῶντες αὐτοὺς, οὐ μόνον τοῖς σώμασιν ἡμῶν, ἀλλὰ καὶ τοῖς ἀναθήμασι πολεμήσαντας.

Preuves de la haine que les Athéniens, en particulier, ont toujours portée aux Perses.

XLII. Ἔχω δὲ καὶ περὶ τῶν πολιτῶν τῶν ἡμετέρων πολλὰ τοιαῦτα διελθεῖν. Καὶ γὰρ οὗτοι πρὸς μὲν τοὺς ἄλλους, ὅσοις πεπολεμήκασιν, ἅμα διαλλάττονται, καὶ τῆς ἔχθρας τῆς προγεγενημένης ἐπιλανθάνονται· τοῖς δ' ἠπειρώταις οὐδ', ὅταν εὖ πάσχωσι, χάριν ἴσασιν· οὕτως ἀείμνηστον πρὸς αὐτοὺς τὴν ὀργὴν ἔχουσιν. Καὶ πολλῶν μὲν οἱ πατέρες ἡμῶν Μηδισμοῦ θάνατον κατέγνωσαν· ἐν δὲ τοῖς συλλόγοις ἔτι καὶ νῦν ἀρὰς ποιοῦνται, πρὶν ἄλλο τι χρηματίζειν, εἴ τις ἐπικηρυκεύεται Πέρσαις τῶν πολιτῶν· Εὐμολπίδαι δὲ καὶ Κήρυκες, ἐν τῇ τελετῇ τῶν μυστηρίων, διὰ τὸ τούτων μῖσος, καὶ τοῖς ἄλλοις βαρβάροις εἴργεσθαι τῶν ἱερῶν, ὥςπερ τοῖς ἀνδροφόνοις, προαγορεύουσιν. Οὕτω δὲ φύσει πολεμικῶς πρὸς αὐτοὺς ἔχομεν, ὥςτε καὶ τῶν μύθων ἥδιστα συνδιατρίβομεν τοῖς τρωϊκοῖς καὶ περσικοῖς, δι' ὧν ἔστι πυνθάνεσθαι τὰς ἐκείνων συμφοράς. Εὕροι δ' ἄν τις ἐκ μὲν τοῦ πολέμου τοῦ πρὸς τοὺς βαρβάρους ὕμνους πεποιημένους, ἐκ δὲ τοῦ πρὸς Ἕλληνας θρήνους ἡμῖν γεγενημένους· καὶ τοὺς μὲν ἐν ταῖς ἑορταῖς ᾀδομένους, τῶν δὲ ἐπὶ ταῖς συμφοραῖς ἡμᾶς μεμνημένους. Οἶμαι δὲ καὶ τὴν Ὁμήρου ποίησιν μείζω λαβεῖν δόξαν, ὅτι καλῶς τοὺς πολεμήσαντας τοῖς βαρβάροις ἐνεκωμίασε, καὶ διὰ τοῦτο βουληθῆναι τοὺς προγόνους ἡμῶν ἔντιμον αὐτοῦ ποιῆσαι τὴν τέχνην, ἔν τε τοῖς τῆς μουσικῆς ἄθλοις καὶ τῇ παιδεύσει τῶν νεωτέρων, ἵνα, πολλάκις ἀκούοντες τῶν ἐπῶν, ἐκμανθάνωμεν τὴν ἔχθραν τὴν πρὸς αὐτοὺς ὑπάρχουσαν, καὶ ζηλοῦντες τὰς ἀρετὰς τῶν στρατευσαμένων ἐπὶ Τροίαν, τῶν αὐτῶν ἔργων ἐκείνοις ἐπιθυμῶμεν.

Moyens tirés des circonstances présentes. Elles sont aussi favorables qu'on peut le désirer. Le passé doit servir de leçon; il faut en profiter. Facilité de l'exécution.

XLIII. Ὥςτε μοι δοκεῖ πολλὰ λίαν εἶναι τὰ παρακελευόμενα πολεμεῖν αὐτοῖς, μάλιστα δ' ὁ παρὼν καιρὸς, ὃν οὐκ ἀφετέον· οὗ σαφέστερον οὐδέν· καὶ γὰρ αἰσχρὸν, παρόντι μὲν μὴ χρῆσθαι, παρελθόντος δὲ αὐτοῦ μεμνῆσθαι. Τί γὰρ ἂν καὶ βουληθείημεν ἡμῖν προςγενέσθαι, μέλλοντες βασιλεῖ πολεμεῖν, ἔξω τῶν νῦν ὑπαρχόντων;

Οὐκ Αἴγυπτος μὲν αὐτοῦ καὶ Κύπρος ἀφέστηκε; Φοινίκη δὲ καὶ Συρία διὰ τὸν πόλεμον ἀνάστατοι γεγόνασι; Τύρος δὲ, ἐφ' ᾗ μέγα ἐφρόνησεν, ὑπὸ τῶν ἐχθρῶν τῶν ἐκείνου κατείληπται; Τῶν δὲ ἐν Κιλικίᾳ πόλεων τὰς μὲν πλείστας οἱ μεθ' ἡμῶν ὄντες ἔχουσι, τὰς δὲ οὐ χαλεπόν ἐστι κτήσασθαι· Λυκίας δ' οὐδὲ εἷς πώποτε Περσῶν ἐκράτησεν. Ἑκατόμνως δ', ὁ Καρίας ἐπίσταθμος, τῇ μὲν ἀληθείᾳ πολὺν ἤδη χρόνον ἀφέστηκεν· ὁμολογήσει δὲ ὅταν ἡμεῖς βουληθῶμεν. Ἀπὸ δὲ Κνίδου μέχρι Σινώπης Ἕλληνες τὴν Ἀσίαν παροικοῦσιν, οὓς οὐ δεῖ πείθειν, ἀλλὰ μὴ κωλύειν πολεμεῖν. Καὶ, τοιούτων ὁρμητηρίων ὑπαρξάντων, καὶ τοσούτου πολέμου τὴν Ἀσίαν περιστάντος, τί δεῖ τὰ συμβησόμενα λίαν ἀκριβῶς προαγορεύειν; Ὅπου γὰρ μικρῶν μερῶν ἥττους εἰσὶ, πῶς ἂν διατεθεῖεν, εἰ πᾶσιν ἡμῖν πολεμεῖν ἀναγκασθεῖεν; Ἔχει δὲ οὕτως· ἐὰν μὲν ὁ βάρβαρος ἐῤῥωμενεστέρως κατάσχῃ τὰς πόλεις τὰς ἐπὶ θαλάττῃ, φρουρὰς μείζους ἐν αὐταῖς ἢ νῦν ἐγκαταστήσας, τάχ' ἂν καὶ τῶν νήσων αἵ εἰσι περὶ τὴν ἤπειρον, οἷον Ῥόδος καὶ Σάμος καὶ Χίος, ἐπὶ τὰς ἐκείνου τύχας ἀποκλίναιεν· ἢν δ' ἡμεῖς αὐτὰς πρότεροι καταλάβωμεν, εἰκὸς τοὺς τὴν Λυδίαν καὶ Φρυγίαν καὶ τὴν ἄλλην τὴν ὑπερκειμένην χώραν οἰκοῦντας ἐπὶ τοῖς ἐντεῦθεν ὁρμωμένοις εἶναι. Διὸ δεῖ σπεύδειν, καὶ μηδεμίαν ποιεῖσθαι διατριβὴν, ἵνα μὴ πάθωμεν ὅπερ οἱ πατέρες ἡμῶν. Ἐκεῖνοι γὰρ, ὑστερήσαντες τῶν βαρβάρων, καὶ προέμενοι τινὰς τῶν συμμάχων, ἠναγκάσθησαν ὀλίγοι πρὸς πολλοὺς κινδυνεύειν, ἐξὸν αὐτοῖς, προτέροις διαβᾶσιν εἰς τὴν ἤπειρον, μετὰ πάσης τῆς τῶν Ἑλλήνων δυνάμεως, ἐν μέρει τῶν ἐθνῶν ἕκαστον χειρώσασθαι. Δέδεικται γὰρ, ὅταν τις πολεμῇ πρὸς ἀνθρώπους ἐκ πολλῶν συλλεγομένους τόπων, ὅτι δεῖ μὴ περιμένειν, ἕως ἂν ἀθροισθῶσιν, ἀλλ' ἔτι διεσπαρμένοις αὐτοῖς ἐπιχειρεῖν. Ἐκεῖνοι μὲν οὖν προεξαμαρτόντες, ἅπαντα ταῦτα ἐπηνωρθώσαντο, καταστάντες εἰς τοὺς μεγίστους ἀγῶνας· ἡμεῖς δ', ἂν σωφρονῶμεν, ἐξαρχῆς φυλαξόμεθα, καὶ πειρασόμεθα φθῆναι, περὶ τὴν Λυδίαν καὶ περὶ τὴν Ἰωνίαν στρατόπεδον ἐγκαταστήσαντες, εἰδότες ὅτι καὶ βασιλεὺς οὐχ ἑκόντων ἄρχει τῶν ἠπειρωτῶν, ἀλλὰ μείζω δύναμιν περὶ αὑτὸν ἑκάστων αὐτῶν ποιησάμενος· ἧς ἡμεῖς ὁπόταν κρείττω διαβιβάσωμεν, ὃ βουληθέντες ῥᾳδίως ἂν ποιήσαιμεν, ἀσφαλῶς ἅπασαν τὴν Ἀσίαν καρπωσόμεθα. Πολὺ δὲ κάλλιον ἐκείνῳ περὶ τῆς βασιλείας πολεμεῖν, ἢ πρὸς ἡμᾶς αὐτοὺς περὶ τῆς ἡγεμονίας ἀμφισβητεῖν.

Considérations morales: l'humanité et la justice même font ici un devoir de la guerre. Reproches énergiques; tableau touchant des suites funestes qu'entraînent les discordes civiles.

XLIV. Ἄξιον δὲ, ἐπὶ τῆς νῦν ἡλικίας ποιήσασθαι τὴν στρατείαν, ἵν' οἱ τῶν συμφορῶν κοινωνήσαντες, οὗτοι καὶ τῶν ἀγαθῶν ἀπολαύσωσιν, καὶ μὴ πάντα τὸν χρόνον δυστυχοῦντες διαγάγωσιν. Ἱκανὸς γὰρ ὁ παρεληλυθὼς χρόνος· ἐν ᾧ τί τῶν δεινῶν οὐ γέγονε; Πολλῶν γὰρ κακῶν τῇ φύσει τῇ τῶν ἀνθρώπων ὑπαρχόντων, αὐτοὶ πλεῖον τῶν ἀναγκαίων προσεξευρήκαμεν, πολέμους καὶ στάσεις ἡμῖν αὐτοῖς ἐμποιήσαντες, ὥστε τοὺς μὲν ἐν ταῖς αὑτῶν ἀνόμως ἀπόλλυσθαι, τοὺς δὲ ἐπὶ ξένης μετὰ παίδων καὶ γυναικῶν ἀλᾶσθαι, πολλοὺς δὲ, δι' ἔνδειαν τῶν καθ' ἡμέραν, ἐπικουρεῖν ἀναγκαζομένους, ὑπὲρ τῶν ἐχθρῶν τοῖς φίλοις μαχομένους ἀποθνήσκειν. Ὑπὲρ ὧν οὐδεὶς πώποτ' ἠγανάκτησεν, ἀλλ' ἐπὶ ταῖς συμφοραῖς, ταῖς ὑπὸ τῶν ποιητῶν συγκειμέναις, δακρύειν ἀξιοῦσιν, ἀληθινὰ δὲ πάθη, πολλὰ καὶ δεινὰ γιγνόμενα διὰ τὸν πόλεμον, ἐφορῶντες, τοσούτου δέουσιν ἐλεεῖν, ὥστε καὶ μᾶλλον χαίρουσιν ἐπὶ τοῖς ἀλλήλων κακοῖς, ἢ τοῖς ἰδίοις αὐτῶν ἀγαθοῖς. Ἴσως δὲ ἂν καὶ τῆς ἐμῆς εὐηθείας πολλοὶ καταγελάσειαν, εἰ δυστυχίαν ἀνδρῶν ἐν τοιούτοις καιροῖς ὀδυροίμην, ἐν οἷς Ἰταλία μὲν ἀνάστατος γέγονε, Σικελία δὲ καταδεδούλωται, τοσαῦται δὲ πόλεις τοῖς βαρβάροις ἐκδέδονται, τὰ δὲ λοιπὰ μέρη τῶν Ἑλλήνων ἐν τοῖς μεγίστοις κινδύνοις ἐστί.

Reproches adressés aux chefs de la Grèce sur leur indifférence pour la réconciliation générale des Grecs.

XLV. Θαυμάζω δὲ τῶν δυναστευόντων ἐν ταῖς πόλεσιν, εἰ προσήκειν αὐτοῖς ἡγοῦνται μέγα φρονεῖν, μηδὲν πώποτε ὑπὲρ τηλικούτων πραγμάτων μήτε εἰπεῖν, μήτε ἐνθυμηθῆναι δυνηθέντες. Ἐχρῆν γὰρ αὐτοὺς, εἴπερ ἦσαν ἄξιοι τῆς παρούσης δόξης, ἁπάντων ἀφεμένους τῶν ἄλλων, περὶ τοῦ πολέμου τοῦ πρὸς τοὺς βαρβάρους εἰσηγεῖσθαι καὶ συμβουλεύειν. Τυχὸν μὲν γὰρ ἄν τι διεπέραναν· εἰ δὲ καὶ προαπεῖπον, ἀλλ' οὖν τούς γε λόγους, ὥσπερ χρησμοὺς, εἰς τὸν ἐπιόντα χρόνον κατέλιπον. Νῦν δὲ, οἱ μὲν ἐν ταῖς μεγίσταις δόξαις ὄντες ἐπὶ μικροῖς σπουδάζουσιν, ἡμῖν δὲ, τοῖς τῶν πολιτικῶν ἐξεστηκόσιν, περὶ τηλικούτων πραγμάτων συμβουλεύειν καταλελοίπασιν. Οὐ μὴν ἀλλ' ὅσῳ μικροψυχότεροι τυγχάνουσιν ὄντες οἱ προεστῶτες ἡμῶν, τοσοῦτον τοὺς ἄλλους ἐῤῥωμενεστέρως δεῖ σκοπεῖν, ὅπως ἀπαλλαγησόμεθα τῆς παρούσης ἔχθρας. Νῦν μὲν γὰρ μάτην ποιούμεθα τὰς περὶ τῆς εἰρήνης συνθήκας· οὐ γὰρ διαλυόμεθα τοὺς πολέμους, ἀλλ' ἀναβαλλόμεθα, καὶ περιμένομεν τοὺς καιροὺς, ἐν οἷς ἀνήκεστόν τι κακὸν ἀλλήλους ἐργάσασθαι δυνησόμεθα.

La tranquillité et le bonheur de la Grèce attachés à une réconciliation, une union générales, qui doivent avoir pour principe une haine commune contre les Perses, et pour résultat, une guerre qui fera nécessairement cesser les maux auxquels les Grecs sont en proie.

XLVI. Δεῖ δὲ ταύτας τὰς ἐπιβουλὰς ἐκ ποδῶν ποιησαμένους, ἐκείνοις τοῖς ἔργοις ἐπιχειρεῖν, ἐξ ὧν τάς τε πόλεις ἀσφαλέστερον οἰκήσομεν, καὶ πιστότερον διακεισόμεθα πρὸς ἡμᾶς αὐτούς. Ἔστι δὲ ἁπλοῦς καὶ ῥᾴδιος ὁ λόγος ὁ περὶ τούτων. Οὔτε γὰρ εἰρήνην οἷόν τέ ἐστι βεβαίαν ἀγαγεῖν, ἐὰν μὴ κοινῇ τοῖς βαρβάροις πολεμήσωμεν, οὔθ' ὁμονοῆσαι τοὺς Ἕλληνας, πρὶν ἂν καὶ τὰς φιλίας ἐκ τῶν αὐτῶν καὶ τοὺς κινδύνους πρὸς τοὺς αὐτοὺς ποιησώμεθα. Τούτων δὲ γεγονότων, καὶ τῆς ἀπορίας τῆς περὶ τὸν βίον ἡμῶν ἀφαιρεθείσης, ἣ καὶ τὰς ἑταιρίας διαλύει, καὶ τὰς συγγενείας εἰς ἔχθραν προάγει, καὶ πάντας ἀνθρώπους εἰς πολέμους καὶ στάσεις καθίστησιν, οὐκ ἔστιν ὅπως οὐχ ὁμονοήσομεν, καὶ τὰς εὐνοίας ἀληθινὰς πρὸς ἡμᾶς αὐτοὺς ἕξομεν. Ὧν ἕνεκα περὶ παντὸς ποιητέον, ὅπως ὡς τάχιστα τὸν ἐνθένδε πόλεμον εἰς τὴν ἤπειρον διοριοῦμεν, ὡς μόνον γ' ἂν τοῦτο ἀγαθὸν ἀπολαύσαιμεν ἐκ τῶν κινδύνων τῶν πρὸς ἡμᾶς αὐτοὺς, εἰ ταῖς ἐμπειρίαις, ταῖς ἐκ τούτων γεγενημέναις, πρὸς τὸν βάρβαρον καταχρήσασθαι δόξειεν ἡμῖν.

La paix subsistante avec les Perses ne doit pas mettre un obstacle à la guerre. On ne peut hésiter à rompre un traité, qui, observé seulement dans les clauses avantageuses aux barbares, ne doit être considéré que comme un acte d'oppression, aussi désastreux qu'infamant pour les Grecs qui le souffrent.

XLVII. Ἀλλὰ γὰρ ἴσως διὰ τὰς συνθήκας ἄξιον ἐπισχεῖν, ἀλλ' οὐκ ἐπειχθῆναι, καὶ θᾶττον ποιήσασθαι τὴν στρατείαν· δι' ἃς αἱ μὲν ἠλευθερωμέναι τῶν πόλεων, βασιλεῖ χάριν ἴσασιν, ὡς δι' ἐκεῖνον τυχοῦσαι τῆς αὐτονομίας ταύτης, αἱ δὲ ἐκδεδομέναι τοῖς βαρβάροις, μάλιστα μὲν Λακεδαιμονίοις ἐγκαλοῦσιν, ἔπειτα δὲ καὶ τοῖς ἄλλοις τοῖς μετέχουσι τῆς εἰρήνης, ὡς ὑπὲρ τούτων δουλεύειν ἠναγκασμέναι. Καίτοι πῶς οὐ χρὴ διαλύειν ταύτας τὰς ὁμολογίας, ἐξ ὧν τοιαύτη δόξα γέγονεν, ὥστε ὁ μὲν βάρβαρος κήδεται τῆς Ἑλλάδος, καὶ φύλαξ τῆς εἰρήνης ἐστὶν, ἡμῶν δὲ τινές εἰσιν οἱ λυμαινόμενοι καὶ κακῶς ποιοῦντες αὐτήν; Ὃ δὲ πάντων καταγελαστότατον, ὅτι τῶν γεγραμμένων ἐν ταῖς ὁμολογίαις τὰ χείριστα τυγχάνομεν διαφυλάττοντες· ἃ μὲν γὰρ αὐτονόμους ἀφίησι τάς τε νήσους καὶ τὰς πόλεις, τὰς ἐπὶ τῆς Εὐρώπης, πάλαι λέλυται, καὶ μάτην ἐν ταῖς στήλαις ἐστίν· ἃ δὲ αἰσχύνην φέρει ἡμῖν, καὶ πολλοὺς τῶν συμμάχων ἐκδέδωκε, ταῦτα δὲ καὶ κατὰ χώραν μένει, καὶ πάντ' αὐτὰ κύρια ποιοῦμεν· ἃ χρὴ ἀναιρεῖν, καὶ μηδὲ μίαν ἐᾷν ἡμέραν, νομίζοντας προστάγματα, καὶ μὴ συνθήκας, εἶναι. Τίς γὰρ οὐκ οἶδεν, ὅτι συνθῆκαι μέν εἰσιν, αἵτινες ἂν ἴσως καὶ κοινῶς ἐν ἀμφοτέροις ἔχωσι· προστάγματα δὲ, τὰ τοὺς ἑτέρους ἐλαττοῦντα παρὰ τὸ δίκαιον; Διὸ καὶ τῶν πρεσβευσάντων ταύτην τὴν εἰρήνην δικαίως ἂν κατηγοροῖμεν, ὅτι, πεμφθέντες ὑπὸ τῶν Ἑλλήνων, ὑπὲρ τῶν βαρβάρων ἐποιήσαντο τὰς συνθήκας. Ἐχρῆν γὰρ αὐτοὺς, εἴτ᾽ ἐδόκει τὴν ἑαυτῶν ἔχειν ἑκάστους, εἴτε καὶ τῶν δοριαλώτων ἐπάρχειν, εἴτε καὶ τούτων κρατεῖν, ὧν ὑπὸ τὴν εἰρήνην ἐτυγχάνομεν ἔχοντες, ἕν τι τούτων ὁρισαμένους, καὶ κοινὸν τὸ δίκαιον ποιησαμένους, οὕτω συγγράφεσθαι περὶ αὐτῶν. Νῦν δὲ τῇ μὲν ἡμετέρᾳ πόλει, καὶ τῇ Λακεδαιμονίων οὐδεμίαν τιμὴν ἀπένειμαν, τὸν δὲ βάρβαρον ἁπάσης τῆς Ἀσίας δεσπότην κατέστησαν, ὡς ὑπὲρ ἐκείνου πολεμησάντων ἡμῶν, ἢ τῆς μὲν Περσῶν ἀρχῆς πάλαι καθεστηκυίας, ἡμῶν δὲ ἄρτι τὰς πόλεις κατοικούντων, ἀλλ᾽ οὐκ ἐκείνων μὲν νεωστὶ τὴν τιμὴν ἐχόντων, ἡμῶν δὲ τὸν ἅπαντα χρόνον ἐν τοῖς Ἕλλησι δυναστευόντων.

Péroraison, *par récapitulation*, tirée 1°. de nouveaux développements de l'idée précédente. Orgueil insoutenable du roi de Perse. Avilissement des Grecs. Nécessité de venger leur honneur. Exemple de leurs aïeux à suivre. Succès et avantages assurés de la guerre.

XLVIII. Οἶμαι δ᾽ ἐκείνως εἰπὼν μᾶλλον δηλώσειν τήν τε περὶ ἡμᾶς ἀτιμίαν γεγενημένην, καὶ τὴν τοῦ βασιλέως πλεονεξίαν. Τῆς γὰρ γῆς ἁπάσης, τῆς ὑπὸ τῷ κόσμῳ κειμένης, δίχα τετμημένης, καὶ τῆς μὲν Ἀσίας, τῆς δὲ Εὐρώπης καλουμένης· τὴν ἡμίσειαν ἐκ τῶν συνθηκῶν εἴληφεν, ὥσπερ πρὸς τὸν Δία τὴν χώραν νεμόμενος, ἀλλ' οὐ πρὸς τοὺς ἀνθρώπους τὰς συνθήκας ποιούμενος. Καὶ ταύτας συνηνάγκασεν ἡμᾶς, ἐν στήλαις λιθίναις ἀναγράψαντας, ἐν τοῖς κοινοῖς τῶν ἱερῶν ἀναθεῖναι, πολὺ κάλλιον τρόπαιον τῶν ἐν ταῖς μάχαις γιγνομένων. Τὰ μὲν γὰρ ὑπὲρ μικρῶν ἔργων καὶ μιᾶς τύχης ἐστίν· αὗται δὲ ὑπὲρ παντὸς τοῦ πολέμου, καὶ καθ' ὅλης τῆς Ἑλλάδος ἑστήκασιν. Ὑπὲρ ὧν καὶ ἄξιον ὀργίζεσθαι, καὶ σκοπεῖν ὅπως τῶν γεγενημένων δίκην ληψόμεθα, καὶ τὰ μέλλοντα διορθωσόμεθα. Καὶ γὰρ αἰσχρὸν, ἰδίᾳ μὲν τοῖς βαρβάροις οἰκέταις ἀξιοῦν χρῆσθαι, δημοσίᾳ δὲ τοσούτους τῶν συμμάχων περιορᾷν αὐτοῖς δουλεύοντας· καὶ τοὺς μὲν περὶ τὰ Τρωϊκὰ γενομένους, μιᾶς γυναικὸς ἁρπασθείσης, οὕτως ἅπαντας συνοργισθῆναι τοῖς ἀδικηθεῖσιν, ὥστε μὴ πρότερον παύσασθαι πολεμοῦντας, πρὶν τὴν πόλιν ἀνάστατον ἐποίησαν τοῦ τολμήσαντος ἐξαμαρτεῖν· ἡμᾶς δὲ, ὅλης τῆς Ἑλλάδος ὑβριζομένης, μηδεμίαν ποιήσασθαι κοινὴν τιμωρίαν, ἐξὸν ἡμῖν εὐχῆς ἄξια διαπράξασθαι. Μόνος γὰρ οὗτος ὁ πόλεμος κρείττων εἰρήνης ἐστὶ, καὶ θεωρίᾳ μᾶλλον ἢ στρατιᾷ προσεοικὼς, ἀμφοτέροις δὲ συμφέρων, καὶ τοῖς τὴν ἡσυχίαν ἄγειν βουλομένοις, καὶ τοῖς πολεμεῖν ἐπιθυμοῦσιν. Ἐξέσται γὰρ ἂν τοῖς μὲν ἀδεῶς τὰ σφέτερα αὐτῶν καρποῦσθαι, τοῖς δὲ ἐκ τῶν ἀλλοτρίων μεγάλους πλούτους καταστήσασθαι.

2°. De la situation respective des Grecs et des Perses.

XLIX. Πολλαχοῦ δὲ ἄν τις λογιζόμενος εὕροι ταύτας τὰς πράξεις λυσιτελούσας μάλιστα ἡμῖν. Φέρε γὰρ, πρὸς τίνας χρὴ πολεμεῖν τοὺς μηδεμιᾶς πλεονεξίας ἐπιθυμοῦντας, ἀλλ' αὐτὸ τὸ δίκαιον σκοποῦντας; οὐ πρὸς τοὺς καὶ πρότερον τὴν Ἑλλάδα κακῶς ποιήσαντας, καὶ νῦν ἐπιβουλεύοντας, καὶ πάντα τὸν χρόνον οὕτω διακειμένους πρὸς ἡμᾶς; Τίσι δὲ φθονεῖν εἰκός ἐστι τοὺς μὴ παντάπασιν ἀνάνδρως διακειμένους, ἀλλὰ μετρίως τούτῳ τῷ πράγματι χρωμένους; οὐ τοῖς μείζους μὲν τὰς δυναστείας ἢ κατὰ ἀνθρώπους περιβεβλημένοις, ἐλάττονος δὲ ἀξίοις τῶν παρ' ἡμῖν δυςτυχούντων; Ἐπὶ τίνας δὲ μᾶλλον προςήκει στρατεύειν τοὺς ἅμα μὲν εὐσεβεῖν βουλομένους, ἅμα δὲ τοῦ συμφέροντος προνοουμένους; οὐκ ἐπὶ τοὺς καὶ φύσει πολεμίους, καὶ πατρικοὺς ἐχθρούς, καὶ πλεῖστα μὲν ἀγαθὰ κεκτημένους, ἥκιστα δὲ ὑπὲρ αὐτῶν ἀμύνασθαι δυναμένους; Οὐκοῦν ἐκεῖνοι πᾶσι τούτοις ἔνοχοι τυγχάνουσιν ὄντες.

3°. De la gloire éternelle que doivent recueillir tous ceux qui auront part à cette guerre. Entreprise sous les plus heureux auspices, elle alimentera la poésie et l'éloquence.

L. Καὶ μὴν οὐδὲ τὰς πόλεις λυπήσομεν, στρατιώτας ἐξ αὐτῶν καταλέγοντες, ὃ νῦν ἐν τῷ πολέμῳ τῷ πρὸς ἀλλήλους ὀχληρότατον αὐταῖς ἐστί· πολὺ γὰρ οἶμαι σπανιωτέρους ἔσεσθαι τοὺς μένειν ἐθέλοντας, τῶν συνακολουθεῖν ἐπιθυμησόντων. Τίς γὰρ οὕτως, ἢ νέος, ἢ παλαιός, ῥάθυμός ἐστιν, ὅστις οὐ μετασχεῖν βουλήσεται ταύτης τῆς στρατιᾶς, τῆς ὑπ' Ἀθηναίων μὲν καὶ Λακεδαιμονίων στρατηγουμένης, ὑπὲρ δὲ τῆς τῶν συμμάχων ἐλευθερίας ἀθροιζομένης, ὑπὸ δὲ τῆς Ἑλλάδος ἁπάσης ἐκπεμπομένης, ἐπὶ δὲ τὴν τῶν βαρβάρων τιμωρίαν πορευομένης; Φήμην δέ, καὶ μνήμην, καὶ δόξαν πόσην τινὰ χρὴ νομίζειν ἢ ζῶντας ἕξειν, ἢ τελευτήσαντας καταλείψειν τοὺς ἐν τούτοις τοῖς ἔργοις ἀριστεύσαντας; Ὅπου γὰρ οἱ πρὸς Ἀλέξανδρον πολεμήσαντες, καὶ μίαν πόλιν ἑλόντες, τοιούτων ἐπαίνων ἠξιώθησαν· ποίων τινῶν χρὴ προςδοκᾷν ἐγκωμίων τεύξεσθαι τοὺς ὅλης Ἀσίας κρατήσαντας; Τίς γὰρ ἢ τῶν ποιεῖν δυναμένων, ἢ τῶν λέγειν ἐπισταμένων, οὐ πονήσει καὶ φιλοσοφήσει, βουλόμενος ἅμα τε τῆς αὑτοῦ διανοίας καὶ τῆς ἐκείνων ἀρετῆς μνήμην εἰς ἅπαντα τὸν χρόνον καταλιπεῖν;

4°. D'excuses, que l'orateur motive sur son âge, qui ne lui a pas permis d'embrasser toute l'étendue de son sujet. Il invite ses auditeurs à en peser eux-mêmes toute l'importance : il l'abandonne à des hommes plus habiles, et finit par exhorter les orateurs de son temps à faire un meilleur usage de leur éloquence.

LI. Οὐ τὴν αὐτὴν δὲ τυγχάνω γνώμην ἔχων ἔν τε τῷ παρόντι καιρῷ, καὶ περὶ τὰς ἀρχὰς τοῦ λόγου. Τότε μὲν γὰρ ᾤμην ἀξίως δυνήσεσθαι περὶ τῶν πραγμάτων εἰπεῖν· νῦν δὲ οὐκ ἐφικνοῦμαι τοῦ μεγέθους αὐτῶν, ἀλλὰ πολλά με διαπέφευγεν ὧν διενοήθην. Αὐτοὺς οὖν χρὴ συνορᾷν ὅσης ἂν εὐδαιμονίας τύχοιμεν, εἰ τὸν μὲν πόλεμον, τὸν νῦν ὄντα περὶ ἡμᾶς, πρὸς τοὺς ἠπειρώτας ποιησαίμεθα, τὴν δὲ εὐδαιμονίαν τὴν ἐκ τῆς Ἀσίας εἰς τὴν Εὐρώπην διακομίσαιμεν· καὶ μὴ μόνον ἀκροατὰς γενομένους ἀπελθεῖν, ἀλλὰ τοὺς μὲν πράττειν δυναμένους, παρακαλοῦντας ἀλλήλους, πειρᾶσθαι διαλλάττειν τήν τε πόλιν τὴν ἡμετέραν καὶ τὴν Λακεδαιμονίων· τοὺς δὲ τῶν λόγων ἀμφισβητοῦντας, πρὸς μὲν τὴν Παρακαταθήκην, καὶ περὶ τῶν ἄλλων ἁπάντων, ὧν νῦν φλυαροῦσι, παύσασθαι γράφοντας, πρὸς δὲ τοῦτον τὸν λόγον ποιεῖσθαι τὴν ἅμιλλαν, καὶ σκοπεῖν ὅπως ἄμεινον ἐμοῦ περὶ τῶν αὐτῶν πραγμάτων ἐροῦσιν, ἐνθυμουμένους ὅτι τοῖς μεγάλας τὰς ὑποσχέσεις ποιουμένοις οὐ πρέπει περὶ μικρὰ διατρίβειν, οὐδὲ τοιαῦτα λέγειν, ἐξ ὧν ὁ βίος μηδὲν ἐπιδώσει τῶν πεισθέντων, ἀλλ᾽ ὧν ἐπιτελεσθέντων, αὐτοί τε ἀπαλλαγήσονται τῆς τοιαύτης ἀπορίας, καὶ τοῖς ἄλλοις μεγάλων ἀγαθῶν αἴτιοι δόξουσιν εἶναι.

ΤΕΛΟΣ.

NOTES
SUR
LE PANÉGYRIQUE D'ISOCRATE.

§. I.

ΠΟΛΛΆΚΙΣ ἐθαύμασα.] « J'ai souvent été surpris. » Ce passage peut s'expliquer ainsi : Πολλάκις ἐθαύμασα ὅτι οἱ τὰς πανηγύρεις συναγαγόντες ἠξίωσαν, κ. τ. λ. Tournure par laquelle ISOCRATE commence, dans la même signification, son discours à *Archidamus*. Le verbe θαυμάζω se construit souvent avec le génitif, comme on en a ici un exemple dans les participes συναγαγόντων et καταστησάντων. Mais il faut observer que θαυμάζω, qui proprement signifie *admirer*, se prend ordinairement, suivi du génitif, dans un sens défavorable, et indique *l'étonnement*, *la surprise*, avec improbation. Il se construit fréquemment avec ὅτι, *que*, et εἰ, *si*. Voy. HENRY ETIENNE, *Thes. Ling. gr.* tom. I, col. 1513 ; BUDÉE, p. 862, édit. 1529.—XÉNOPHON commence ses *Mémor.* par les mêmes mots, pris dans le même sens. Consultez sur ce genre d'exorde ARISTIDE *De dict. simpl.* (tom. II, p. 501, édit. JEBB.), et ARISTOTE, *Rhét.* liv. III, c. 9, 7, et 14, 2.

Τὰς πανηγύρεις.] « Fêtes, assemblées solennelles, » comme traduit M. BAST (*Lett. Crit.* p. 100). Πανήγυρις est formé de πᾶν, *tout*, et de ἀγυρέω, *j'assemble*, dérivé lui-même de αγω, *je conduis* (1). Les *Panégyries* étoient en effet des assemblées générales, telles que les jeux olympiques, pythiques, isthmiques, où se rendoient tous les peuples de la Grèce, pour des motifs tout à la fois politiques et religieux, comme le dit ISOCRATE lui-même, plus bas, §. 12.

(1) VALCK. *Observ.* XXIX *ad Orig. gr.* p. 53 edit. 1805 D. LENNEP *De Analog. L. G.*

Τοὺς γυμνικοὺς ἀγῶνας καταστησάντ.] « Les fondateurs des jeux gymniques. » De γυμνός, *nu*. Les athlètes combattoient entièrement nus dans ces jeux, au rapport de THUCYDIDE (1). Cet auteur attribue cet usage aux Lacédémoniens, qui, se dépouillant les premiers, en public, de tous leurs vêtements, se frottèrent d'huile avant de combattre. Les Athéniens furent les inventeurs de ces jeux, selon ELIEN (2).

Ὅτι τὰς μὲν τῶν σωμάτων εὐεξίας.] ARISTOTE (*Rhét.* III, 14, 2) résume ainsi la pensée d'ISOCRATE : Ὅτι τὰς μὲν τῶν σωμάτων ἀρετὰς δωρεαῖς ἐτίμησαν, τοῖς δ' εὖ φρονοῦσιν οὐδὲν ἆθλον ἐποίησαν· *ils ont jugé les qualités du corps dignes de récompense, et ils n'en ont accordé aucune à la raison.* COR.

Ἰδίᾳ πονήσασι.] « Ceux qui se sont livrés en particulier à des travaux d'un intérêt général. » ISOCRATE parle ici des rhéteurs, qui, comme lui, se livroient à l'étude et à l'enseignement de l'art oratoire, sans l'exercer eux-mêmes en public. Vous voyez ici τῶν κοινῶν, *communia*, opposé à ἰδίᾳ, *privatim*.

Ψυχὰς-παρασκεύσασι.] « Ayant orné et cultivé leur esprit. » Ce mot παρασκευάζειν vient de σκεῦος, qui se dit de toute espèce de meuble et d'ustensile. Les Grecs disoient donc παρασκευάζειν τὴν ψυχήν, à-peu-près comme nous disons figurément, *avoir la tête bien meublée*, pour *avoir des connoissances*. XÉNOPHON emploie ce verbe au propre et au figuré en même temps, quand il dit (3) : « Ὅπως οὕτω τὰ σώματα καὶ τὴν γνώμην παρασκευάζοιντο, ὡς ἀγωνιούμενοι· *qu'ils préparassent leurs corps et leur ame comme devant combattre.* »

Ὥστε.] Καί signifie dans ce passage, *même*, *aussi*. Cette conjonction ajoute ici au sens et indique une idée sous-entendue. ISOCRATE dit que les hommes instruits peuvent être utiles, non seulement à eux-mêmes, mais *aussi*, καί, *aux autres* : sens appuyé par ce qu'il

(1) Lib. I, 6.
(2) V. H. III, 38. Voy. la not. de PÉRIZONIUS.
(3) *Hell.* III, 4, 20.

dit plus bas des avantages purement extérieurs (1). Les Latins ont employé de même leur *et*.

Οὐδὲν ἂν πλέον γένοιτο τοῖς ἄλλοις.] « Il n'en résulteroit aucun avantage pour les autres. » Tel est le sens de cette locution qui, sans ellipse, seroit : Οὐδὲν ἂν πλέον γένοιτο τοῖς ἄλλοις ὧν πρότερον εἶχον· *Les autres n'auroient rien de plus que ce qu'ils avoient auparavant.* Cor. Ce qui correspond à notre tournure familière, *les autres n'y gagneront rien, n'en seront pas plus avancés.* Cet emploi de πλέον, dans le sens d'*utilité*, d'*avantage*, de *supériorité*, est assez fréquent. Hérod. (2) : « Δικαιῶ, εἴ τι ἐνορῶ πλέον, σημαίνειν σοι· *je dois, si je vois quelque avantage, vous le faire connoître* (3). »

Ἑνὸς δὲ ἀνδρὸς εὖ φρονήσαντος ἅπαντες ἂν ἀπολαύσειαν.] « Mais tous pourroient profiter de la sagesse d'un seul homme. » Le verbe ἀπολαύω, dérivé de l'inusité λάω, primitif de λαμβάνω, *capio*, est un de ces mots que les grammairiens grecs appellent μέσα, *mixtes*, parce qu'ils se prennent en bonne et en mauvaise part : ἀπολαύω, en effet, signifie *retirer quelque avantage* ou *éprouver quelque inconvénient d'une chose*, et en général, *obtenir quelque résultat bon* ou *mauvais*. La signification de ce verbe est assez ordinairement déterminée par ces mots, τὶ κακὸν ou ἀγαθόν, auxquels il se trouve joint; et quand il est employé seul, il faut sous-entendre un de ces mots, selon le sens de la phrase (4). *Voy. aussi not.* §. 46.

Ἱκανὸν νομίσας ἆθλον.] Ici ἆθλον est neutre. Voici ce que dit Ammonius : « Ἆθλος καὶ ἆθλον διαφέρει. Ἀρσενικῶς μὲν γὰρ τὸν ἀγῶνα δηλοῖ· οὐδετέρως δὲ, τὸ ἔπαθλον, κ. τ. λ., » c'est-à-dire : « Ἆθλος et ἆθλον diffèrent. Le

---

(1) Voy. H. Hoogeveen, *Doctr. Part.* sect. IV, §. 19, 20, 21, abr. de M. God. Schütz, 1806.

(2) I, 89.

(3) Voy. Plat. *Apol.* §. 2, *Phæd.* §. 64, édit. Fisch. et Hoog. sur Vig. cap. III, sect. X. R. 7, p. 138, édit. Herm.

(4) Sur les diverses constructions de ce verbe voy. Jensius, *Lect. Luc.* *Lib.* I, c. 4, et Vig. *de Idiot.* cap. V, sect. IV, R. 7 et *sq*.

masculin est synonyme de ἀγών, *jeux, combat;* le neutre, de ἔπαθλον, *prix.* » Cor.

Τὴν-γενησομένην.] Remarquez ici la force de l'article qui sert à spécifier plus particulièrement l'espèce de gloire que cherchoit Isocrate.

Πρὸς τοὺς βαρβάρους.] Par cette dénomination de βάρβαροι, *barbares*, il faut entendre, dans tout ce discours, les Perses et les habitants de l'Asie, en général. Du reste, ce projet de réunir les Grecs et de faire la guerre aux Perses, fut exécuté par Philippe et Alexandre. Jason, roi de Phères, en avoit avant eux conçu l'idée, ou peut-être lui avoit-elle été inspirée par un de ces sophistes, qui, depuis quelque temps, se faisoient, comme Isocrate lui-même, un mérite de discuter ce projet, soit dans leurs écrits, soit dans les assemblées générales de la Grèce (1).

Οὐκ ἀγνοῶν, ὅτι πολλοὶ τῶν προςποιησαμένων εἶναι σοφιστῶν-ὥρμησαν.] « N'ignorant pas que beaucoup de ceux qui se sont donnés pour savants dans l'art oratoire, se sont emparés de ce sujet. » Σοφισταί, *sophistes*, formé de σοφίζειν, *instruire*, doit s'entendre ici particulièrement de ceux qui enseignoient l'art oratoire, tels que Thrasymaque, Protagoras et Gorgias de Léontium, qu'Isocrate semble attaquer, en désignant, à mots couverts, son *Discours Olympique*, Ὀλυμπιακὸς λόγος. Cor. Σοφισταί désignoit aussi ceux qui se chargeoient d'instruire les autres, οἱ παιδεύειν ἐπιχειροῦντες (2), et signifie en général, *maîtres*, *docteurs*, *professeurs*. Ce mot, d'abord, se prit en bonne part, et fut synonyme de σοφοί, *sages*, *savants*, *habiles*: « Οἱ δὲ σοφοί, καὶ σοφισταὶ ἐκαλοῦντο, » dit Diogène de Laerte (3); il désignoit même aussi les artistes, tels que les musiciens, etc. (4). Plus tard, σοφισταί reçut une acception défavorable, et on donna ce nom, au rapport de Cicéron (5), à ceux qui ne faisoient profession de

(1) Voy. Isocr. *ad Philipp.* §. 50, p. 103, édit. Cor.

(2) Isocrat. *contra Sophist.* §. 1, p. 291, et Th. Magist. *v.* σοφίζομαι.

(3) *In Prœm*, p. 3, E. F. edit. Menag.

(4) Diog. *ibid.* et Hesych. *voc.* Σοφιστήν.

(5) *Acad. Quæst.* IV, 72.

la philosophie, que par une vaine ostentation, et pour satisfaire leur avarice. Toutefois, les sophistes paroissent avoir les premiers posé les règles de l'art oratoire (1), dont on est particulièrement redevable à Protagoras, Hippias et Prodicus (2). Sous les empereurs romains, σοφισταί reprit une de ses acceptions primitives, et servit de dénomination à ceux qui professoient les sciences, et particulièrement les belles-lettres et l'art oratoire (3). On peut consulter sur les sophistes M. Larcher, Not. sur le chap. 28 d'Hérod. liv. I; M. Lehnert, *Excurs. de Soph. vet.* tom. II de son édit. d'*Elien;* Barthel. *Voy. d'Anach.* chap. 58.

Dans προςποιησαμένων, remarquez la force du moyen qui donne à ce participe le sens réfléchi.

Τοῖς ἄλλοις.] Ces mots sont le régime du verbe εἰρῆσθαι, avec lequel ils doivent se construire. Ce datif τοῖς ἄλλοις, pour le génitif ὑπὸ τῶν ἄλλων, n'est pas rare chez les Grecs avec les verbes passifs. On en trouvera des exemples dans les *Animadv.* de Fischer *ad Weller. gramm. gr.* tom. III, p. 399.

Προκρίνας.] Ici le composé προκρίνας peut se rendre par le simple κρίνας, *jugeant:* mais, toutefois, il ne faut point regarder la préposition πρό comme redondante, elle sert à marquer la comparaison avec idée de supériorité, et se rapporte à un mot sous-entendu par ellipse, figure si fréquente chez les Grecs. La phrase sans ellipse seroit : τούτους τῶν λόγων κρίνας εἶναι καλλίστους πρὸ τῶν ἄλλων. Isocrate dit encore de la même manière et dans le même sens : « Πολὺ σπουδαιοτέραν τὴν ἀρχὴν προκρίναντες (4). » De même dans Xénoph. (5) : « Προκρίνομαι εἶναι βέλτιστος. » Cyropéd. (6) : « Πᾶσι τοῦτο προκέκριται κάλλιστον εἶναι. » Mor. Cor. Dans tous ces passages vous voyez προκρίνειν employé avec des comparatifs de supériorité.

(1) Voy. M. Lehnert, *Excurs. de Soph. vet.*

(2) Voy. l'intéressante *Préf.* de M. Coray, tom. I, p. 47 et suiv. de son édit. d'Isocr.

(3) Voy. M. Lehnert, *Vie d'Elien*, et Suidas.

(4) *Panathen.* §. 44, p. 256, l. 4.

(5) *Apol. Socr.* §. 21.

(6) II, 3, 5.

Ἔπειτα οὐδ' οἱ καιροί πω παρεληλύθασιν.] « D'ailleurs, les circonstances favorables ne sont point encore passées. » Remarquez qu'ἔπειτα, composé de ἐπί et de εἶτα, s'emploie quelquefois, comme ici, et p. 53, l. 10, pour marquer une considération ajoutée à plusieurs autres, tandis que le simple εἶτα n'indique que le second motif (1). — Οὐδ' οἱ καιροί πω est ici pour οὐδέπω, *nondùm*, *pas encore*. Cette tmèse est assez fréquente chez les Attiques. Voy. M. Coray sur Isocr. tom. II, p. 10, et Hoog. *Doct. Part.* IV, p. 545.

Παύεσθαι λέγοντα.] Littér. *cesser parlant*, pour *cesser de parler* : tournure fréquente chez les Grecs, qui, quelquefois, y attachent un sens particulier, comme dans Hérodote (2) : « Φασὶ Πέρσαι τοὺς Ἕλληνας σιτεομένους πεινῶντας παύεσθαι· *les Perses disent que les Grecs mangent seulement pour apaiser leur faim.* » Littér. *cessent d'avoir faim*. Xénoph. (3) : « Διψῶν παύεται· » littér. *il cesse d'avoir soif*, c'est-à-dire, *il ne boit que pour se désaltérer.* Sens qui ne me paroissent pas avoir été bien saisis par les interprètes.

Ὅταν ἢ τὰ πράγματα λάβῃ τέλος.] « Lorsque les affaires ont pris fin. » Remarquez ici le rapport parfait du français avec le grec.

Ἢ τὸν λόγον ἴδῃ τις ἔχοντα πέρας, ὥστε, κ. τ. λ.] « Lorsqu'on voit que le discours a atteint son terme, *ou*, lorsque la question a été traitée avec tant de perfection qu'elle ne permet pas aux autres d'aller plus loin. » Ὑπερβολή, ici *supériorité*, de ὑπερβάλλω, *je jette au-delà* ; mot emprunté des exercices militaires.*

Ἕως δ' ἂν τὰ μὲν-φέρηται.] Litt. « Tant que les affaires iront comme auparavant. » Ici τὰ μὲν se rapporte à πράγματα, qui précède, l. 18. La particule ἂν donne au présent du subjonctif φέρηται le sens d'un futur contingent ou conditionnel. Isocrate (4) l'a employée dans le même sens avec l'infinitif : « Ἡγοῦμαι πάντας ἌΝ μοι τοὺς φρονοῦντας ΣΥΝΕΙΠΕῖΝ· *je crois que*

(1) C. f. Dem. *De Cor.* p. 287, edit. Reisk.
(2) I, 133.
(3) *Cyrop.* lib. I, c. 1.
(4) *Contra Soph.* §. 8, p. 294.

tous les hommes sensés conviendront avec moi.» Voy. ci-après, p. 68, sur cette construction de ἄν. Consultez aussi Hoog. *Doctr. Part.* §. I et VIII.

Τὰ δ' εἰρημένα φαύλως ἔχοντα τυγχάνῃ.] Τὰ δ' εἰρημένα se rapporte à λόγον, qui précède, l. 19.—Φαύλως ἔχοντα, ici *peu propres à persuader.* Le sens de l'adv. φαύλως et de l'adjectif φαῦλος, *mauvais*, est ordinairement déterminé par le mot auquel il est joint; c'est ainsi que dans Thucydide, φαῦλον τείχισμα signifiera un *rempart peu sûr.* — Τυγχάνῃ; remarquez que ce verbe, dans le sens neutre, ne s'emploie guère, chez les bons auteurs, sans être joint à un participe, comme on le voit ici (1).

Πῶς οὐ χρὴ σκοπεῖν καὶ φιλοσοφεῖν κ. τ. λ.] «Comment pourroit-on ne point réfléchir et s'exercer sur un genre de discours qui, etc.» Littér. πῶς οὐ χρή, *comment ne faut-il pas?* Les Grecs emploient très fréquemment ces deux particules πῶς οὐ, par lesquelles ils marquent toujours, avec interrogation, l'affirmation sous la forme négative. Cette locution, qui donne beaucoup de force et de vivacité à la phrase, mérite d'être remarquée (2). — Φιλοσοφεῖν s'emploie souvent, et particulièrement chez Isocrate, pour exprimer toute espèce de méditation, de travail, d'exercice de l'esprit et de la raison, où il entre un certain examen, une certaine méthode. Ainsi, φιλοσοφεῖν λόγον signifie proprement *méditer, s'exercer sur un discours*, et, par extension, *le traiter, le composer.* De même, dans notre auteur (3), φιλοσοφεῖν περὶ τοὺς ποιητάς signifie *étudier, interpréter, lire les poëtes:* οἱ φιλοσοφήσαντες, *ceux qui ont étudié les lettres et principalement l'art oratoire* (4). Harpocration interprète φιλοσοφεῖν par πονεῖσθαι φάσκειν, *s'exercer à la parole* (5). Mor.

Ἀλλ' ἢ διὰ μιᾶς ἰδέας.] «Que d'une seule manière». Ἰδέα est ici synonyme de τρόπος, *modus*, qui se lit

(1) C. f. Phrynich. *Eclog.* p. 120.
(2) Voy. encore p. 31, l. 21; p. 38, l. 17; p. 53, l. 12: et Hoog. X et XI, p. 549.
(3) *De Permut.* p. 319, §. 18, *in init.*
(4) *Contra Soph.* §. 9, p. 295.
(5) Voy. Bud. *Comm. L. Gr.* p. 1072.

une ligne plus bas. On trouve encore *αἱ ἰδέαι* et *οἱ τρόποι τῶν λόγων* employés l'un pour l'autre dans Isocrate (1). *Αἱ ἰδέαι τῶν λόγων* signifie *la forme*, *le genre*, le style des discours et des compositions littéraires (2), relativement à la manière de les traiter et de les présenter. MOR. L'emploi de *ἰδέα*, dans ce sens, est très fréquent chez notre auteur, qui s'en est servi aussi pour signifier des *tropes*, des *figures* (3). — Ἀλλ' ἤ est ici pour ἤ, *quàm*, *que*, dans le sens du comparatif; le corrélatif est ἄλλως, qui précède, ἄλλως - ἀλλ' ἤ, *autrement que*.

Τὸν αὐτὸν τρόπον ἐκείνοις.] « De la même manière que les orateurs qui m'ont précédé. » Par *ἐκείνοις*, il désigne ceux qu'il a appelés plus haut *σοφισταί*, parmi lesquels il rangeoit sans doute Lysias et Gorgias, qui avoient traité un sujet semblable au sien.

Ἐπειδὴ δ' οἱ λόγοι - καὶ τά τε μεγάλα - καὶ τοῖς μικροῖς, κ. τ. λ.] « Si telle est la nature de l'éloquence, qu'elle puisse traiter diversement les mêmes sujets, rendre petit ce qui est grand, et donner de la grandeur aux petites choses, rapporter d'une manière neuve des faits anciens, et présenter des évènements récents sous une forme antique, etc. » Καινῶς εἰπεῖν signifie *parler d'une manière neuve*, ou *comme personne n'avoit parlé auparavant: ἀρχαίως εἰπεῖν*, qui lui correspond, devra donc se rendre par *parler à la manière des anciens*, ou employer les formes et la teinte du style antique. HARPOCRATION, dans son Lexique, interprète ces mots d'une manière un peu différente: il explique *καινῶς* par: « *Οἷον, ὡς τοῖς νεωτέροις ἁρμόττειν πράγμασι*· c'est-à-dire, « de manière à convenir aux nouvelles affaires. » Sens forcé et peu naturel. Sur *ἀρχαίως*, le même lexicographe dit que quelques critiques anciens expliquoient ce mot par *ἀρχαιοτέροις ὀνόμασι*, *avec des mots*, *des expressions anciennes*. Dans ce dernier sens, qui ne paroît pas fondé, il auroit

(1) *De Permut.* §. 18.
(2) *De Permut.* *l. l.*
(3) *In Panath.* §. 1.

fallu ἀρχαϊκῶς, et non ἀρχαίως, et, d'ailleurs, l'ἀρχαϊσμός, *archaïsme*, ou emploi de mots surannés, auroit été plutôt un défaut qu'une qualité et un ornement du discours. Mor. Cor. Ce passage d'Isocrate a été rapporté, avec quelques légers changements, par Longin (1). Voici comment Boileau l'a rendu dans sa traduction du *Traité du Sublime*, chap. XXXI. « Puisque le discours a naturellement la vertu de rendre les choses grandes, petites, et les petites, grandes; qu'il sait donner les graces de la nouveauté aux choses les plus vieilles, et qu'il fait paroître vieilles celles qui sont nouvellement faites ». Boileau ne paroît pas avoir saisi bien nettement le sens des adverbes καινῶς, ἀρχαίως; je crois en avoir donné, d'après deux habiles critiques, une traduction plus exacte. On peut voir dans ce même chapitre le jugement que Longin porte sur ce passage d'Isocrate, qu'il accuse justement ici d'une affectation et d'une recherche déplacées.

Τοῖς ὀνόμασιν εὖ διαθέσθαι.] Ces mots correspondent à *ornatè scribere* des Latins, et indiquent toutes les qualités de l'élocution, la propriété, l'élégance, la noblesse des termes et de l'expression. Le verbe διατιθέναι, *disposer*, signifie aussi très souvent *rendre*, *faire* (2); joint aux adverbes εὖ ou καλῶς, il signifie, en général, donner à une personne ou une chose un degré quelconque de bonté, de qualité, de perfection relative à sa nature. Isocrate met ici en rapport les qualités du style, ὀνόμασι εὖ διαθέσθαι, avec la justesse des pensées, τὰ προσήκοντα ἐνθυμηθῆναι. Il a encore exprimé la même idée et fait le même rapprochement de cette manière (3): « Τοῖς ἐνθυμήμασι πρεπόντως ὅλον τὸν λόγον καταποικίλαι, καὶ τοῖς ὀνόμασιν εὐρύθμως καὶ μουσικῶς εἰπεῖν· *donner à tout un discours une variété convenable de pensées, et s'énoncer en termes pleins de nombre et d'harmonie.* » Mor. Ὀνόματα se

(1) Περὶ ὕψους, Sect. XXXVIII, §. 3.
(2) Voy. Xénoph. *Mém.* I, 6, 3, et la note d'Ernesti.
(3) *Contra Soph.* §. 9, p. 295.

prend ici pour λέξεις, *mots*, *termes*. Cor. C'est dans le même sens que Plat. l'a employé, *Apol. de Socr.* §. 1.

Ἡγοῦμαι δ' οὕτως ἂν μεγίστην ἐπίδοσιν λαμβανειν.] La particule ἂν doit se construire avec l'infinitif λαμβάνειν, et lui donne le sens d'un futur conditionnel, comme je l'ai expliqué plus haut, p. 64.

Τὴν περὶ τοὺς λόγους φιλοσοφίαν.] Au rapport de Cicéron (1), avant Socrate, on appeloit philosophie toute connoissance et toute étude des choses les plus avantageuses, *omnis rerum optimarum cognitio, atque in iis exercitatio, philosophia* : et la lecture des anciens nous apprend que ce nom fut commun à toutes les sciences. Hesychius, au mot φιλόσοφος, *philosophe*, dit qu'on appliqua ce nom même aux musiciens; sur quoi on peut voir la note de Ruhnken : Isocrate lui-même a employé φιλοσοφίαι dans le sens de *connoissances*, de *sciences*, de *doctrine* en général; quand il a dit (2): « Αἱ φιλοσοφίαι καὶ παιδεῖαι τῶν ἄλλων· *les connoissances et l'instruction des autres*, ou *que les autres ont cultivées.* » Dans notre passage ἡ φιλοσοφία περὶ τοὺς λόγους, signifiera donc *l'art de la parole*, *l'éloquence*. Isocrate, en beaucoup d'autres endroits, a employé φιλοσοφία dans le même sens : en voici quelques exemples: chez lui Οἱ ἐπὶ τὴν φιλοσοφίαν (3) désigne les *orateurs*, qu'il appelle, un peu plus bas, τοὺς περὶ τοὺς λόγους : Οἱ περὶ τὴν φιλοσοφίαν (4), *ceux qui s'appliquent à l'éloquence*, *les orateurs*. Ailleurs (5) il nomme φιλοσοφία son art et celui des rhéteurs, c'est-à-dire l'éloquence. La raison du sens général, donné plus haut au mot φιλοσοφία, est que la philosophie doit servir de guide et de flambeau à toutes les connoissances humaines, et que les premiers qui considérèrent *philosophiquement* le langage, furent aussi ceux qui posèrent les premiers principes de l'éloquence et la réduisirent

(1) *De Orat.* III, 16, §. 60.
(2) *Panath.* §. 8, p. 236.
(3) *Evag.* §. 3, p. 189.
(4) *Orat. ad Philipp.* §. 35, p. 96.
(5) *In Soph.* §. 6, p. 293. Confer. *Epist.* VI *ad Jas.* p. 425, l. 27-28.

en art, comme nous l'apprend Denys d'Halicarnasse (1), et Isocrate lui-même, lorsqu'il dit d'orateur qui joignoient la théorie à la pratique: « Ἐκ φιλοσοφίας τὴν δύναμιν τῶν λόγων εἰλήφασι· *C'est de la philosophie qu'ils ont tiré la force de leur éloquence.* » Mor. Cor. Quintilien (2) dit aussi que dans l'origine l'étude de l'éloquence ne s'isoloit pas de celle de la sagesse, et que l'on confondoit l'homme sage avec l'homme éloquent, *iidem sapientes atque eloquentes habebantur.*

§. II.

Τοῖς ὑπὲρ τοὺς ἰδιώτας ἔχουσι.] « Les discours qui sont au-dessus de la portée du vulgaire, qui surpassent l'intelligence des hommes sans littérature et étrangers à l'art oratoire. » Il faut observer que ἔχειν se prend ici dans le sens de εἶναι, *être* (3); ainsi, ὑπὲρ ἔχουσι est pour ὑπὲρ οὖσι. Les Grecs disent ὑπὲρ ἔχειν, *être au-dessus*, de même qu'ils disent καλῶς ou κακῶς ἔχειν, *être*, *se trouver bien* ou *mal*. Il vaut mieux suivre cette explication de M. Coray, que de voir ici, avec quelques savants, une tmèse, et dire que τοῖς ὑπὲρ τοὺς ἰδιώτας ἔχουσι est pour τοῖς ὑπερέχουσι τοὺς ἰδιώτας, en réunissant la préposition au verbe; locution peu usitée, le verbe ὑπερέχειν gouvernant très rarement l'accusatif dans le sens qu'il y a ici (4). — Ἰδιώτας. Ce mot est susceptible des divers sens que je lui donne: il se dit d'un homme du commun, ἐπιτυχών, et de celui qui est étranger à un art, à une science quelconque, par opposition à celui qui y est habile, exercé. Voy. l'*Index* ci-après (5), et §. 12, p. 102.

Καὶ λίαν ἀπηκριβωμένοις.] « (Discours) écrits avec le plus grand soin, travaillés avec l'attention la plus soutenue et la plus scrupuleuse. » Telle est la signification

(1) P. 98, l. 45.
(2) *In Procem* lib. I.
(3) C. f. Valck. *ad Phœn.* v. 712, p. 269. B.
(4) Voy. H. Etienne, *Thes. L. Gr.* vol. I, col. 1360. B.
(5) Voy. aussi H. Etienne, *Thes. L. Gr.* tom. I, col. 1642, E. et Zeun. *ad Memor.* III, 12, 1.

de ce participe, qui se dit de tout travail, de toute production où il entre de l'exactitude, de la précision, du soin, de la recherche, du fini, de la perfection. Ἐξηκριβωμένα λύρα (1) signifie *une lyre faite, travaillée avec beaucoup de soin*. Τὸ γεννώμενον ἀπακριβωθὲν (2), *un être parfait*, ce que le même auteur a exprimé ailleurs (p. 556) par παντελῶς ἀπειργασμένον. XÉNOPHON (3) a dit ἀκριβὴς θώραξ, *une cuirasse juste*. MOR.

Διημαρτήκασιν.] Ce parfait, précédé du présent ἐπιτιμῶσι, est ici employé pour ce temps, et sert, de plus, à marquer l'ancienneté, l'habitude de l'erreur chez ceux dont parle ISOCRATE. Ce sens et cet emploi du parfait sont trop fréquents pour en rapporter des exemples (4).

Ὥστε τοὺς πρὸς ὑπερβολὴν - σκοποῦσι.] Voici le sens de ce passage: « Ils comparent des discours, travaillés avec un soin extrême, à des plaidoyers écrits pour des causes, des procès entre particuliers; comme si ces deux genres de compositions devoient être les mêmes, et qu'il ne suffit pas, dans l'un, de ne se point laisser surprendre par son adversaire, tandis qu'il faut, dans l'autre, de la pompe et de l'éclat. » — Sur τοὺς ἀγῶνας et συμβολαίων, voy. l'*Index*. — Σκοποῦσι de σκοπεῖν, *considérer*, signifie ici ils *comparent*; c'est en *considérant* que l'on *compare*. ISOCRATE a encore employé ce verbe avec le même sens dans son *Evagoras* (5): «Ἐὰν ἐπὶ τούτων σκοπῶμεν, *si nous le comparons à ceux-ci*.» Ce verbe se trouve expliqué par εἰ παραβάλοιμεν qui précède. DÉMOSTHÈNE (6) a employé ὁρᾷν, *voir*, dans le même sens et de la même manière: « Καὶ σὺ

(1) EURYPH. *apud* T. GAL. *opusc.* p. 666.
(2) TIMÆUS LOCR. p. 546, *ibid.*
(3) *Memor.* III, 10, 15.
(4) On en trouvera dans FISCHER, *Animadv. ad Welleri gramm.* tom. II, p. 258-260. Voy. aussi M. GOD. HERMANN *De emend. rat. gramm. gr.* lib. II, cap. XIX; VIG. *Idiotism.* cap. V, sect. III; R. II, p. 212, et la note de ZEUNE: ERNESTI, *ad Memor.* I, 4, 2.
(5) §. 14, p. 194.
(6) *Pro Cor.* p. 331, l. 6, edit. REISK.

πρὸς τοὺς νῦν ἔρα με ῥήτορας· *compare-moi aux orateurs de nos jours.* » — Δέον, *étant nécessaire;* partic. à l'accus. neutre, pris absolument. Voy. Vig. cap. VI, sect. I, R. 2 et suiv. — Ἀσφαλῶς, *sûrement*, indique ici cette espèce de discours, dans lesquels on se borne à la dialectique, et où l'on cherche seulement à ne point donner de prise à son adversaire (1). — Τοὺς δὲ ἐπιδεικτικῶς, équivaut ici à λόγους ἐπιδεικτικούς, discours où des questions d'un intérêt général étoient traitées avec toute la pompe et toutes les richesses du style oratoire, et qui étoient destinés à être lus devant de grandes assemblées, dans des occasions solennelles: telle est du moins l'idée qu'Isocrate nous donne de ce genre de discours qu'il appelle ἑλληνικοὺς καὶ πολιτικοὺς καὶ πανηγυρικούς, et qu'il paroît avoir le premier introduits dans la Grèce (2).

Ἢ σφᾶς μὲν διορῶντας τὰς μετριότητας.] Voici le sens: « Comme si eux seuls (c'est-à-dire les orateurs dans le genre judiciaire) étoient capables de garder un juste milieu, et de distinguer les convenances du style. » — Σφᾶς est ici pour αὐτούς, comme dans Eurip. *Orest.* v. 29 (3). Διορῶντας. Ce participe, ainsi que σφᾶς, qui le précède, est à l'*accusatif absolu*, que les Attiques emploient assez souvent pour le génitif (4). — Μετριότητας, *mediocritatem*. Ce mot indique ici le milieu à garder entre un style trop chargé d'ornements, défaut qu'on reproche ordinairement au genre démonstratif, ἐπιδεικτικῷ, et entre une diction trop sèche et trop aride. C'est ainsi que Thucydide (5) a dit: « μετρίως εἰπεῖν, *garder un juste milieu dans ses discours;* » et Isocrate (6): « μετρίως ἐπαινεῖν, *ne louer ni trop ni trop peu* ». En général, ces mots μέτριος, et μετρίως

---

(1) Voy. *Panath.* §. 1.
(2) Voy. *de Permut.* §. 18, l'exorde du *Panath.* Den. d'Halicarn. p. 534; M. Coray, *Préf.* de son édit. d'Isocr. p. 52 et suiv.
(3) C. f. Barnes. *ad Iph. Taur.* v. 742; et Alcest, v. 556.
(4) Voy. Fischer, *Animadv.* tom. III, p. 389-390.
(5) L. II, c. XXXV.
(6) *Panath.* §. 14, p. 240.

adv., désignent tout ce qui est renfermé dans les bornes de la convenance (1).

Τὸν δὲ ἀκριβῶς ἐπιστάμενον λέγειν, ἁπλῶς οὐκ ἂν μὴ δυνάμενον εἰπεῖν.] «Comme si celui qui sait parler avec une pureté élégante, ne pouvoit pas parler aussi avec simplicité». Ces deux participes sont mis à l'accusatif absolu. — Des deux négations οὐκ ἂν μή, l'une est superflue. Ce double emploi des négations, familier aux Attiques, est encore un trait de conformité de la langue grecque avec la nôtre.

Ἀλλὰ πρὸς ἐκείνους, τοὺς οὐδὲν ἀποδεξομένους.] « Mais avec ceux qui n'approuvent pas, etc.» Les Grecs, comme on le voit ici, emploient les pronoms démonstratifs, devant et après les participes, d'une manière tout-à-fait particulière à leur langue, et entièrement étrangère à celle des Latins et à la nôtre. Isocrate dit encore de même, §. 3, « ΤΟΎΤΟΥΣ τιμᾶσθαι, τοὺς ὌΝΤΑΣ, κ. τ. λ. *honorer ceux qui sont*, etc. » ; et §. 9, «Εἰς τὴν χώραν ἈΦΟΡΙΣΘΕΊΣΑΝ, εἰς ΤΑΎΤΗΝ ἰέναι, *se rendre dans le pays déterminé, désigné.*» Mor. Remarquez, d'ailleurs, que ces tournures servent ordinairement à donner plus de force et de vivacité à la phrase.

Τί τοιοῦτον.] M. Morus donne τοιοῦτο ; mais, d'après Wolf et M. Coray, j'ai préféré τοιοῦτον, neutre, comme plus attique (2).

Θρασυνάμενος.] «Ayant parlé avec confiance, assurance.» H. Etienne avoit sans doute en vue ce passage d'Isocrate, quand il a dit dans son *Trésor* (3): « Θρασύνομαι, *audacter* seu *liberè loquor*, apud Isocr. »

Ὡς χαλεπόν ἐστιν ἴσους τῷ μεγέθει λόγους τῶν ἔργων ἐξευρεῖν.] Il y a ici une *hyperbate ;* la construction ordinaire seroit : Ὡς χαλεπόν ἐστιν ἴσους λόγους τῷ μεγέθει τῶν ἔργων ἐξευρεῖν.

---

(1) C. f. J. Graev. *Lect. Hésiod.* cap. VII.

(2) Voy. Mich. Maittaire *de Dialect.* p. 37, A. p. 49, édit. Stürz.

(3) Tom. I, col. 1507. A.

Πράγματος ἀξίως.] « D'une manière digne du sujet. » Remarquez que les adverbes gouvernent en grec le même cas que les adjectifs dont ils sont formés. « ἈΠΕΙΡΩΣ ΝΟΜΩΝ ἔχειν· *ne point connoître les lois*, » dans Hérodote (1). « Οὐχ ὉΜΟΙΩΣ ἔγνωσαν ΤΑΙΣ ΔΟΞΑΙΣ· *ils ne décidèrent point conformément aux opinions* », dans Isocrate (2).

Καὶ τοῦ χρόνου — περὶ τὸν λόγον διατριφθέντος.] Voy. le commencement du sommaire. — Tout ce passage d'Isocrate paroît plus propre à piquer la curiosité de l'auditeur qu'à lui inspirer de la bienveillance. L'espèce de suffisance avec laquelle l'orateur y parle de lui-même, est contraire aux principes de l'exorde, fondés sur la connoissance du cœur humain, qui est toujours porté à rabaisser celui qui s'élève. *Fiducia ipsa solet opinione arrogantiæ laborare*, dit Quintilien (3).

Περὶ τῶν κοινῶν.] « Les intérêts communs, les affaires publiques. » Opposés à τῶν ἰδίων,: « les intérêts particuliers. » Sens qui me paroît plus vrai que celui de M. Morus, qui pense qu'Isocrate parle ici de ce qu'il avoit de commun avec les autres orateurs.

Ἐπελθόντες.] Voy. l'*Index*.

Ἔχθρας.] Il s'agit ici de la guerre du Péloponnèse.

Ἐπὶ τὸν βάρβαρον.] Le roi de Perse. Voy. not. §. 35.

Οὐ μὴν ἐντεῦθέν γε ποιοῦνται τὴν ἀρχὴν, ὅθεν ἂν μάλιστα συστῆσαι ταῦτα δυνηθεῖεν.] « Ils ne partent pas du point d'où ils pourroient sur-tout arriver à ces résultats: » c'est-à-dire, la réconciliation des Grecs entr'eux et la guerre contre les Perses. Les critiques sont partagés sur le sens de ces mots ταῦτα συστῆσαι. M. Morus pense que συστῆσαι signifie ici *établir*, *déterminer ce qui est en question*, *ce qui fait l'objet de la discussion* (4) : or, la question qu'Isocrate avoit à traiter

(1) Lib. II, cap. 45.
(2) *Panath.* §. 70, p. 269.
(3) Lib. IV, cap. I, p. 193, edit. Rollin.
(4) Στάσις, chez les rhéteurs grecs, est ce que Cicéron (*De invent.* I, 18) appelle *constitutio causæ*; et Quintilien (lib. III, cap. 6) *status*, l'état de la question, de la cause; de-là le sens de συστῆσαι, *poser la question.*

se bornoit à examiner, d'abord, si l'empire de la Grèce devoit appartenir aux Lacédémoniens ou aux Athéniens, et à persuader ensuite à ces deux peuples de faire la guerre aux Perses. Mais, d'après le texte, ISOCRATE semble moins parler de la manière de poser la question générale, déjà assez claire, comme il le dit lui-même, que d'un moyen particulier d'obtenir les deux résultats désignés plus haut. M. CORAY donne une autre interprétation de ce passage. Ce savant prétend que ταῦτα se rapporte à Ἕλληνας, et veut que l'on traduise ταῦτα συστῆσαι par: *réunir les Grecs par la concorde*. L'*hypallage* de genre, qui se trouve dans le neutre ταῦτα, se rapportant au masculin Ἕλληνας, est, selon M. CORAY, expliquée par ISOCRATE lui-même, dans ce passage de son *Nicoclès* (1): «Ἔτι δὲ καὶ ΤΩΝ τὴν νῆσον ΟΙΚΟΥΝΤΩΝ δυσκόλως πρὸς ἡμᾶς διακειμένων, καὶ ΒΑΣΙΛΕΩΣ, ἀμφότερα ΤΑΥΤΑ κατεπράϋνα, κ. τ. λ. c'est-à-dire: «Les habitants de l'île étant mal disposés pour nous, je les ai adoucis (*littér. tous deux*), etc.» Cette interprétation, d'ailleurs fort ingénieuse, ne me paroît pas certaine, 1°. parce que le mot Ἕλληνας, qui ne se trouve point exprimé précédemment, ne peut se sous-entendre facilement ici *implicitement*, ἀπὸ κοινοῦ, comme disent les grammairiens grecs, et que le pronom ταῦτα ne sauroit se rapporter à ἡμᾶς, son seul antécédent naturel dans la phrase: 2°. l'*hypallage* du pronom ταῦτα ne paroît avoir lieu que lorsqu'il se rapporte à deux noms masculins ou de genres différents, comme on le voit dans l'exemple cité plus haut, et dans le suivant, tiré du même traité (2) de notre auteur: «Εἰδὼς γὰρ ἅπαντας ἀνθρώπους περὶ πλείστου ποιουμένους τοὺς ΠΑΙΔΑΣ τοὺς ἑαυτῶν, καὶ τὰς ΓΥΝΑΙΚΑΣ, καὶ μάλιστα ὀργιζομένους τοῖς εἰς ΤΑΥΤΑ ἐξαμαρτάνουσι.» C'est encore ainsi que THUCYDIDE (3) a dit: «Κοινῇ τε ἀπωσάμενοι τὸν βάρβαρον, ὕστερον οὐ πολλῷ διεκρίθησαν (οἱ Ἕλληνες) πρός

(1) §. 9, p. 30.
(2) §. 10, *in init.*
(3) Lib. I, c. 18, *sub fin.*

τε ἈΘΗΝΑΙΟΥΣ καὶ ΛΑΚΕΔΑΙΜΟΝΙΟΥΣ· δυνάμει γὰρ ΤΑΥΤΑ μέγιστα διεφάνη.» De même dans le Nouveau Testament (1) : « Ὁ ΟἸΝΟΣ ἐκχεῖται, καὶ οἱ ἈΣΚΟΙ ἀπολοῦνται - ἀμφότερα ΤΑΥΤΑ συντηροῦνται. » Telles sont les raisons pour lesquelles j'ai, contre l'autorité des deux savants éditeurs, préféré suivre l'interprétation de Wolf, qui traduit : *Undè illa confici possint.* Συστῆσαι me paroît signifier ici *établir*, c'est-à-dire, *mettre en crédit, en vigueur*, et se trouve synonyme de διαπράξασθαι qui suit. — Δυνηθεῖεν. Remarquez que le verbe moyen δύνασθαι s'emploie fréquemment avec la forme passive dans un sens actif, sur-tout au parfait et à l'aoriste (2).

Οἱ ἐφ' ἡμῖν.] « Ceux qui dépendent de nous, ou sont sous notre protection. » C'est ainsi que τὰ ἐφ' ἡμῖν (3) signifie, *ce qui dépend de nous, ce qui est en notre pouvoir.* M. Coray, d'après M. Auger, donne οἱ ὑφ' ἡμῖν. Cette correction m'a semblé peu nécessaire, parce que la même leçon se présente encore §. 29, et que l'emploi des deux prépositions ἐπί et ὑπό, comme synonymes, est conforme à la manière d'Isocrate, qui aime à varier son style jusques dans les plus foibles détails.

Αἱ γὰρ πολιτεῖαι, δι' ὧν οἰκοῦσι τὰς πόλεις, οὕτω διειλήφασιν.] « Car la forme de gouvernement qu'ils suivent dans leurs villes, a divisé ou partagé de cette manière la plupart d'entr'eux. » Il s'agit ici du gouvernement oligarchique ou démocratique établi dans les républiques de la Grèce. — Πολιτεία signifie l'espèce, la forme de gouvernement, la constitution d'un état. — Οἰκεῖν. Ce verbe simple s'emploie assez souvent pour son composé διοικεῖν, qui signifie *administrer, régler, ordonner, régir.* Sur les simples, employés pour les composés, consultez Fischer, *Animadv.* t. IV, p. 64. Voy. aussi plus bas, §. 5, 30 et 31, des locutions sem-

(1) Matth. cap. IX, v. 17.
(2) Voy. Fisch. *Animadv.* tom. III, p. 95.
(3) Epict. I.

blables à celle-ci. Xénophon (1) s'est servi du simple οἰκεῖν dans cette acception avec un sens passif : « Ποῖαι δὲ πόλεις νομίμως ἂν οἰκήσειαν; *quelles villes seroient bien gouvernées?* » — Διειλήφασιν. Après la défaite de Xerxès, tous les Grecs, au rapport de Thucydide (2), se partagèrent entre les Athéniens et les Lacédémoniens : διεκρίθησαν, dit cet auteur ; c'est la même idée qu'Isocrate a exprimée par διειλήφασιν, *diviserunt*. Les républiques de la Grèce, d'après leurs différentes formes de gouvernement (αἱ πολιτεῖαι), soit démocratique, soit oligarchique (3), furent forcées de s'attacher aux Athéniens ou aux Lacédémoniens, pour avoir en eux des protecteurs, comme le dit Isocrate, dans son discours à Philippe (4). — Les Grecs emploient διαλαμβάνειν quand il s'agit de quelque division, de quelque ligne de démarcation à établir : comme : « Τοὺς ὅρους στήλαις διαλαβεῖν (5)· *marquer, établir les limites en y plaçant des bornes.* » « Διαλαβεῖν τὴν Ἀσίαν (6)· *poser les limites de l'Asie.* » De cette acception assez fréquente chez les auteurs, dérive celle de *diviser, partager, distinguer*, que présente ici λαμβάνειν. Mor.

Τοὺς μὴ μόνον ἐπίδειξιν ποιουμένους.] « Ceux qui ne font pas seulement ou qui ne se contentent pas de faire une déclamation. » Telle est ici le sens de ἐπίδειξις, qui se dit particulièrement des compositions des sophistes, de ces discours pompeux et brillants, qu'ils composoient pour *faire montre*, ἐπιδεικνύναι, de leur esprit et de leur éloquence. Sur le sens que je donne ici à ἐπίδειξις on peut consulter Budée (p. 683) ; H. Etienne (7), qui observe que, lorsque ἐπίδειξις signifie *montre*, *ostentation*, il est ordinairement suivi du génitif de la chose, objet de cette ostentation ; et enfin

(1) *Cyropæd.* lib. VIII, p. 201. B. edit. Ant. Steph. Thucyd. II, 37.
(2) I, 18.
(3) Voy. Thucyd. III, 82.
(4) P. 85, §. 11.
(5) Dem. *de Cor.* §. 51.
(6) Isocr. *Orat. ad* Philip. §. 50, p. 103.
(7) *Th. L. gr.* tom. I, c. 930.

M. D. Wyttenbach (1), d'après lequel ce mot est synonyme de μελέτη, qui désigne proprement une déclamation de sophiste.

Πόλεις ταύτας.] Sparte et Athènes.

Ἰσομοιρῆσαι.] Voy. l'*Index*.

Καὶ τὰς δ' ἡγεμονίας διελέσθαι.] Les Athéniens et les Lacédémoniens s'étoient antérieurement partagé l'empire de la Grèce. La puissance maritime appartenoit aux premiers et la puissance continentale aux seconds (2). La justice et l'utilité de cette division, dont il s'agit ici, ont été démontrées par Xénophon (3).

Ταύτας παρὰ τῶν β.] Sur cet emploi pléonastique du pronom, voy. ce que nous avons dit plus haut, p. 72.

§. III.

Παρειλήφασι γὰρ ψευδῆ λόγον - πάτριον.] « Ils ont, en effet, adopté une fausse tradition, par laquelle ils se persuadent qu'ils ont un droit héréditaire et national à la prééminence ». Sur πάτριον voy. la dernière note du §. 4, p. 84.

Πρὶν περὶ τῶν ἀμφισβητουμένων ἡμᾶς ἀπαλλάξαι.] « Avant de nous avoir mis d'accord sur les points contestés. » Quelques critiques, soupçonnant que la préposition περί, qui se construit mal ici avec ἀπαλλάξαι, s'est glissée dans le texte par la négligence des copistes, prétendent qu'il faut la retrancher (et alors le sens sera : *avant de nous avoir délivrés de nos contestations*). Mais il faut peut-être changer περί en la particule περ, et lire, dans le dernier sens : Πρίν περ τῶν ἀμφισβητουμένων ἡμᾶς ἀπαλλάξαι. Περ se joint bien à πρίν, comme on le peut voir dans ce vers d'Homère, *Il.* O', 588.

Φεύγει πρίν περ ὅμιλον ἀολλισθήμεναι ἀνδρῶν.

et dans plusieurs autres auteurs. Quoique ces conjectures paroissent être fondées, cependant il est encore possible qu'Isocrate ait employé cette locution vicieuse au lieu de ce tour plus simple : Πρὶν ἐκείνων, περὶ ὧν ἀμφισβητοῦμεν, ἡμᾶς ἀπαλλάξαι. Cor.

(1) Ἐκλογ. ἱστορ. p. 339, 1re. édit.
(2) Thucyd. I, 18.
(3) *Hellen.* VIII, 1 et suiv. ; et VI, 5, 34.

Ἀμφοτέρων ἕνεκα.] « Pour deux raisons, d'abord et principalement, afin que, etc. ; mais si, etc. »

Ἵνα προὔργου τι γένηται.] « Pour obtenir quelque résultat avantageux, ou pour parvenir à quelque chose d'utile. » Προὔργου correspond à *operæ pretium* des Latins. C'est ainsi que Suidas explique ce mot : « Προὔργου, πρὸ ἔργου, συμφέρον, πλέον. Ἰσοκράτης φησίν· Ἵνα προὔργου τι γένηται· ἀντὶ τοῦ, Πλέον. » C'est-à-dire : « Προὔργου pour πρὸ ἔργου, *utilité*, *avantage*. Isocrate dit : Ἵνα προὔργου τι γένηται· au lieu de πλέον. » (Voy. ce que j'ai dit plus haut, §. I, p. 61, sur ce dernier mot, dont προὔργου est ici le synonyme.) Si l'on désire une explication plus exacte, dit M. Coray, προὔργου (πρὸ ἔργου, *ante opus*) marque ce qui est nécessaire, essentiel, et renferme une métaphore tirée des dispositions, des préparations, qui doivent précéder un ouvrage, et sans lesquelles il est impossible d'entreprendre cet ouvrage même. C'est de la même manière que πάρεργον (παρὰ ἔργον, *præter opus*) signifie ce qui se fait pour ainsi dire comme hors d'œuvre ou en passant, παρόδῳ, *obiter* ; et que περίεργον désigne ce qui excède, est superflu dans un ouvrage (1). Ainsi, par exemple, l'expédition des Grecs contre le roi de Perse est le résultat, ἔργον, qu'Isocrate se propose dans ce discours : mais cette expédition ne peut avoir lieu, à moins que les Grecs ne soient d'intelligence : leur concorde, qui doit précéder, προὔργου, devient donc nécessaire, indispensable.

Τοὺς ἐμποδὼν ὄντας.] Il s'agit ici des Lacédémoniens. Aristote avoit sans doute ce passage en vue, quand

---

(1) Περίεργον, et sur-tout περίεργα, sont proprement ces ornements superflus que les peintres ajoutent à leurs tableaux. De-là le verbe περιεργάζεσθαι, qui, au propre, signifie ajouter de ces ornements, comme Lucien (*Hérod.* tom. I, p. 838) l'a dit du peintre Aëtion. Ce verbe, ensuite, par métaphore, a exprimé toute action, tout soin superflu. C'est ainsi que Démosthène a dit : Περιειργασμαι μὲν ἐγὼ, περὶ τοιούτων εἰπών· περιειργασται δ' ἡ πόλις ἡ πεισθεῖσα ἐμοί (*Pro Cor.* p. 147. Segm. 122) : « J'ai pris, en parlant à cet égard, un soin superflu, et la ville, qui s'est rendue à mes raisons, a pris aussi une peine inutile. »

il a dit dans sa Rhétorique (1) : « Ἰσοκράτης συμβουλεύων κατηγορεῖ Λακεδαιμονίων ἐν τῷ Πανηγυρικῷ· *Isocrate délibérant accuse les Lacédémoniens dans le Panégyrique.* » Mor.

Ἀμφισβητεῖ περὶ τῆς ἡγεμονίας.] Remarquez ici que la phrase est complète, afin que, quand vous rencontrerez ἀμφισβητεῖ τῆς ἡγεμονίας, vous considériez ce génitif ἡγεμονίας, non comme le régime du verbe, mais comme celui de la préposition περί sous-entendue. Cor. Cette observation est applicable à une multitude d'autres tournures semblables.

Τοῦτο μέν.] On trouve plus bas, l. 16, τοῦτο δέ. Ce pronom, suivi des particules μέν, δέ, comme on le voit ici, s'emploie souvent pour marquer division, distribution, et peut se rendre par *partim quidem, partim verò, d'un côté, d'un autre*. Avec τοῦτο, pris ainsi absolument, il faut sous-entendre κατά. Voy. Vig. chap. I. R. 16.

Ἐν τῷ πολέμῳ τῷ κατὰ γῆν.] « *Dans la guerre sur terre*, » opposé à τοῖς κινδύνοις τοῖς κατὰ θάλατταν, *les batailles navales*.

Νομίζουσι.] J'ai préféré cette leçon de M. Coray, proposée par M. Morus, à νομίζωσι, que donnent toutes les éditions. Cette correction, fort simple, me paroit d'autant plus nécessaire, que νομίζουσι est suivi de l'indicatif ἀξιοῦσι, et que ces deux verbes dépendent de la conjonction εἰ, qui, chez les Attiques, ne se construit jamais avec le subjonctif, si ce n'est à l'aoriste second (2).

Ἀλλὰ πολλὰς μεταβολάς.] Isocrate, par cette maxime générale, indique d'une manière indirecte le changement survenu dans la fortune des Athéniens, et les console en même temps des revers qu'ils avoient éprouvés de la part des Lacédémoniens. Wolf.

Τὰς γὰρ δυναστείας οὐδέποτε τοῖς αὐτοῖς παραμένειν.]

---

(1) Lib. III, cap. XVII, §. 17.

(2) Voy. Th. Magister, p. 267. Brunck, sur le v. 594 des *Grenouilles* d'Aristoph ; M. Hermann *ad* Vig. p. 791 ; M. Boissonade, p. 313-314 de son édit. des *Héroïques de Philostr.* et sur-tout la savante note de M. Bast, p. 89-94 de sa *Lettre Crit.*

TITE-LIVE (XXX, 44) a dit dans le même sens: *Nulla magna civitas diù quiescere potest.*

Ἢ τοὺς πρώτους τυχόντας ταύτης τῆς τιμῆς.] « Ou ceux qui ont les premiers obtenu cet honneur. » ISOCRATE paroît prouver dans le paragraphe suivant, que cet honneur, la primauté, appartient aux habitants de l'Attique, par droit d'ancienneté; raisonnement qui ne sembleroit pas très solide, s'il n'étoit appuyé des paragraphes 9 et 15, où l'orateur rapporte les combats victorieux des Athéniens. En effet, la prééminence d'un peuple n'est pas nécessairement et essentiellement jointe à son antiquité. D'ailleurs, on ne doit point ignorer que cette primauté, ἡγεμονία, ne ressembloit nullement dans l'origine à celle que les Athéniens acquirent et conservèrent quelque temps pendant la guerre et pendant la paix, par la bataille de Salamine (Voy. les notes du §. 20): il ne s'agissoit point alors d'une influence politique d'un peuple sur tous les autres: la primauté s'établissoit, soit par le plus grand nombre de troupes (comme l'indique ISOCRATE, §. 15, lorsque, parlant des temps antérieurs à la guerre de Troie, il dit des Athéniens, ἡγεμονικῶς εἶχον, *ils commandoient*, ce qu'il explique ensuite par μείζω δύναμιν εἶχον, *ils avoient de plus grandes forces*): soit par la prérogative de diriger les opérations de la guerre et de conduire les autres peuples; de-là ces expressions (§. 9), στρατηγοὶ καταστάντες αὐτῶν, *étant leurs généraux* (des peuples de la Grèce), et §. 22, οἰόμενοι δεῖν στρατηγεῖν, ἀλλ' οὐ μὴ τυραννεῖν αὐτῶν, *pensant qu'ils devoient être leurs généraux* (des peuples) *et non leurs tyrans*. C'est dans le même sens que ces mots doivent être pris lorsqu'ils se disent des Lacédémoniens, avant cette bataille où Lysandre établit leur primauté. MOR.

Ὅσῳ γὰρ ἄν τιςποῤῥωτέρω – τοσούτῳ – ἀπολείψομεν.] « Plus on jettera ses regards avant dans le passé pour examiner ces deux prérogatives, plus on verra que nous laissons loin derrière nous ceux qui nous les contestent. » Avec ποῤῥωτέρω on peut sous-entendre τῶν χρόνων. — Ἀπολείψομεν, de ἀπολείπειν, *laisser derrière*, force de ἀπὸ, signifie ici *être supérieur*, par une métaphore tirée des jeux de la course, où celui qui laisse ses rivaux loin derrière lui, obtient la victoire. C'est par une figure à peu près semblable que les Latins ont dit *præcurrere* pour *præstare*, surpasser: *Reges et regum vitâ* præcurrere *amicos*. Horat. Ep. I, 10, 33. Le même auteur a dit d'une manière plus sensible encore: *Sisennas, Barros ut equis præcurreret albis.* Serm. I, 7, 8.

§. IV.

Ἀρχαιοτάτην εἶναι καὶ μεγίστην.] La plus ancienne et la plus grande des villes grecques: la plus *ancienne*, comme étant la première fondée par les Athéniens, qui se disoient *autochthones*, c'est-à-dire, nés du sol même (1); et la plus *grande*, comme ayant en totalité deux cents stades de circonférence, au rapport de Dion Chrysostôme (2), ce qui équivaut environ à huit lieues de France. Cor. Thucydide (3) donne à Athènes cent quatre-vingt-quinze stades d'enceinte. Aristide (4) suppose la ville entière d'un jour de chemin. M. Barthélemy (5), suivant Dion Chrysostôme (6), lui donne sept lieues quatorze cents toises de tour. Malgré la conformité et le poids de ces autorités, il y a grande apparence qu'un espace aussi étendu n'étoit pas entièrement occupé par des maisons, comme l'observe M. Larcher, sur Hérod. I, 98. Remarque 276, tom. I, p. 387, 2e. édit.

Ὑποθέσεως.] Voy. l'*Index*.

Ἐχόμενα.] Voy. l'*Index*.

Ταύτην γὰρ οἰκοῦμεν, κ. τ. λ.] Justin semble avoir eu tout ce passage en vue quand il a dit (7), en parlant des Athéniens: *Non, ut ceteræ gentes, a sordidis ini-*

(1) Isocr. Συμμαχ. §. 17, p. 168.
(2) *Orat.* VI, p. 87. C. edit. Fed. Morel.
(3) II, 13.
(4) *Panathan.* tom. I, p. 187.
(5) *Voyage d'Anach.* chap. VI.
(6) L. c.
(7) II, 6.

tiis ad summa crevere. Soli enim, præterquam incremento, et jam origine gloriantur: quippe non advenæ, neque passim collecta populi colluvies originem urbi dedit; sed eodem innati solo, quod incolunt; et quæ illis sedes, eadem origo est.

Μιγάδες συλλεγέντες.] Correspond assez exactement à ces mots de Justin, cités plus haut : *Neque passim collecta populi colluvies.* Hesychius explique ainsi ce mot : «Μιγάδες τὸ ἐκ πολλῶν ἄθροισμα ξένων,» c'est-à-dire, «Μιγάδες, rassemblement d'un grand nombre d'étrangers.» Μιγάδες est le *convenæ* des Latins (1). M. Morus soupçonne μιγάδες d'être d'une main étrangère, et de renfermer une glose de la périphrase οἱ ἐκ τῶν πολλῶν ἐθνῶν συλλεγέντες. La conjecture de ce savant me paroît peu fondée. Cette espèce de tournure pléonastique est assez familière aux Attiques, et convient au style périodique d'Isocrate, qui, d'ailleurs, a encore employé le mot μιγάδες dans un endroit du *Panathénaïque* (2) où se retrouvent la même pensée et le même argument.

Ἀλλ' οὕτω καλῶς καὶ γνησίως γεγόναμεν.] «Mais nous avons une origine si noble et si pure.» (Voy. l'*Index*.)

Ἐξ ἧςπερ ἔφυμεν, ταύτην ἔχοντες διατελοῦμεν.] Avec ἧςπερ sous-entendez γῆς, *terrâ.* — Sur l'emploi énergique du pronom démonstratif ταύτην, mis après ἧςπερ, voy. plus haut, p. 72. — Ἔχοντες διατελοῦμεν. Le verbe διατελεῖν, construit avec un participe, marque la durée, la continuité de l'état ou de l'action exprimée par ce participe : ainsi, ἔχοντες διατελοῦμεν signifie *nous avons constamment eu, nous n'avons point cessé de posséder.* Thucydide, qui reconnoît (3) cette occupation non interrompue de l'Attique par les mêmes habitants, en attribue la cause à l'infertilité de son sol, qui la préserva des séditions, et des invasions des peuples voisins dans les premiers siècles, où le défaut de civilisation, de culture et de stabilité rendoit les émi-

(1) Voy. Cic. de *Orat.* I, 37.
(2) P. 258, §. 48.
(3) I, 2.

grations si fréquentes chez les diverses nations de la Grèce.

Αὐτόχθονες ὄντες.] Voici la glose d'Hesych. : « Αὐτόχθων· ἐντόπιος, ἐγχώριος, πολίτης γνήσιος· » c'est-à-dire : « Αὐτόχθων, né du sol, originaire du pays, citoyen sans mélange de sang étranger. » Isocrate répète encore cet argument dans son *Panathénaïque* (1), et dit des Athéniens : « Μόνους αὐτόχθονας τῶν Ἑλλήνων· *ils sont parmi les Grecs les seuls autochthones.* » « Hérodote, dit M. Larcher (2), est le seul écrivain qui ait avancé (3) que les Athéniens étoient Pélasges d'origine ; tous les autres auteurs, et principalement les Athéniens, qui se sont le plus étendus sur les antiquités de leur nation, disent unanimement qu'ils sont *autochthones*, c'est-à-dire, qu'ils sont originaires du pays ; non qu'ils pensassent être sortis de la terre comme les plantes indigènes, mais parce qu'ils ignoroient quelle étoit la nation qui avoit peuplé la première le pays. *Notre nation,* dit Euripide (4), *n'est point venue d'un autre pays ; nous sommes autochthones.* Thucydide s'exprime de même en plusieurs endroits de son histoire, et sur-tout liv. II, §. 36 ; et Hérodote lui-même (VII, 161) met dans la bouche de l'ambassadeur d'Athènes auprès de Gélon, tyran de Syracuse, ces paroles remarquables : *Nous sommes le plus ancien peuple de la Grèce ; nous seuls entre tous les Grecs n'avons jamais changé de sol* (5). »

Οἵςπερ.] Les plus anciennes éditions, et les Mss., donnent ὥςπερ, au lieu de οἵςπερ, que j'ai adopté d'après la correction de Wolf, suivie par tous les autres éditeurs, et M. Coray ; excepté M. Morus, qui a conservé ὥςπερ.

(1) L. I.
(2) *Chronolog. d'Hérod.* chap. I, p. 263.
(3) I, 46.
(4) *Apud* Plutarch. de *Exilio*, p. 604. D. edit. Ruald. et Lycurg. *contra Leocrat.* I, p. 160, edit. H. Steph.
(5) Voy. aussi sur les Pélasges la savante et intéressante dissertation que M. Clavier a jointe à sa traduction de la *Biblioth. d'Apollod.*

Μόνοις γὰρ ἡμῖν - τὴν αὐτὴν τροφὸν, καὶ πατρίδα, καὶ μητέρα κ. τ. λ.] « C'est à nous seuls d'entre les Grecs qu'il convient d'appeler notre contrée des noms de nourrice, de patrie et de mère. » C'est ainsi que CICÉRON (1) a dit: *Parens*, *altrix*, *patria*. (Voy. ci-après, p. 90, l. 14). Cette pensée se retrouve encore dans le *Panathénaïque* d'ISOCR. (2), *l'Orais. funèb.* de LYSIAS (3), de DÉMOSTH. (4), et le *Ménexène* de PLATON (5). MOR. Voy. la *Not.* §. 6, p. 90, l. 20.

Καὶ χρὴ τοὺς εὐλόγως μέγα φρονοῦντας.] ISOCRATE parle ici des Lacédémoniens, qu'il a nommés au commencement du §. précédent.

Καὶ τῶν πατρίων.] L'adjectif πάτριος se dit presque toujours de ce qui concerne les aïeux ou la patrie en général, et correspond à *héréditaire* et *national* (Voy. l'*Index*). Ce mot dans ce sens est fréquent chez les auteurs (6). Les plus anciennes éditions, telles que celle de Milan, 1493, qui est la première, d'Alde et de Bâle, et beaucoup de Mss., donnent ici πατρῴων. Mais j'ai préféré πατρίων, correction de WOLF, adoptée par H. ETIENNE et MM. CORAY et MORUS. Outre que cette dernière leçon se trouve plusieurs fois dans le *Panégyrique* (7), πατρῴων se dit aussi plus particulièrement et plus ordinairement de ce qui concerne le père et vient de lui (8), d'après TH. MAGISTER, qui dit : « Πατρῷα, τὰ ἐκ πατέρων εἰς υἱοὺς χωροῦντα - πάτρια δὲ, τὰ τῆς πόλεως ἔθη· » c'est-à-dire, « Πατρῷα, *ce qui passe des pères aux fils :* πάτρια, *usages de la ville, de l'état.* » Même distinction dans AMMONIUS. Mais il faut avouer qu'elle n'est pas toujours observée par les auteurs et

---

(1) *Flacc.* 26.
(2) P. 258, §. 48.
(3) P. 39, édit. TAYLOR.
(4) P. 152, C. WOLF.
(5) P. 165, edit. Bas.
(6) Voy. XÉNOPH. *Anab.* VII, p. 575, édit. HUTCH. *in*-8°. *Hellen.* VII, 1, 3. DÉMOSTH. *Pro Cor.* p. 295, édit. REISKE. THUCYD. IV, 118. ELIEN, V. H. IV, 5; VII, 19.
(7) Voy. §. 3, 9, 15, 16, 19.
(8) Voy. LUC. *Bacch.* tom. III, p. 77, 59, REITZ. HOM. *Il.* Ζ, v. 215.

sur-tout par les poëtes. L'inexactitude des copistes a sans doute beaucoup contribué aussi à cette confusion (1).

§. V.

Τηλικαῦτα ἡμῖν τὸ μέγεθος.] Sous-entendez κατά avant μέγεθος.

Αὐτὴν οὐ μόνον τῶν πρὸς πόλεμον κινδύνων.] Ne construisez pas immédiatement αἰτίαν οὖσαν, qui se trouve à la fin de la phrase, avec τῶν πρὸς πόλεμον κινδύνων, mais sous-entendez devant ces mots τέχνης, ἐμπειρίας, *art, savoir, expérience*, ou quelque autre mot semblable : Isocrate ne veut point dire qu'Athènes ait attiré sur les autres peuples de la Grèce les périls de la guerre, mais seulement qu'elle leur en a enseigné l'art et la conduite. Cor. Mor.

Ἀλλὰ καὶ τῆς ἄλλης κατασκευῆς, ἐν ᾗ κατοικοῦμεν — ζῆν.] « Que c'est encore à elle (Athènes) que nous sommes presque entièrement redevables de l'ordre social dans lequel nous vivons, suivant lequel nous nous gouvernons, et par lequel nous pouvons véritablement exister. » — Κατασκευῆς, ici *ordre, organisation, civilis ordo disciplinæ*, comme le dit Justin (2). Ce mot κατασκευή, qui, au propre, signifie *structura*, construction, renferme ici une métaphore tirée des arts, dans les productions desquels il existe quelque ressemblance avec l'ordre social, composé de diverses parties mises en rapport entr'elles. Mor. Cor. — Κατοικοῦμεν. Ici *vivre, exister*. Voy. H. Etienne, *Th. L. gr.* tom. II, col. 1224, 1225. — Πολιτευόμεθα. Remarquez le sens réfléchi que la voix moyenne donne à ce verbe. Voy. plus bas, §. 10, not. p. 99. — Ζῆν. Ce verbe ne se prend pas ici dans le sens strict de *vivre*, d'*exister* : il doit s'entendre de cette existence convenable à l'homme, et que lui donne la civilisation. Les hommes, selon Isocrate, ont été tirés de leur état sauvage, par l'invention de

---

(1) Voy. Hutch. sur *l'Anab.* p. 575, édit. *in*-8°. Fisch. *Animadv. ad Well. gramm.* tom. III, p. 256.

(2) II, 6, 6.

l'agriculture (§. 6), par l'institution des mystères (*ibid.*), et sur-tout par l'établissement des lois (§. 10), dont Xénophon (1) a dit d'une manière tout-à-fait semblable : « Δι' ὧν γε ζῆν ἐπιστάμεθα· *C'est par elles que nous savons vivre.* » Tous ces avantages sont dus aux Athéniens (2). Mor. Cor.

Καὶ πάλαι, καὶ νῦν, καὶ πανταχοῦ καὶ λεγομένας καὶ μνημονευομένας.] Remarquez la majesté et la pompe, tout-à-fait dignes d'une solennité, qu'Isocrate a données à la fin de cette période, par l'emploi de mots longs et sonores, et celui de la figure appelée *Polysyndéton*, ou répétition de la conjonction καί. Il a évidemment, dans ce passage, imité Lysias, qui, dans son *Orais. funèb.* (3), relève ainsi la valeur des Athéniens : « Καὶ μόνοι, καὶ μεθ' ἑτέρων, καὶ πεζομαχοῦντες, καὶ ναυμαχοῦντες, καὶ πρὸς τοὺς βαρβάρους καὶ πρὸς τοὺς Ἕλληνας, κ. τ. λ. » Cor.

§. VI.

Πρῶτον μέν.] La proposition corrélative de celle-ci se trouve au commencement du §. 9, à ces mots, περὶ δὲ τοὺς αὐτοὺς χρόνους.

Καὶ γὰρ εἰ μυθώδης ὁ λόγος γέγονεν.] Μυθώδης ne doit pas se prendre ici dans l'acception rigoureuse de *fabuleux* : il signifie qui tient aux temps fabuleux, par opposition aux temps historiques, dont Isocrate parle ensuite. L'orateur, jaloux de tous les avantages de sa patrie, n'a point voulu en négliger un que lui assuroit une tradition (λόγος) généralement reçue, et qui, par cela même, quoiqu'elle ne fût point authentique (μυθώδης), étoit cependant un titre à la prééminence dans l'opinion des Grecs. Voilà, je crois, le développement nécessaire aux mots καὶ εἰ μυθώδης λόγος, qui, autrement, ne présentent qu'un raisonnement misérable et presque ridicule, comme le pense M. Coray, qui n'excuse Isocrate qu'en faveur de son amour pour sa pa-

(1) *Mém.* III, 3, 11.
(2) Voy. Diod. de Sicile, V, 5.
(3) P. 107, édit. Reiske.

trie. — Καὶ γὰρ εἰ, *car*, *quoique*, *bien que*, comme en latin, *etsi*. Lucien a dit de même : « ΚΑΙ 'ΕΙ χαλεπὸν καὶ οὐκ οἰστόν ἐστιν (1). » Toute-fois, dans ce sens, on trouve beaucoup plus souvent εἰ καί.

Ἀφικνουμένης.] Au lieu de ce présent, M. Coray propose ἀφικομένης à l'aor.

Τῆς Κόρης.] Sous ce nom commun κόρη, *puella*, les Grecs désignent *Proserpine*. Isocr. (2) a dit de même : « Παρὰ Πλούτωνι καὶ Κόρῃ τιμὰς μεγίστας ἔχων (3). » Les Latins employoient de même *Libera* pour désigner cette divinité : *Liberam*, *quam eamdem Proserpinam vocant*, dit Cicéron, *Verr.* IV, 49. Voy. aussi Tac. *Ann.* II, 49. Tout le monde connoît l'enlèvement de Proserpine, et a entre les mains le poëme de Claudien et les Métamorphoses d'Ovide (lib. V, v. 338-385).

Εὐμενῶς διατεθείσης.] « Bien disposée. » Remarquez sur ce mot διατεθείσης la conformité du grec avec le français, et voy. plus haut la not. §. I, p. 67.

Ἃς - ἀκούειν.] Ἀκούειν, qui a ici pour régime l'accusatif ἅς, fait une exception à la règle des grammairiens, qui enseignent que ce verbe gouverne le génitif. Démosthène (4) a dit de même avec l'accusatif : « Οὐδ' ἤκουσέ σου ταύτην τὴν φωνὴν οὐδείς· *Nemo hanc vocem à te audivit.* » Le même auteur (5) : « Ταῦτα δ' ἀσμένως τινὲς ἤκουον αὐτοῦ· *Hæc libenter ab illo audiebant.* » Ces exemples suffisent pour prouver que le génitif, après ἀκούειν, est le régime d'un nom ou d'une préposition sous-entendue. Il en est de même des autres verbes qui peuvent se trouver construits avec ce cas (6).

Μεμυημένοις.] « Initiés aux mystères. » L'étymologie

---

(1) *In Tim.* t. I, p. 151. C. f. Schæf. *ad* Long. *Pastor.* p. 355.
(2) *Evag. Encom.* §. 5.
(3) Voy. aussi Callim. *Hymn. in Cer.* v. 9. Hérod. VIII, 65; et la note de Valcken. p. 648, 42, édit. Wessel.
(4) *Pro Cor.* segm. 8, 82.
(5) *Ibid*, segm. 12. C. f. Fisch. *ind.* Æsch. Socr. v. ἀκούειν.
(6) C. f. Æl. Herodian. Philetaerus, p. 448, édit. Pierson, et *Schol.* Luc. tom. I, p. 161.

de ce mot est μύω, *clore*, *fermer*. Ce verbe se dit proprement des paupières, de la bouche, etc., comme nous l'apprend EUSTATHE (1) : « Ἐπὶ βλεφάρων καὶ χειλέων, καὶ τινῶν ἑτέρων λέγεται. » L'opposé est χαίνειν ou χάσκειν, *ouvrir la bouche*. De μύω, qui signifie proprement avoir la bouche clause, vient μυεέιν, μυεῖν, *initier; μυεῖσθαι, être initié*, et de la 3e. pers. sing. du parf. pass. de μύω, μέμυσται, se forment les dérivés μύστηρ et μύστης, en latin, *mysta*, initié, et μυστήριον, *mystère*, tous mots qui indiquent le silence profond recommandé aux adeptes, qui devoient fermer la bouche, μύειν, sur les secrets qui leur étoient révélés. De-là μυστήρια ἱερά se dit proprement de toute pratique religieuse, de tout culte qu'il étoit défendu de révéler aux profanes : tels étoient les mystères d'Orphée, de Bacchus, de Pythagore, d'Eleusis, et autres cultes semblables, qui d'Egypte étoient passés en Grèce (2).

Ἡδίους τὰς ἐλπίδας ἔχουσιν.] CICÉRON (3) a traduit ainsi ce passage : *Hìc accipimus non solùm rationem cum lætitiâ vivendi; sed et cum spe meliore moriendi.* « Il paroît que dans les mystères, dit M. OUVAROFF, les initiés acquéroient des notions justes sur la divinité, sur les relations de l'homme avec elle, sur la dignité primitive de la nature humaine, sur sa chute, sur l'immortalité de l'ame, sur un autre ordre de choses après la mort, et qu'on leur découvroit d'ailleurs des traditions orales et même écrites, restes précieux du grand naufrage de l'humanité. » C'étoit, en un mot, la doctrine secrète ou *ésotérique* du polythéisme (4). On peut consulter sur cette matière MEURSIUS, dans son traité intitulé *Eleusinia;* BARTHÉLEMY, *Voyage d'Anach.* chap. LXVIII; ESSAIS *sur les Mystères d'Eleusis*, par M. OUVAROFF; *le Journal des Savants*, oc-

---

(1) P. 1282, édit. de Rome, et 1388, de Bâle.

(2) C. f. LENNEP *Etymol. Ling. gr. voc.* Μυστήριον.

(3) *De Leg.* II, 14.

(4) C. f. PLAT. PHÆD. cap. XIII. ÆSCHIN. SOCR. Dial. III, cap. XVII, 20. ARISTOPH. *Ran.* v. 155 *sq.* et *ibi Schol.*

tob. 1816, et sur-tout le savant ouvrage de M. DE SAINTE-CROIX *sur les Mystères du Paganisme.*

Ὧν ἔλαβεν, ἅπασι μετέδωκε.] Pour ἅπασι μετέδωκε ὧν ἔλαβεν. On voit par cette tournure, qui, d'ailleurs, n'est pas rare, que le pronom, régi à un autre cas par attraction, peut se trouver, avec le verbe dont il est le régime, placé devant celui qui amène le cas d'attraction; ce qui a lieu même lorsque le verbe et son régime sont séparés par plusieurs mots, comme dans ce passage de DÉMOSTHÈNE (1): « Φησὶ προσήκειν ἯΣ μὲν οἴκοθεν ἥκετ' ἘΧΟΝΤΕΣ δόξης περὶ ἡμῶν ἈΜΕΛΗΣΑΙ. » Phrase dont la construction naturelle seroit: Φησὶ προσήκειν ἀμελῆσαι δόξης, ἣν ἔχοντες περὶ ἡμῶν οἴκοθεν ἥκετε· « *Il dit qu'il convient que vous vous défassiez de l'opinion, que, de vos demeures, vous avez apportée ici à notre égard.* » XÉNOPHON a employé la même tournure sans l'ellipse si fréquente du pronom démonstratif οὗτος avec le relatif ὅς, comme: « Δεῖ δέ — σε οὐχ ὋΙΣ ἂν ΜΑΘΟΙΣ, ΤΟΥΤΟΙΣ μόνον ΧΡΗΣΘΑΙ (2), au lieu de: Ἃ ἂν μάθοις, ΤΟΥΤΟΙΣ χρῆσθαι· « *Il ne faut pas que tu n'emploies que ceux* (les stratagêmes) *que tu pourras avoir appris.* » L'attraction, d'ailleurs, n'étoit point inconnue aux Latins: TÉRENCE a dit (3): M. *Scire hoc vis ? C. Hùc equidem* CAUSA, QUA *dixi tibi.* Ici *quâ* est évidemment pour *quam.* CORN. NEP. *Epam.* cap. II. *Natus igitur* PATRE, QUO *diximus.* Ici *quo* pour *quem.* HORACE (4): CUJUS *odorem* OLEI *nequeas perferre — Caulibus instillat;* au lieu de: *Instillat caulibus* OLEUM, CUJUS *odorem nequeas perferre.*

Τὰ μέν - τῶν δέ.] Τὰ μέν, se rapporte aux mystères, μυστήρια, aux initiations, dont il est parlé plus haut, et désigne ces institutions religieuses d'une manière générale. Les petits et les grands mystères se célébroient à Eleusis, à six mois de distance, et *annuellement* (5),

---

(1) *De Cor.* p. 303, *apud* REISK.
(2) *Cyrop.* lib. I, p. 35, C. D. edit. ANT. STEPH. *in*-fol.
(3) *Heaut.* Act. I, sc. I, v. 35.
(4) *Serm.* II, 11, 59.
(5) HEROD. VIII, 65.

c'est ce qu'Isocrate entend ici sans doute par καθ' ἕκαστον ἐνιαυτόν. Les Athéniens, instituteurs de ces fêtes, y présidoient, et les principaux ministres du culte étoient tirés des plus anciennes et des plus illustres familles d'Athènes, particulièrement l'Hiérophante, dont la fonction étoit de révéler aux initiés les choses sacrées (1) : voilà ce qui fait dire à Isocrate δείκνυμεν, nous montrons, c'est-à-dire ici, *nous révelons*, mot qu'Hesychius (2) emploie, en parlant du ministère de l'Hiérophante. — Τῶν δέ, se rapporte à l'agriculture, aux productions de la terre (καρπούς, p. 9, l. 10). Voici le sens de tout le passage : « Nous révélons même encore tous les ans les mystères ; quant à l'agriculture, nous en avons à la fois et dans le même temps enseigné les divers usages, l'utilité et les bienfaits. » Selon l'ordre progressif des idées il faudroit dans le texte, χρείας, ὠφελείας καὶ εὐεργεσίας, comme je l'ai interprété : mais les Grecs n'observoient pas toujours cette gradation, et Isocrate nous en donne un autre exemple dans le §. IV (p. 8, l. 9), où ces mots τὴν αὐτὴν τροφὸν, καὶ πατρίδα, καὶ μητέρα καλέσαι προσήκει, devroient, selon l'ordre des choses, être construits ainsi : Τὴν αὐτὴν καὶ μητέρα, καὶ τροφὸν, καὶ πατρίδα. Hérodote (3) nous fournit un exemple frappant de cette *hystérologie* : « Καὶ τάδε Αἰγυπτίοισί ἐστι ἐξευρημένα· τῇ ἕκαστος ἡμέρῃ γενόμενος, ὁτέοισι ἐγκυρήσει, καὶ ὅκως τελευτήσει, καὶ ὁκοῖός τις ἔσται. » Ces derniers membres ὅκως τελευτήσει, *comment il mourra*, et ὁκοῖός τις ἔσται, *quel il sera*, devroient, selon l'ordre des choses et des idées, se construire de cette manière : ὁκοῖός τις ἔσται καὶ ὅκως τελευτήσει· ce qu'a fait M. Larcher, en traduisant ainsi ce passage : « Ce sont les Egyptiens qui, en observant le jour de la naissance de quelqu'un, lui ont prédit le sort qui l'attendoit, ce qu'il deviendroit, et le genre de mort dont il devoit mourir. » — M. Coray, avec quelques autres critiques, au lieu de εὐεργεσίας, lit ici ἐργασίας, qui

(1) Hesych. *voc.* ἱεροφαντής.
(2) *Ibid.* Confer Aristid. *Panath.* tom. I, p. 182.
(3) II, 82.

se prend quelquefois dans le sens de *culture*, *labour*. Je n'ai point admis cette savante correction, qui ne m'a point paru indispensable. M. MORUS donne une autre explication de ce passage : selon ce savant, τὰ μέν se rapporte aux productions de la terre (καρποὺς), dont les prémices étoient chaque année (καθ' ἕκαστον ἐνιαυτόν) apportées à Athènes de toutes les parties de la Grèce, comme ISOCRATE le dit dans le paragraphe suivant : usage qui prouve que les Grecs reconnoissoient devoir aux Athéniens l'invention de l'agriculture. Pour τῶν δέ, il devroit s'entendre des mystères, dont l'orateur a démontré les avantages en ce peu de mots (συλλήβδην) : ἧς οἱ μετέχοντες - ἔχουσι. Cette interprétation me paroît être peu naturelle, et produire une répétition, une récapitulation assez froide et assez insignifiante.

§. VII.

Μὴ καινὰ, πιστὰ δέ.] « Si non nouvelles, du moins croyables ; » force de μὲν et de δέ.

Ὡς ἡμᾶς ἀποπέμπουσι.] « Ils nous envoient. » Ὡς s'emploie souvent pour εἰς, πρός, chez les Attiques, et, dans ce sens, il se construit presque toujours avec un nom de personne, et très rarement avec un nom de chose (1).

Ἡ Πυθία προςέταξεν.] ISOCRATE semble indiquer ici le sacrifice appelé Προηροσία, que les Athéniens faisoient pour tous les Grecs. On rapporte qu'une famine générale désolant la terre, les peuples consultèrent l'oracle de Delphes, qui leur répondit qu'ils ne seroient délivrés de ce fléau, que lorsque les Athéniens auroient, au nom de tous les Grecs, offert un sacrifice à Cérès. L'ordre de l'oracle fut exécuté, et sa prédiction s'accomplit. Telle fut la raison pour laquelle les peuples de la Grèce envoyoient de toute part aux Athéniens les prémices de tous les fruits, comme un témoignage de leur reconnoissance (2). Ce sacrifice s'appeloit Προηρό-

(1) Voy. THOM. MAGIST. p. 933, et les interprètes. BRUNCK, *Index d'Aristoph. voc.* ὡς. VALCK. *ad Phœn.* v. 1409.

(2) Voy. le *Schol. d'*ARISTOPH. EQ. v. 725. SUID. *voc.* Ἄζαρις, Εἰρεσιώνη et Προηροσίαι.

σια, au neutre, et Προηροσία, au féminin, parce qu'il devoit être fait πρὸ τοῦ ἀρότου (1), *avant les semailles.* WOLF. CORAY.

Ποιεῖν πρὸς τὴν πόλιν τὴν ἡμετέραν τὰ πάτρια.] « De se conformer, à l'égard de notre ville, aux usages de leurs aïeux. » Sur τὰ πάτρια voy. plus haut, not. §. 4, p. 84.

Ὁ τε θεὸς ἀναιρεῖ.] Ὁ θεός désigne ici Apollon Pythien. Il se trouve employé de la même manière dans ARISTIDE, qui rapporte le même fait (2); dans PLAT. *Apologie*, §. 6, 7; ELIEN, *Var. Histor.* IV, 6; HÉROD. III, 35; PLUT. *Cur Pythia nunc non reddat oracul. carm.* §. 24. — Ἀναιρεῖ. Ce verbe, sur-tout à l'aor. ἀνελεῖν, quand il est question des oracles (3), et particulièrement de la Pythie (4), est synonyme de μαντεύεσθαι, χρᾷν, et signifie *répondre*. M. THUROT (5) pense, qu'avec ce verbe, il faut peut-être sous-entendre φωνήν, *vocem*, parce qu'en effet la voix venoit d'en bas, de cette cavité, sur laquelle la Pythie plaçoit son trépied.

Τοῖς ὑπ' ἐκείνων εἰρημένοις.] Avec ἐκείνων sous-entendez πάλαι qui précède; ἐκείνων πάλαι, *ceux-là qui existoient autrefois, les anciens.*

§. VIII.

Οἱ πρῶτοι φανέντες ἐπὶ γῆς.] « Ceux qui ont paru les premiers sur la terre, » pour « les premiers hommes : » belle et heureuse périphrase.

Ἢ ζητοῦντας αὐτοὺς ἐντυχεῖν.] « Les Athéniens, » dit PLUTARQUE (6), « se glorifient, avec raison, d'avoir répandu parmi les hommes la semence de leur nourriture, de leur avoir découvert les sources d'eau, et en-

(1) HESYCH. v. προηρόσια.
(2) *Panath.* tom. I, p. 105.
(3) HÉROD. II, 139, τὰ μαντήϊα, τοῖσι χρέωνται Αἰθίοπες, ἀνεῖλε. Voy. encore *ibid.* chap. 52; EURIP. *Iph. A.* v. 90.
(4) XÉNOPH. *Mém.* I, 3, 1. PLAT. *in Apol.* §. 4. *Id: Leg.* IX, 815. HÉROD. I, 13.
(5) P. 74 de son édit. de *l'Apol. de Socr.* par PLAT.
(6) *In Cimon.* §. 14, edit. HUTTEN.

seigné l'usage du feu pour subvenir à leurs besoins.» Toutefois DIODORE (1) conteste aux Athéniens l'invention de l'agriculture, et prétend que la connoissance en passa de la Sicile dans l'Attique.

Καὶ πρός τε τὰς τέχνας εὐφυεστάτους ὄντας.] HÉRODOTE, qui, sans doute, étoit moins intéressé qu'ISOCRATE à louer les Athéniens, reconnoît aussi (2) la finesse et la supériorité de leur esprit.

Πάρεργον.] M. CORAY corrige ce mot en περίεργον, «superflu, inutile,» qui se lit plus haut, §. 1. Cette correction me semble peu nécessaire. HESYCH. explique πάρεργον par ὡς μικρόν τι τῶν ἀναγκαίων, et παρέργως, son synonyme, par ἀκαιρῶς, sens fort convenables ici. Voy. d'ailleurs, sur la différence de ces mots, la not. §. III, p. 78.

Δωρεᾶς τοσαύτης τὸ μέγεθος.] M. CORAY, d'après WOLF, lit et corrige δωρεὰν τοσαύτην τὸ μέγεθος.

Ἥ τις ἴση τοῖς πεπραγμένοις ἐστί.] «Une récompense qui soit proportionnée à nos mérites.» Remarquez que les Grecs emploient souvent l'indicatif dans des cas où les Latins et les Français mettent le subjonctif. C'est encore ainsi que XÉNOPHON (3) a dit: «Παρ' ἐμοὶ δὲ οὐδεὶς μισθοφορεῖ, ὍΣΤΙΣ μὴ ἱκανός ἘΣΤΙΝ ἴσα πονεῖν ἐμοί· *Parmi les soldats que je salarie, il n'en est aucun qui ne soit capable des mêmes travaux que moi.*»

§. IX.

Περὶ δὲ τοὺς αὐτοὺς χρόνους.] Cette phrase est corrélative de πρῶτον μὲν οὖν, qui commence le §. 6.

Ὁρῶσα.] Sous-entendez πόλις, la ville, la république d'Athènes.

Τῆς χώρας.] Il s'agit ici du pays qui s'étendoit depuis l'Attique et la Béotie jusqu'à la Macédoine, et qui, postérieurement, a été appelé Ἑλλάς, *Hellade*, ou Grèce. Par βαρβάρους, il faut entendre ici les peuples compris sous la dénomination générale de Thraces

(1) Lib. V, p. 605.
(2) Lib. I, §. 60.
(3) *Hellen.* VI, 1, 4.

et de Scythes, peuples voisins de l'Attique (1) et de la Béotie à l'époque dont parle ISOCRATE, et qui tous deux eurent leur empire en Europe. Les Athéniens forcèrent les Thraces de se retirer vers les parties septentrionales, et reculèrent ainsi les frontières de la Grèce. Entre les limites de la Thrace et celles de l'Attique et de la Béotie se formèrent alors plusieurs états (2), tels que la Thessalie, l'Epire, la Macédoine, etc. THUCYDIDE (3) a marqué les limites de la Thrace à l'époque de la guerre du Péloponnèse, et l'on peut voir combien elles étoient éloignées de la Grèce. MOR.

Καὶ διὰ σπανιότητα τῆς γῆς, κ. τ. λ.] Voy. THUCYD. liv. I, c. 5.

Βίου δεομένους.] « Manquant des choses nécessaires à la vie. » Βίος correspond assez souvent à *victus*, et se prend pour la *nourriture*, et les choses nécessaires à la vie en général. HÉRODOTE (4) a dit de même, βίου τε δεόμενοι. Voy. aussi XÉNOPH. *Hellen.* VII, 14. *Mémor.* III, 11, 4. ISOCR. *Panath.* §. 67, p. 368, édit. CORAY.

Ἐφ' ἑκάτερα τῆς ἠπείρου.] Selon M. MORUS et quelques autres savants, ἐφ' ἑκάτερα doit s'entendre du littoral de la mer Ionienne et de la mer Egée, et ἤπειρος, *continent*, de la Grèce, qui est baignée par ces deux mers. M. MORUS fonde principalement son opinion sur ce qu'ISOCRATE parle ici des limites de la Grèce, reculées alors seulement en Europe, comme on vient de le démontrer, et d'une époque de la plus haute antiquité, puisqu'elle coïncide avec l'arrivée de Cérès ou l'invention de l'agriculture, περὶ τοὺς αὐτοὺς χρόνους; évènements de beaucoup antérieurs à l'établissement des colonies d'Athènes dans l'Asie mineure, qui toutes sont postérieures à la guerre de Troie. D'autres critiques pensent que par ἐφ' ἑκάτερα τῆς ἠπείρου, il faut entendre les frontières maritimes de la Grèce et de l'Asie. M.

(1) Voy. ISOCR. *Panég.* §. 19.
(2) Voy. ISOCR. plus bas, §. 19.
(3) II, 97.
(4) VIII, 26, 51.

Coray, qui partage cette opinion, prétend que, dans ce sens, il faut lire ἐφ' ἑκατέρας τῆς ἠπείρου, *sur l'un et l'autre continent*, comme on le trouve dans le *Panathénaïque* (1). « Il est possible, dit ce savant, qu'Isocrate n'ait pas employé dans un sens précis et rigoureux ces mots, περὶ τοὺς αὐτοὺς χρόνους, *vers les mêmes temps ;* mais qu'il ait voulu dire : Περὶ τοὺς αὐτοὺς παλαιοὺς χρόνους, c'est-à-dire, *vers ces temps reculés*; il se peut aussi que l'orateur, par une absence de mémoire, ait confondu les époques des deux espèces de migrations, ou que, pour exalter avec plus de pompe et d'emphase les bienfaits de sa patrie, il ait négligé l'exactitude historique. » L'explication de M. Morus étant plus conforme à la géographie de cette époque, à la chronologie et au texte d'Isocrate, me paroît préférable. Quant à l'accus. ἐφ' ἑκάτερα avec ἔκτισαν, je le crois le résultat d'une idée intermédiaire sous-entendue, telle que ἀποικίζοντες, *colonias ducentes*, verbe de mouvement: d'autant plus, que ἐφ' ἑκατέρας, au génit., se trouve dans le *Panath.* (§. 67), joint à κατοικοῦντας, verbe de repos. Sur cet emploi elliptique des prépositions voy. not. §. 46.

Τὰς νήσους κατῴκισαν.] Il parle ici des Cyclades, qu'il nomme dans le *Panathénaïque* (2). Les Athéniens en expulsèrent les Cariens, selon Isocrate (3) et Aristide (4); mais, au rapport de Thucydide (5), ils furent vaincus et chassés par Minos, qui alors étoit maître des mers de la Grèce, et les purgea des pirates. Isocrate appelle la guerre, dont il parle ici, πόλεμον περὶ τὴν κτίσιν τῶν ἀποικιῶν (6), *la guerre pour l'établissement des colonies*, et il y revient deux fois dans son *Panathénaïque* (7), avec quelques détails différents et propres à la mieux faire connoître. Mor.

(1) §. 67, p. 268. On trouve aussi ἐφ' ἑκάτερα τῆς ἠπείρου dans le *Panath.* (§. 16, p. 241) : mais M. Coray veut qu'on y lise également ἐφ' ἑκατέρας τῆς ἠπείρου.
(2) §. 16, p. 241.
(3) *Ibid.*
(4) *Panath.* tom. I, p. 112-113.
(5) I, 4, 8.
(6) *Panath.* §. 76, p. 273.
(7) §. 16 et 67.

Ἀμφοτέρους δέ.] ARISTOTE (1) nous donne ce passage qu'il citoit sans doute ainsi de mémoire : « Ἀμφοτέρους δ' ὤνησαν, καὶ τοὺς ὑπομείναντας καὶ τοὺς ἀκολουθήσαντας· τοῖς μὲν γὰρ πλείω τῆς οἴκοι προσεκτήσαντο, τοῖς δ' ἱκάνην ἣν οἴκοι κατέλιπον. »

Ἅπαντα γὰρ περιεβάλοντο τὸν τόπον.] « Car ils s'emparèrent de tout le pays, ils s'en mirent en possession. » HÉRODOTE (2) : « Σάμιοι ἀπονητὶ πόλιν καλλίστην Ζάγκλην περιεβαλέατο· *les Samiens se mirent sans peine en possession de la belle ville de Zancle.* » Ce passage d'ISOCRATE prouve que dans cette guerre les Grecs augmentèrent leur territoire ; c'est sans doute ce qu'ARISTOTE a voulu indiquer par προσεκτήσαντο, qui se trouve dans le passage cité plus haut. MOR.

Ἀφ' ἡμῶν.] M. CORAY, d'après un Ms. fort ancien, et plusieurs éditions, donne ὑφ' ἡμῶν. J'ai conservé ἀφ' ἡμῶν, leçon de M. MORUS, qui se trouve dans plusieurs éditions très anciennes. Ἀπό étant beaucoup plus rare que ὑπό avec le régime des verbes passifs, il est présumable, comme l'observe M. MORUS, que les copistes, amis des leçons faciles, auront substitué le premier au second, ce qui a dû arriver souvent dans les écrits des auteurs attiques (3), qui se sont particulièrement servis de ἀπό pour ὑπό. Quant aux exemples de ἀπό employé de cette manière, ils ne sont pas fort rares ; en voici quelques uns : « Οἱ Βοιωτοὶ καὶ οἱ Κορίνθιοι ταῦτα ἐπεσταλμένοι ἈΠΟ τε τοῦ Ξενάρους καὶ Κλεοβούλου (4)· *Les Béotiens et les Corinthiens chargés de ces instructions par Xénarès et Cléobule.* » Τὰ πρασσόμενα ἈΠΟ Ἀλκιβιάδου (5)· *Ce qui est fait par Alcibiade.* » Τίνας ὙΠΟ τίνων εὕροιμεν ἂν μείζονα εὐεργετημένους ἢ παῖδας ἈΠΟ γονέων (6)· *Pourrions-nous trouver quelqu'un qui ait*

(1) *Rhét.* liv. III, chap. IX, §. 7.
(2) VI, 25.
(3) Voy : FISCH. *Animadv. ad Well. gramm.* tom. IV, p. 117.
(4) THUCYD. V, 37.
(5) THUCYD. VIII, 48.
(6) XÉNOPH. *Mémor.* II, 2, 3. Cette leçon est celle des anciennes éditions : elle se trouve aussi dans quatre Mss. de la Bibliothèque Royale (Voy. la collat. des Mss. de XÉNOPH. par M. GAIL, tom. VII, p. 528). Quelques éditeurs modernes, tels que MM. ZEUNE et GAIL, donnent ὑπὸ γονέων, d'après STOBÉE.

été comblé par un autre de plus de bienfaits que les enfants ne le sont par leurs parents ? »

Εἰς ταύτην.] Sur cet emploi du pronom démonstratif, voy. §. 2, p. 72.

Οἰκεῖν ἰόντας.] Pour ἰέναι οἰκήσοντας.

Πατριωτέραν.] Voy. la not. §. 4.

§. X.

Τοίνυν.] Cette conjonction composée, qui signifie, à peu près, *or à présent*, se trouve fréquemment au commencement des phrases pour marquer une transition, une nouvelle considération. C'est dans ce sens qu'Isocrate l'a employée au commencement des trois paragraphes suivants. Voy. H. Hoogeveen, *Doctr. Part.* §. 13, 14, p. 571.

Τὰ μέγιστα.] C'est-à-dire, l'invention de l'agriculture, l'institution des mystères, la civilisation de la Grèce et l'expulsion des barbares.

Τροφὴν τοῖς δεομένοις εὑρεῖν.] Cet infinitif, avec son régime, se rapporte, par apposition au verbe précédent ἐποιήσατο, et la traduction littérale est : « Elle fit ce commencement, trouver la nourriture, etc. » c'est-à-dire, « Elle commença par trouver, » ou bien : « Elle fit (de) trouver la nourriture, le commencement de ses bienfaits. » Cette apposition est familière à Isocrate ; c'est ainsi qu'il a dit dans son *Evagoras* (1) : « Λαβὼν δὲ ΤΑΥΤΗΝ τὴν ἈΦΟΡΜΗΝ, ἥνπερ χρὴ τοὺς εὐσεβεῖν βουλομένους, ἈΜΥΝΕΣΘΑΙ, κ. τ. λ. » Cette explication rend inutile la correction de quelques critiques, qui, trouvant que l'infinitif εὑρεῖν ne pouvoit se construire avec ce qui précède, ont cru, qu'au lieu de εὑρεῖν il falloit lire εὑροῦσα. Cor.

Ἥνπερ χρή.] Sous-entendez ici ἀρχὴν ποιεῖσθαι, d'après ce qui précède, c'est-à-dire, « les moyens d'existence par lesquels doivent commencer ceux qui veulent, etc. » Pareille ellipse se trouve dans le passage d'Isocrate cité plus haut, dans lequel le participe λαβὼν fait sous-entendre l'infinitif λαβεῖν ; ainsi, λαβὼν

(1) P. 193, §. 11.

ταύτην τὴν ἀφορμὴν, ἥνπερ χρὴ τοὺς εὐσεβεῖν βουλομένους, est pour, λαβὼν ταύτην τὴν ἀφορμὴν, ἥνπερ χρὴ λαβεῖν τοὺς εὐσεβεῖν βουλομένους. ISOCRATE a dit encore de même (1) : « Ἤρξατο μὲν οὖν ἐντεῦθεν, ὅθενπερ χρὴ τοὺς εὖ φρονοῦντας. » ici ἤρξατο fait sous-entendre ἄρχεσθαι après χρή. En général, il est assez ordinaire de voir un verbe à un temps, un nom à un cas, faire sous-entendre le même verbe à un autre temps, ou le même nom à un autre cas. On en trouvera encore des exemples §. 19, 20, 32, aux notes.

Τοὺς μέλλοντας.] Μέλλειν se prend quelquefois dans le sens de ἐπιθυμεῖν, *désirer*, ou βούλεσθαι, *vouloir*. Τοὺς μέλλοντας peut donc se traduire ici par « ceux qui désirent ou qui veulent. » Voy. VIG. cap. V, sect. VIII, R. 9.

Τὸν βίον, τὸν ἐπὶ τούτοις μόνον.] Sous-entendez ὄντα, *étant*; littér. *la vie consistant en ces choses*, c'est-à-dire, la nourriture et les autres premiers besoins de l'existence, dont ISOCRATE a parlé dans les paragraphes précédents.

Οὔπω τοῦ ζῆν ἐπιθυμεῖν ἀξίως ἔχειν.] Littér. « n'être point encore digne de faire désirer de vivre, » c'est-à-dire, » ne méritoit point encore que les hommes s'attachassent à l'existence. » Les Grecs appeloient ἀβίωτος βίος, cette existence pénible et privée de jouissances. Voy. H. ETIENNE, *Thes. L. G.* tom. I, col. 739. Il n'est point rare de trouver le verbe ἔχειν, pris dans le sens de εἶναι (voy. p. 69), et construit avec un adverbe qui gouverne le même cas que l'adjectif dont il est formé. La phrase citée peut donc se résoudre ainsi : Ἡγουμένη τὸν βίον, τὸν (ὄντα) ἐπὶ τούτοις μόνον, οὔπω εἶναι ἄξιον τοῦ ἐπιθυμεῖν ζῆν.

Ὅσα μὴ παρὰ τῶν θεῶν ἔχομεν.] L'orateur parle sans doute ici des arts, des connoissances, des institutions que les hommes paroissent devoir plus particulièrement à leur industrie.

Καὶ σποράδην οἰκοῦντας.] Σποράδην indique l'espèce de dispersion dans laquelle vivoient les Grecs, et l'isole-

(1) BUSIR. §. 6, p. 224.

ment des divers petits états de la Grèce, sur-tout ceux de l'Attique, qui existoient indépendants les uns des autres, avant l'époque où Thésée réunit à Athènes les onze autres villes fondées par Cécrops, et donna ainsi l'exemple de la formation du grand corps politique dont parle Isocrate. Voy. Thucyd. II, 15. — Οἰκεῖν s'emploie fréquemment d'une manière absolue, pour désigner tout à la fois l'établissement et la manière de vivre (1). — Isocrate a encore employé σποράδην, en parlant de Thésée dans son *Eloge d'Hélène* (2) : « Τὴν πόλιν σποράδην καὶ κατὰ κώμας οἰκοῦσαν εἰς ταὐτὸν συνήγαγε. »

Τοῖς δ' αὑτὴν παράδειγμα ποιήσασα.] « S'étant proposée ou donnée pour exemple. » C'est dans le même esprit que Thucydide (3) fait dire à Périclès : « Παράδειγμα δὲ αὐτοὶ μᾶλλον ὄντες τισὶν, ἢ μιμούμενοι ἑτέρους· *Nous servons plutôt de modèle aux autres, que nous ne les imitons.* »

Πρώτη γὰρ καὶ νόμους ἔθετο, καὶ πολιτείαν κατεστήσατο.] Il est bon de remarquer ici l'emploi réitéré du moyen, qui indique qu'Athènes *se donnoit elle-même* ses lois (ἔθετο), et qu'elle établissoit elle-même sa forme de gouvernement (κατεστήσατο). On dira d'un législateur, θεῖναι νόμους, établir des lois, et d'une ville qui se donne ses lois, θέσθαι νόμους. Cette différence se trouve marquée dans Xénoph. *Mém.* IV, 4, 19. Consultez la note d'Ernesti, et le traité de Lud. Kuster *De Verbo Medio*, p. 131, édit. Woll. Voy. aussi Hérod. II, 35.

Δῆλον δὲ ἐκεῖθεν.] « Ce qui suit le prouve clairement. » Ἐκεῖθεν s'emploie quelquefois pour indiquer une preuve, un raisonnement qu'on va établir, et qui suit. Voy. aussi l'*El. d'Evag.* §. 3, p. 190. C'est dans le même sens que nous trouverons ἐκείνως plus bas, §. 48.

Οἱ γὰρ ἐν ἀρχῇ.] Quelques savants (4) croient qu'I-

(1) Voy. Hérod. I, 49; IV, 37, 168; Thuc. VI, 82; et M. Letronne, *Journal des Savants*, janvier 1817, p. 44, 45.
(2) P. 213, §. 17.
(3) II, 37.
(4) Voy. Wolf, *in Paneg. Annot.* p. 319; de Brecquigny, *Disc. sur l'Hist. d'Ath.*, etc.

socrate fait allusion, en cet endroit, au jugement célèbre rendu par l'Aréopage, entre Neptune et Mars (1), sur le meurtre d'Halirrhothius, fils de Neptune, que Mars tua, pour venger l'outrage qu'il avoit fait à sa fille Alcippe. Mais d'après Eschyle (2), auteur beaucoup plus ancien que tous ceux que j'ai cités ici, il paroîtroit qu'Oreste seroit le premier qui eût comparu devant l'Aréopage pour cause de meurtre.

Τὰς δὲ δοκιμάσασα.] « Ayant jugé les autres. » Δοκιμάζειν, *éprouver*, *examiner* (3), et, par extension, *juger*, *approuver*. Ce verbe paroît renfermer une métaphore tirée de l'essai ou de l'épreuve des métaux : Τὸ μὲν γὰρ χρυσίον ἐν τῷ πυρὶ δοκιμάζομεν, τοὺς δὲ φίλους ἐν ταῖς δυστυχίαις διαγιγνώσκομεν (4). L'emploi de δοκιμάζειν, dans ce sens, est fréquent chez Isocrate. Voy. *Panath.* §. 14. — Athènes étoit, pour ainsi dire, le tribunal où se jugeoient toutes les productions de l'esprit et des arts. Cette idée, qui n'est qu'indiquée ici, se trouve développée plus bas, §. 12, où τὰ ὑφ' ἡμῶν κριθέντα peuvent servir d'explication à δοκιμάσασα.

§. XI.

Καὶ πρὸς ἅπαντας οἰκείως.] « Convenablement pour tous. » Athènes commença à devenir *la ville commune*, κοινὴ πόλις, comme le dit Isocrate, §. 15, la ville où se rendoient tous les peuples. Voy. Thucyd. II, 39. Mor.

Ἐν ταῖς ἑαυτῶν.] Avec ταῖς sous-entendez πατρίσι, par une ellipse particulière aux Attiques. C'est encore ainsi que notre auteur dit plus bas, §. 13, ἐν ταῖς αὑτῶν δυναμένους, et §. 44, « ἐν ταῖς αὑτῶν ἀνόμως ἀπόλλυσθαι, » sous-entendu encore πατρίσι. Cor.

Τοῖς δὲ ἀσφαλεστάτην καταφυγήν.] Athènes fut toujours, même dans les temps les plus reculés, le refuge des

(1) Pausan. *Attic.* lib. I, cap. 28, p. 68 ; Arist. *in Panath.* tom. I, p. 107, *sub fin.* ; Démosth. *in* Aristocr. p. 413 ; Apollod. *Bibl. etc.*

(2) *Eumenid.* v. 688-693.

(3) Hesych. *voc.* δοκιμάσας.

(4) Isocr. *ad Dem.* §. 4, p. 5-6.

malheureux, et c'est à quoi Thucydide (1) attribue l'accroissement de sa population. Au rapport d'Elien (2), les Lacédémoniens, après la prise d'Athènes par Lysandre, voulant détruire cette ville, consultèrent l'oracle d'Apollon, qui leur dit de ne point renverser en Grèce l'autel commun de la miséricorde.

Διαθέσθαι.] Ici *exposer en vente*, *vendre*. Cette acception est très ancienne, elle se trouve dans Hérodote (3) : Διατίθεσθαι τὸν φόρτον, *vendre la cargaison d'un vaisseau*.

Ἐμπόριον - τὸν Πειραιᾶ κατεστήσατο.] « Au centre de la Grèce elle fit du Pirée un marché, un entrepôt, où, etc. » Sur cette affluence au Pirée des productions de tous les pays, voy. Xénophon, *Gouv. d'Athèn.* chap. II, §. 4, et Thucydide, liv. II, §. 38.

Ἃ παρὰ τῶν ἄλλων ἕν.] Ces mots sont pour : ὧν ἓν παρὰ τῶν ἄλλων, κ. τ. λ.

§. XII.

Τῶν τοίνυν - καταστησάντων - ἐπαινουμένων.] Ce passage renferme une espèce *d'anacoluthe*, ou défaut de suite dans la construction et le rapport grammatical. Le génitif absolu τῶν τοίνυν, κ. τ. λ., placé au commencement de cette longue période, qui ne finit qu'à ces mots, τοσούτων τοίνυν ἀγαθῶν, κ. τ. λ., reste sans corrélatif. Ces irrégularités de syntaxe sont assez fréquentes chez les auteurs grecs, sur-tout dans les longues périodes et dans les phrases qui renferment quelqu'incise un peu étendue. On en trouvera des exemples dans Démosth. *De Cor.* §. 84; Xénoph. *Œcon.* IV, 20; Hom. *Il.* β'. v. 350-353; Elien, V. H. II, 11; Hérod. II, 39, 100 et *pass.* (4).

Πανηγύρεις.] Voy. sur ce mot une not. du §. 1, p. 59.

Σπεισαμένους πρὸς ἀλλήλους.] C'est-à-dire, ayant établi entr'eux l'amitié et la bonne intelligence par des li-

---

(1) II, 2.

(2) *Var. Histor.* IV, 6.

(3) I, 1 et 194.

(4) Voy. le *Journal des Savants*, janv. 1817, 2e. art. de M. Letronne, sur l'édit. d'Hérod. par M. Schweighæuser.

bations, σπονδῶν, et des sacrifices. Isocrate parle ici de la trève générale appelée ὀλυμπιακαὶ ἐκεχειρίαι (1), et ὀλυμπιακαὶ σπονδαί (2), qui suspendait toutes les hostilités pendant la célébration des jeux olympiques. Cette solennité des Grecs peut être comparée aux *Latinæ Feriæ*, instituées par Tarquin-le-Superbe (3). Cor. Mor.

Ἀναμνησθῆναι μὲν τῆς συγγενείας.] « Les faire ressouvenir de leur commune origine. » Isocrate fait allusion ici à l'opinion suivant laquelle les Grecs, Ἕλληνες, tiroient leur nom et leur origine d'Hellen (4), fils de Deucalion et père de Dorus. — Cet aoriste ἀναμνησθῆναι, ainsi que tous ceux qui suivent, marque ici le résultat ordinaire et habituel de l'usage dont il est question, et se prend dans le sens du présent. Sur cet emploi fréquent de l'aoriste consultez Vig. *Idiotism. L. gr.* cap. V, sect. III, reg. 2, et sur-tout M. God. Hermann *De emend. rat. gr. gramm.* lib. II, cap. 19, p. 187, §. 2.

Διατεθῆναι.] Voy. plus haut §. 1, not. p. 67.

Τοῖς ἰδιώταις.] Désigne ici ceux qui, dans les jeux, ne sont que spectateurs. Sur ce mot voy. not. §. II, p. 69.

Τοῖς διενέγκουσι τὴν φύσιν.] Sous-entendez κατὰ devant φύσιν. « Ceux qui sont distingués par des dons naturels, » c'est-à-dire, les savants, les artistes, les athlètes.

Ἐγγενέσθαι.] Les édit. ordinaires donnent γενέσθαι. J'ai préféré ἐγγενέσθαι, savante correction de M. Coray, qui observe que le voisinage de ἐν a pu induire le copiste en erreur.

Εὐτυχίας.] Ce mot désigne à la fois tous les dons et les avantages de l'esprit, de l'extérieur et de la fortune, que l'on faisoit briller dans ces réunions solennelles; les savants y faisoient preuve de leur esprit en récitant leurs ouvrages, les athlètes de leur force en

---

(1) Voy. Pausan. lib. V, c. 20, p. 427; Plut. *Lyc.* §. 23. Heracl. Pont. II, p. 206, edit. Coray.

(2) Eschine, Περὶ Παραπρεσβ. p. 197.

(3) Voy. Niedp. *Rit. Rom.* sect. II, cap. XI, §. 2.

(4) Apollod. I, 7, 3.

combattant, et les riches de leur opulence en montant des chœurs de danse et de chant, ce qui s'appeloit χορηγία, ou en élevant de beaux attelages de chevaux pour les courses de chars, ce qui se nommoit ἱπποτροφία [ἁρματροφία (1)], ou enfin en se chargeant de quelque dépense ou de quelque service public, λειτουργίαι. Isocrate confirme ce sens de εὐτυχίαι, quand il dit ailleurs (2), en parlant des jeux olympiques : « Ὁρῶν Ὀλυμπιᾶσι τοὺς Ἕλληνας ἐπιδείξεις ποιουμένους πλούτου καὶ ῥώμης καὶ παιδεύσεως. » Lysias (3) a dit dans le même sens : « Ἀγῶνες ῥώμης, καὶ σοφίας, καὶ πλούτου. » Mor. Cor.

Ἆθλα μέγιστα.] Sur ἆθλα voy. plus haut, §. 1, notes, p. 61.

Ἀπελείφθη.] Sur ce mot voy. plus haut, §. 3, not. p. 80-81.

Ὡς ἡμᾶς.] Sur ὡς signif., εἰς, πρός, voy. §. 7, not. p. 91.

Πρὸς γὰρ οἷς αὐτὴ τίθησι.] « Outre ceux (les prix) qu'elle propose seule, elle invite encore les autres Grecs à en distribuer. » Αὐτή signifie ici *seule*, sens que présente quelquefois le pronom αὐτός chez les prosateurs et chez les poëtes. Parmi les premiers, Démosthène (4) a dit : « Σὺ τοσοῦτον ὑπερῆρας ῥώμῃ καὶ τόλμῃ τοὺς ἄλλους, ὥστε πάντα ποιεῖν ΑΥΤΟΣ ; surpassez-vous tellement les autres en force et en audace, que *seul* vous puissiez tout faire ? » — Τίθησι. Le simple paroît être mis ici pour le composé προτίθησι, *proponit*, que Xénophon (5) a employé avec ἆθλα : « Προηγόρευέ τε ἀγῶνας καὶ ἆθλα προὐτίθει· *Il annonçoit des jeux et il proposoit des prix.* » Pour d'autres exemples du simple employé pour le composé, consultez Fischer, *Animadv. ad Weller. gramm.* specim. III, pars. poster. p. 64-65.

Ἀγαπᾶσθαι.] C'est cette déférence des autres villes

---

(1) Xénoph. *Hier.* XI, 2.
(2) Περὶ Ζευγ. p. 353, §. 14, *in init.*
(3) *Epitaph.* p. 67.
(4) *De Cor.* p. 301, l. 26, édit. Reisk. Voy. aussi Thucyd. II, 39, et la not. de M. Beck. *Hérod.* II, 90, et la not. 313 de M. Larcher, p. 363, 2ᵉ. édit.
(5) *Cyrop.* lib. VIII, p. m. 212, de, Ant. Steph.

pour les décisions d'Athènes en matière de goût, qui a fait dire à THUCYDIDE (1) : « Ξυνελών τε λέγω τήν τε πᾶσαν πόλιν τῆς Ἑλλάδος παίδευσιν εἶναι· *Pour tout dire en un mot, la ville entière* (Athènes) *est l'école de la Grèce.* »

Διὰ πολλοῦ χρόνου συλλεγεῖσαι.] « Les autres assemblées ne sont convoquées qu'à d'assez longs intervalles. » ISOCRATE parle ici des jeux olympiques, pythiques et isthmiques, qui revenoient à des époques fixes. Ces jeux terminés, chacun s'en retournoit dans ses foyers; *mais tous* les peuples affluoient sans interruption à Athènes, ce qui donnoit à cette ville l'aspect d'une *panégyrie perpétuelle.* MOR. — Remarquez, d'ailleurs, que διά, joint à χρόνου, exprime ce qui se fait ou revient, non de suite, mais après un temps d'une certaine durée. C'est dans ce sens que XÉNOPHON (2) a dit: « Ὅταν γε ἴδωσιν ἀλλήλους διὰ χρόνου· c'est-à-dire, « quand ils se revoient *après quelques temps* ou *après une certaine absence.* » Ce qui suit confirme ce sens : le Mède qui venoit de quitter Cyrus, jouant sur le sens de διὰ χρόνου, dit dans notre auteur : « Ἀλλ' ἥκω διὰ χρόνου· c'est-à-dire, » mais je reviens *après quelque temps.* » « Δι' ὀλίγου γε· *après un temps bien court,* » lui répond Cyrus.

§. XIII.

Φιλοσοφίαν.] Par ce mot il faut entendre ici la recherche et l'étude de tout ce qui peut contribuer au bonheur de l'homme. Voy. CIC. *Tusc.* V, 2, *De Orat.* lib. I, c. 9, et plus haut, §. 1, not. p. 68.

Διεῖλε.] « Elle (la philosophie) nous a appris à discerner les malheurs que produit notre ignorance d'avec ceux qui résultent de la nécessité. » Parmi les premiers, qui arrivent δι' ἀμαθίαν, il faut ranger les incendies, qui ont lieu faute d'instruments propres à les éteindre, les pestes qui se répandent par le défaut de précautions, etc.; enfin, tous les maux que l'ignorance peut ajouter aux maux *nécessaires* et inévitables. Dans

(1) II, 41.

(2) *Cyrop.* lib. I, p. m. 21, l. 24, et *Mémor.* II, 8, 1, et IV, 4, 5.

la seconde espèce de malheurs, qui arrivent ἐξ ἀνάγκης, il faut mettre les tremblements de terre, les inondations, etc., et tous les effets naturels contre lesquels la prudence humaine ne peut rien. Mor. Cor.

Ἡ πόλις ἡμῶν κατέδειξε.] J'ai adopté la correction de M. Coray, qui a rétabli ce verbe κατέδειξε, d'après un Ms. Les autres éditions portent : Ἡ πόλις ἡμῶν, καὶ λόγους ἐτίμησεν. Les critiques qui suivent cette leçon construisent ainsi la période : Ἡ πόλις τοίνυν ἡμῶν φιλοσοφίαν (ἣ πάντα ταῦτα συνεξεῦρε.... καὶ.... ἐδίδαξεν) καὶ λόγους ἐτίμησεν. De manière que le verbe ἐτίμησεν a pour régime les deux substantifs φιλοσοφίαν et λόγους. Mais, comme l'observe le savant et judicieux M. Coray, cette construction forcée est contraire à la clarté habituelle du style d'Isocrate. D'ailleurs, il est bon d'observer que καταδείκνυμι est familier à cet orateur, comme on en peut voir des exemples dans le disc. à *Nicocl.* §. 6, *Busir.* §. 9, *Panath.* §. 82.

Λόγους.] Par ce mot il faut entendre ici la parole réduite en art et en principes, comme notre auteur l'explique lui-même quelques lignes plus bas, par λόγων τῶν καλῶς καὶ τεχνικῶς ἐχόντων.

Ὅτι τοῦτο μὲν ἐξ ἀπάντων τῶν ζώων.] Cicéron (1) a dit dans le même sens: « *Hoc enim uno præstamus vel maximè feris, quòd colloquimur inter nos, et quòd exprimere sensa possumus. Quamobrem quis hoc non jure miretur summèque in eo elaborandum esse arbitretur, ut, quo uno homines maximè bestiis præstent, in hoc hominibus ipsis antecellat?* »

Ταραχώδεις τύχας.] « La fortune qui jette le trouble et la confusion. » C'est ainsi qu'Hérodote (2) a dit : « Τὸ θεῖον πᾶν φθονερόν τε καὶ ταραχῶδες· La divinité est jalouse du bonheur des hommes et se plaît *à le troubler;* » ainsi que traduit M. Larcher. Si, employant la même épithète, ταραχώδης, Isocrate se sert de τύχας et non de θεῖον, comme Hérodote, c'est que, de son temps, les Grecs, plus éclairés, se formoient aussi de la

(1) *De Orat.* I, 8, 33.
(2) I, 32.

divinité une idée plus juste et plus avantageuse, et la distinguoient du destin ou de la fortune; distinction qui n'étoit pas encore bien établie dans les siècles héroïques et dans celui d'HOMÈRE, dont se rapproche davantage HÉRODOTE, qui, sous le rapport du style, a une grande ressemblance avec cet auteur. Chez les poëtes, dépositaires fidèles des idées et des traditions de ces temps anciens, θεός et θεῖον, synonymes de δαίμων et de δαιμόνιον (1), désignoient également la divinité et la fortune; de-là ces épithètes défavorables et injurieuses, qui quelquefois semblent données à la divinité, mais qui ne s'adressent qu'à la fortune (2). Plus tard, et sur-tout à l'époque de l'école de SOCRATE, dont ISOCRATE fut le contemporain et l'ami, les philosophes firent naître des idées plus justes à cet égard, distinguèrent dans leurs écrits la divinité de la fortune (3), et la présentèrent comme exempte des passions purement humaines, que lui prêtoient les premiers Grecs (4).

Μετόν.] Ce participe peut s'expliquer ici par son infinitif μετεῖναι, mais il est le régime du participe ὁρῶσα, de même que ὄντας, δοκοῦντας, et tous ceux qui suivent. — Avec ἔργον ὄντας sous-entendez αὐτούς, c'est-à-dire, λόγους. V. H. HOOG. *ad Vig.* p. 171.

Ἔτι δὲ τοὺς ἐξ ἀρχῆς τεθραμμ.] Voici le sens de ce passage: «La valeur, la richesse, et autres avantages semblables, ne suffisent pas pour faire distinguer l'homme, qui, dès sa naissance, a reçu une éducation libérale; mais c'est à son langage sur-tout qu'on le peut reconnoître.» La valeur, ἀνδρία, la richesse, πλοῦτος, ne sont, en effet, que des dons de la nature et de la fortune, que peut posséder l'homme le plus grossier; mais la politesse, l'élégance et la correction du langage ne peuvent être que le résultat de l'étude et d'une éducation soignée.

---

(1) Voy. M. D. WYTTENBACH, Ἐκλογ. ἱστορ. p. 347.
(2) Voy. PLUT. *De aud. poët.* p. 24. A. B.
(3) Voy. PLAT. *De Legib.* lib. IV, p. 798. A.
(4) Voy. PLAT. *in Phædr.* p. 345. A. MAX. DE TYR, philosophe platonicien, *Dissert.* XLI, §. 3, etc.

Ἐν ταῖς αὐτῶν δυναμένους.] Sous-entendez ici πατρίσι avec ταῖς, ellipse dont nous avons parlé plus haut, §. 11, not. p. 100.

Τοσοῦτον δ' ἀπολέλοιπεν.] J'ai suivi la correction et la ponctuation de l'abbé Auger, approuvée par M. Morus, et adoptée par M. Coray. Les autres éditeurs ne donnent point δέ, et font dépendre ἀπολέλοιπεν des deux participes συνειδυῖα et ὁρῶσα : mais, outre qu'ils en sont trop éloignés, ce qui jette de l'embarras et de l'obscurité dans la construction, il est évident qu'ils ont un rapport beaucoup plus direct et plus sensible avec les idées précédentes qu'avec celles qui suivent. Isocrate, §. 33, p. 35, l. 23, emploie τοσοῦτον δ' ἀπέχουσι, d'une manière fort semblable.

Περὶ τοῦ φρονεῖν καὶ λέγειν.] « Dans la philosophie et l'éloquence. » Cette tournure, assez rare, est pour celle-ci, qui est plus en usage, τῷ φρονεῖν καὶ λέγειν, avec le datif, ou mieux avec l'ellipse de la préposition ἐν, comme le prouve suffisamment ce passage du Panathénaïque (1) : « Τὴν ἐν ἅπασι τούτοις ἀπολελειμμένην. » Mor. Cor.

Διανοίας.] Ce mot est synonyme ici de φιλοκαλία, et désigne ce sentiment exquis du beau, ce discernement, cette finesse de tact, cet esprit, *ce goût*, enfin, qui caractérisoient les Grecs.

§. XIV.

Ἐκ τούτων.] C'est-à-dire, sous le rapport de la civilisation et de la culture des arts et des sciences, dont il a été uniquement parlé jusqu'à présent.

Ἀπορῶν τὰ πρὸς τὸν πόλεμον αὐτὴν ἐπαινεῖν.] Cette tournure elliptique est pour : Ἀπορῶν κατὰ τὰ πρὸς πόλεμον ἀνήκοντα ἐπαινεῖν. W. L'orateur va maintenant louer les Athéniens sous le rapport militaire, partie nécessaire et indispensable de leur éloge, selon le sentiment d'Aristote (2), qui dit : « Πῶς ἂν δυναίμεθα ἐπαινεῖν τοὺς Ἀθηναίους, εἰ μὴ ἔχοιμεν τὴν ἐν Σαλαμῖνι ναυ-

(1) §. 21, p. 244.
(2) *Rhet.* lib. II, p. 230, l. 27.

μαχίαν, ἢ τὴν ἐν Μαραθῶνι μάχην, ἢ τὰ ὑπὲρ Ἡρακλειδῶν πραχθέντα, ἢ τῶν ἄλλων τινῶν τοιούτων; » c'est-à-dire, « Comment pourrions-nous louer les Athéniens, si nous n'avions pas à parler du combat naval de Salamine, de la bataille de Marathon, de leurs exploits en faveur des Héraclides et autres faits semblables ? » « *Rhetorum campus de Marathone, Salamine, Platæis, Thermopylis, Leuctris,* » dit CICÉRON (1). Voy. aussi VALCKEN. *ad* HÉROD. IX, 27. MOR.

Εἰρήσθω.] Cet impératif se trouve souvent, comme ici, employé dans le sens de *hactenus dictum sit*, en voilà assez, que cela suffise, et autre tournure semblable. C'est ainsi qu'HÉRODOTE l'emploie assez fréquemment, comme (2) : « Νείλου μέν νυν πέρι τοσαῦτα εἰρήσθω· *mais en voilà assez sur le Nil.* »

Κοινὴν τὴν πόλιν παρέχοντες.] Voy. plus haut, §. XI, not. 1, p. 100.

Ὥςπερ οὐ μετὰ τῶν ἐπαινεῖν βουλομένων ἡμᾶς τοὺς λόγους ὄντας τοὺς τοιούτους.] « Comme si de pareils discours n'étoient pas favorables à ceux qui veulent nous louer. » Τοὺς λόγους ὄντας est ici un accusatif absolu, pour τῶν λόγων ὄντων. Voy. §. 2, p. 7. Μετά τινος εἶναι ou γίνεσθαι (3), littéral. *être avec quelqu'un*, signifie être de son parti, lui être favorable. Métaphore tirée de l'usage où sont les hommes d'un même parti de se tenir ensemble. Voy. VIG. cap. IX, sect. V, *reg.* 10, p. 640.

Τοῦ λυσιτελοῦντος.] Ce participe neutre, pris substantivement, et signifiant *avantage*, est particulier et très familier aux Attiques (4), qui l'employoient au lieu de λυσιτέλεια, dont ils blâmoient l'usage (5). D'ailleurs, cet emploi des participes, comme substantifs, est très fréquent ; par exemple, τὸ προςπεσόν (6) signifie l'*occurrence*, la *rencontre* ; τὸ δεδιός (7), la *crainte* ; τὸ θαρσοῦν, l'*assurance* ; τὸ δυςωποῦν, la

(1) *De Offic.* I, 18, 61.
(2) II, 34, 76, *et pass.*
(3) PLAT. *Apol.* §. 20.
(4) Voy. MOER. *Attic.* p. 248, et la not. de PIERSON.
(5) JUL. POLLUC. *Onom.* lib. V, sect. CXXXVI.
(6) LAERT. *Aristipp.* p. 49, D. MENAG.
(7) THUCYD. I, 36.

honte (1). Consultez Fisch. *Animadv. ad Weller gramm.* tom. I, p. 323 et suiv.

Συναδικεῖν.] Cette pensée appartient à Lysias, qui a dit (2) : « Ἠξίουν ὑπὲρ τῶν ἀσθενεστέρων μετὰ τοῦ δικαίου διαμάχεσθαι μᾶλλον, ἢ τοῖς δυναμένοις χαριζόμενοι τοὺς ὑπ' ἐκείνων ἀδικουμένους ἐκδοῦναι. » Mor.

§. XV.

Ἐκ τῶν ἱκετειῶν, ἃς ἤδη τινὲς ἡμῶν ἐποιήσαντο.] « D'après les prières que quelques uns nous ont déjà faites. » Les derniers mots doivent se construire ainsi : Ἃς ἡμῶν ἤδη τινὲς ἐποιήσαντο· le pronom ἡμῶν n'étant pas le régime de τινές, mais de ἅς. Cette *synchyse*, ou confusion de syntaxe, se trouve quelquefois dans la construction des pronoms ; c'est ainsi que Lucien a dit (3) : « Κἀγὼ τῷ ξύλῳ ΣΟΥ πατάξας διαλύσω τὸ κρανίον· » pour : « Κἀγὼ τῷ ξύλῳ πατάξας διαλύσω τὸ κρανίον ΣΟΥ· » c'est-à-dire, « te frappant de ma rame, je te briserai le crâne. » Voy. la not. d'Hemsterh. Remarquez, d'ailleurs, que αἱ ἱκετεῖαι ἡμῶν, *nostri preces*, ne signifie pas ici *nos prières*, c'est-à-dire, celles que nous adressons, mais celles qu'on nous adresse. C'est ainsi que Thucydide (4) a dit βίᾳ ἡμῶν, pour désigner, non la violence que nous exerçons, mais celle qu'on exerce à notre égard, que nous éprouvons. Tite-Live (5) a dit de même : « *Nec esse in vos* odio vestro *consultum ab Romanis credatis.* » Ici *odio vestro* est pour *odium in vos*. Sur ce sens passif du pronom voy. la *Gramm. gr.* de Port-Royal, liv. VIII, chap. VI, règ. 2, p. 487-88, édit. 1696, et les *Idiotismes de la langue gr.* par M. Gail, chap. IV, règ. 2, p. 60, 2e. édit.

Ἐλθούσας.] Ce participe, qui se rapporte grammaticalement à ἱκετείας, par sa signification, rappelle à l'esprit ἱκέται, *suppliants*. C'est ainsi que souvent les Grecs mettent le substantif *abstrait* pour le *concret*. Voy. not. §. 39.

(1) Plut. *De amico ab adul. discern.* p. 88, édit. du Theil.
(2) *Epitaph.* p. 36.
(3) *Dial. Mort.* XX, tom. I, p. 423.
(4) I, 43, 68.
(5) XXX, 44.

Περὶ τῶν πατρίων.] Voy. l'*Index* et la not. p. 84.

Πολὺ δὲ πρὸ τῶν Τρωϊκῶν.] « Mais long-temps avant la guerre de Troie. » Les Grecs emploient souvent des adject. plur. neut., tel qu'ici τὰ Τρωϊκὰ, pour marquer l'évènement ou le fait principal d'un pays ou d'une époque historique. Voy. l'annotateur de VIGIER, p. 60 — ISOCRATE, sans doute pour relever encore davantage les services et les exploits sur lesquels il fonde les droits de sa patrie à la prééminence, en exagère ici l'antiquité. En effet, la guerre de Thésée contre Créon, tuteur de Laodamas, fils d'Etéocle (1), de laquelle il s'agit, remonte à l'année 1314, avant J. C. (2) : le premier retour des Héraclides, dont parle également ISOCRATE, est de l'année 1310 (3), et l'expédition de Troie eut lieu en 1280 (4), avant l'ère vulgaire. Il n'y a donc qu'un intervalle de trente-quatre ans de la guerre de Thésée contre Thèbes à la guerre de Troie, et trente ans du premier retour des Héraclides jusqu'à cette expédition : ce qui prouve que l'orateur évaluoit mal la distance respective de ces époques, si l'on n'aime mieux croire qu'il l'exagéroit à dessein.

Ἡρακλέους παῖδες.] Il s'agit ici de la première tentative que les fils d'Hercule ou Héraclides, firent, sous la conduite d'Hyllus, pour rentrer dans le Péloponnèse, l'an 1310, avant l'ère vulgaire. Hercule, en mourant, avoit transmis à Hyllus, l'aîné des enfants qu'il avoit eus de Déjanire (5), les droits qu'il possédoit sur le Péloponnèse, par Alcmène sa mère, fille d'Electryon, qui régnoit à Mycènes (6). Les Héraclides furent, comme leur père, persécutés par Eurysthée, fils de Sthénélus (7), et roi de Mycènes. Après la mort de leur père, ils se réfugièrent (8), ou plu-

(1) PAUSAN. *Attic.* cap. XXXIX.

(2) M. LARCH. *Chronolog. d'Hérod.* p. 579 ; BARTHÉL. *Voyage d'Anach.* tab. I.

(3) M. LARCH. *Ibid.* chap. XVI, p. 477-579.

(4) M. LARCH. *Ibid.* p. 581 ; BARTHÉL. *l. l.*

(5) APOLLOD. *Biblioth.* lib. II, cap. VII, §. 7.

(6) APOLLOD. *ubi supra.*

(7) *Id. Ibid.* §. 5.

(8) Selon APOLLOD. lib. II, cap. VIII, §. 1.

tôt (1) ils restèrent auprès de Céyx, roi de Trachis, en Thessalie. Mais ce prince n'étant pas assez puissant (2), pour les protéger contre Eurysthée, qui menaçoit de lui déclarer la guerre, s'il refusoit de les lui livrer, ils traversèrent la Grèce, et se rendirent à Athènes, sous le règne de Thésée. S'étant assis auprès de l'autel de la Pitié (3), qui étoit au milieu de la place publique d'Athènes (4), ils implorèrent le secours des Athéniens. Ceux-ci prirent leur défense et déclarèrent la guerre à Eurysthée. Les Péloponnésiens furent battus; les fils d'Eurysthée périrent dans l'action, et ce prince lui-même fut tué par Hyllus, près des roches Scironides (5). Les Héraclides soumirent alors tout le Péloponnèse; mais ils furent bientôt forcés de l'abandonner, par l'ordre d'un oracle, qui déclara qu'on devoit attribuer à leur retour, effectué avant le temps fixé par les destins, une peste dont les ravages désolèrent le pays pendant une année entière. Telle fut la première tentative des Héraclides, qui ne rentrèrent enfin en possession du Péloponnèse, qu'après quatre autres entreprises, dont la dernière eut lieu en 1190, avant J. C., cent vingt ans après la première (6).

Καὶ μικρὸν πρὸ τούτων Ἄδραστος] Il n'existe en effet qu'un intervalle de quatre ans entre la guerre de Thésée contre Thèbes, et le premier retour des Héraclides, comme on le peut voir plus haut.

Ἀδράστου ὁ Ταλάου.] Ce Talaüs, père d'Adraste, fut un des Argonautes (7), et contemporain d'Hercule.

Οὗτος ἐκ τῆς στρατείας δεδυστυχηκὼς τῆς ἐπὶ Θήβας.] Il s'agit ici de la première guerre de Thèbes. Etéocle et Polynice, après qu'Œdipe, leur père, eut été forcé d'abandonner le trône, étoient convenus de régner

(1) D'après Diodore *de Sic.* liv. IV; et Paus. *Attic.* chap. XXII.
(2) Longin. Περὶ Ὕψ. cap. XXVII.
(3) Apollod. *Biblioth. l. l.*
(4) Pausan. *Attic.* cap. XVII, p. 109, édit. de M. Clavier.
(5) Apollod. *ubi supr.*
(6) M. Larch. *Chronolog. d'Hérod.* chap. XVI, p. 473; Barthél. *Anach.* tab. I.
(7) Voy. Apoll. *Rhod.* I, 118; Orph. *Argon.* 146.

alternativement chacun une année (1). Etéocle, ayant pris le premier les rênes du gouvernement, refusa de les rendre à son frère, et il le chassa du royaume. Polynice s'étant réfugié auprès d'Adraste, roi d'Argos, qui lui donna sa fille en mariage, revint avec ce prince et cinq autres chefs, mettre le siége devant Thèbes (2). Cette expédition se trouve souvent désignée par οἱ ἑπτὰ ἐπὶ Θήβας, ou *Les Sept devant Thèbes* (3). Après plusieurs actions, dans lesquelles il périt un grand nombre d'Argiens, Etéocle et Polynice, ayant résolu de terminer leurs différends par un combat singulier, se tuèrent l'un l'autre (4). Par suite de cet évènement, Créon, devenu roi, ou plutôt régent de Thèbes, défendit d'accorder la sépulture aux Argiens qui avoient péri dans un dernier assaut donné à cette ville (5). Adraste ayant imploré la protection des Athéniens, Thésée fit le siége de Thèbes, enleva les morts, et les remit à leurs parents, pour leur faire rendre les honneurs funèbres (6).

Ὑπὸ τῇ Καδμείᾳ.] « Sous la citadelle de Thèbes. » Quelques édit. donnent ἐπὶ τῇ Καδμείᾳ, *devant la citadelle, etc.* J'ai, d'après M. CORAY, préféré ὑπὸ τῇ Καδμείᾳ, qui se lit dans un Ms. et quelques éditions, et qu'ISOCRATE a employé dans le *Plataïque* (7). On trouve souvent aussi dans ce sens ὑπό avec l'accusatif; ὑπὸ τὴν Καδμείαν, ISOCRATE, dans son *Eloge d'Hel.* (8). Καδμεία désigne la citadelle ou l'ἀκρόπολις de Thèbes, et vient du nom de *Cadmus*, son fondateur.

Ἀνελέσθαι.] Ἀναιρεῖσθαι désigne souvent et spécialement, comme ici, l'action d'enlever les morts d'un champ de bataille pour leur donner la sépulture. Voy.

(1) APOLLOD. *Biblioth.* lib. III, cap. V, §. 9; cap. VI, §. 1.
(2) *Id. Ibid.* §. 1, 2.
(3) *Vid.* ÆSCHYL. Οἱ ἑπτά; EURIP. *Suppl.* et *Phœn.*
(4) APOLLOD. lib. III, cap. VI, §. 8.
(5) *Id.* cap. VII, §. 1.
(6) *Id. Ibid.*
(7) §. 21, p. 307.
(8) §. 15, p. 212.

HÉROD. IX, 27; PLAT. *Apol.* §. 20. C'est ce qu'ISOCRATE (1) appelle d'une manière absolue ἀναίρεσις.

Ὑπὲρ ὧν ὁ πατὴρ αὐτῶν.] L'orateur rappelle ici les exploits et les travaux d'Hercule.

Ἡγεμονικῶς εἶχε.] « Notre ville dès ce temps avoit de la prépondérance. » Voy. sur ἡγεμονικῶς ἔχειν, §. 3, not. p. 80.

Πλὴν τῶν προεστάναι τ. Ἑ. ἀ.] La construction est : Πλὴν τῶν ἀξιούντων προεστάναι τῶν Ἑλλήνων.

Ἠνάγκασαν ἀποδοῦναι θάψαι.] ISOCRATE, en disant que les Athéniens contraignirent les Thébains à rendre les corps des Argiens, se rapporte ici, et dans l'*Eloge d'Hélène* (2), avec HÉRODOTE (3), EURIPIDE (4), LYSIAS (5), DÉMOSTHÈNE (6) et APOLLODORE (7). Mais il change de sentiment dans son *Panathénaïque* (8), et dit que ce fut par voie d'ambassade et de conciliation que les Athéniens obtinrent la remise des corps des Argiens, comme le rapportent également PLUTARQUE (9) et PAUSANIAS (10). Cette contradiction n'étoit point échappée involontairement à notre orateur, il en convient, et s'en justifie (11), en disant qu'il croit avoir, dans l'une et l'autre circonstance, écrit d'une manière conforme à l'honneur et aux intérêts (συμφερόντως) de sa patrie. Cette différence d'opinion et cette apologie proviennent, selon M. LARCHER (12), de ce que, quand ISOCRATE composa le *Panathénaïque*, les Athéniens étoient alliés des Thébains, et qu'il ne voulut point consigner dans cet écrit un fait qui pouvoit d'autant

(1) *Panath.* §. 70, p. 269.
(2) §. 15, p. 212.
(3) IX, 27.
(4) *In Supplic.* a v. 634 *ad fin.*
(5) *Epitaph.* tom. IV, p. 59, *inter Orat. gr.*
(6) *Orat. Funeb.* tom. II, p. 1391.
(7) *Biblioth.* lib. III, cap. VII, §. 1.
(8) §. 70, p. 269.
(9) *In Theseo.* §. 29.
(10) Lib. I, cap. XXXIX.
(11) *L. l.* §. 71.
(12) *Trad. d'Hérod.* tom. VI, p. 107, not. 40; liv. IX, §. 27.

plus les blesser, qu'ils disoient avoir permis, de leur plein gré, qu'on enlevât les corps des Argiens, et qu'ils nioient d'avoir jamais livré de combat à ce sujet (1). — Observons, d'ailleurs, en passant, d'après Justin (2), cité par M. Morus, que, redemander les morts pour les faire enterrer, c'étoit, chez les Grecs, s'avouer vaincu.

Οὐ γὰρ παρὰ μικρὸν ἐποίησαν.] « Quelques critiques soupçonnent, mais à tort, que la préposition παρά est redondante et superflue dans ce passage. Παρὰ μικρόν τι ποιεῖν est la même chose que μικροῦ δεῖν ποιεῖν τι, *peu s'en falloir qu'on ne fasse une chose*, c'est-à-dire, ne la point achever, ne la point terminer entièrement, mais en laisser quelque partie à faire. Prenons-en un exemple dans Isocrate même (3): «Τὴν γὰρ πολιτείαν.... λυθῆναι παρὰ μικρὸν ἐποίησεν· » ce qui ne signifie pas, *il délia les liens du gouvernement*, mais *il les relâcha tellement, que peu s'en fallut qu'il ne les déliât entièrement.* Coray. D'après cette remarque, le sens de notre passage sera littér.: « Ils n'agirent pas à peu près, » c'est-à-dire, « ils ne se bornèrent pas à un résultat à peu près ou presque complet; mais ils changèrent à ce point le sort des deux partis, que, etc. » Vaincre les Péloponnésiens eût été un résultat presque complet, mais les soumettre, détruire leur roi, et rétablir les Héraclides sur le trône, voilà un résultat complet. La préposition παρά signifie proprement *près, auprès, à côté de, etc.* Ainsi, παρὰ μικρόν, et son opposé παρὰ πολύ, correspondent assez exactement à nos locutions françaises, *à peu près, à peu de chose près, à beaucoup près:* sens qui ne se retrouve pas dans cette interprétation de Wolf, *nec parvum quidquam præstiterunt*, ni dans *non parùm effecerunt, non parvum momentum fecerunt*, de M. Morus, c'est-à-dire, « ce qu'ils firent ne fut pas de peu d'importance: »

(1) Pausan. *ubi supr.*
(2) Lib. VI, cap. 6. *Confer* Xenoph. *Hellen.* VI, 4, 15.
(3) Συμμαχ. p. 77, §. 32.

interprétation, la même pour le fond, mais moins exacte que celle que j'ai donnée d'après M. Coray.

Βιάσασθαι.] M. Coray, d'après une conjecture de M. Morus, donne βιάσεσθαι au futur. J'ai cru devoir conserver l'aoriste, parce que toutes les éditions, d'accord avec les Mss., présentent ce temps, et que, de plus, βιάσασθαι se retrouve dans le discours d'Isocrate, intitulé Περὶ ἀντιδόσεως (1), où notre auteur se copie textuellement, depuis le §. 15 jusqu'au §. 29 de son *Panégyrique*; à l'exception de corrections minutieuses, en forme de variantes, qui paroissent être de sa main, et prouvent que ce passage n'est pas une simple transcription du premier. Il est donc assez probable que le changement de βιάσασθαι en βιάσεσθαι devroit se trouver parmi les variantes, si ce mot eût renfermé quelque faute, soit de grammaire, soit de copiste: considération qui m'a déterminé à ne point adopter la correction des deux savants que je viens de nommer. Quant au passé βιάσασθαι, au lieu du futur βιάσεσθαι, qui sembleroit plus conforme à l'usage ordinaire, il n'est pas rare de voir les Grecs, lorsqu'ils ne considèrent uniquement dans une chose que sa fin et son accomplissement, la présenter comme déjà faite, et c'est dans cette intention qu'ils emploient l'aoriste; leur imagination anticipe alors sur l'avenir. Eurysthée avoit tellement compté sur sa puissance, qu'il s'étoit regardé comme déjà maître des Héraclides, par le droit du plus fort; voilà l'idée qu'Isocrate a voulu exprimer par προσδοκήσας βιάσασθαι. Hérodote (2) se sert de la même locution dans un cas semblable : parlant de Crésus, avide de se venger de Cyrus, il dit, ἐθέλων τίσασθαι Κῦρον, littér. « voulant s'être vengé, » pour « se

---

(1) P. 324, l. 3, édit. Cor.

(2) I, 73; IV, 1, 4. Cet auteur a dit encore de même, VIII, 67, Ξέρξης ἐθέλων σφι συμμίξαι, et *ibid.* 79, θέλων αὐτῷ συμμίξαι. Βουλόμενος δηλῶσαι, II, 162. Diog. Laert. lib. I, *in Pher.* p. 31, C. βουλόμενον τοὺς Ἐφεσίους νικῆσαι; Isocr. *Evag. Encom.* §. 5, p. 191, νομίζοντες - τάχιστ' ἂν εὑρέσθαι; Hésiod. *Scut.* 21, ἱεπείγετο - ἐκτελέσαι. Voy. ci-après, p. 119-10, 123, l. 3. Et une foule d'autres passages qu'il seroit facile de citer.

venger de Cyrus. » C'est par une hardiesse pareille que RACINE fait dire à Achille, dans *Iphigénie* (1) :

> Si de sang et de morts le ciel est affamé,
> Jamais de plus de sang ses autels *n'ont fumé.*

Ici le passé *n'ont fumé* est évidemment pour le futur *n'auront fumé.* (Voy. encore plus bas, §. 17, not. 1) M. CORAY reconnoît lui-même, ailleurs (2), que les aoristes, à l'infinitif, s'emploient quelquefois pour le futur, et que ἐδόκει ἐντυχεῖν (3), *putabat se invenisse*, est pour ἐδόκει ἐντεύξεσθαι, *putabat se inventurum*. Le passage d'ISOCRATE, dont il s'agit, pourroit s'expliquer de la même manière, sans corriger le texte. Mais chez le fabuliste, comme dans notre orateur, l'aoriste n'est pas mis sans dessein ; il peint la cupidité de l'avare qui croyoit déjà tenir ce qu'il désiroit. On peut consulter sur cet emploi de l'aoriste la savante et profonde dissertation de M. GOD. HERMANN, *De emend. rat. gram. gr.* lib. II, cap. XIX, p. 192.

Τῷ ὑπερενεγκόντι.] Il s'agit d'Hercule, dont la force plus qu'humaine est assez connue.

Λυμαινόμενος.] Le verbe λυμαίνεσθαι, *nuire*, se construit ordinairement avec l'accus. (voy. l'*Index*) ; cependant on le trouve quelquefois suivi du datif, comme ici et chez d'autres auteurs. Voy. XÉNOPH. *Hellen.* II, 3, 17 ; DÉMOSTH. *De Cor.* c. 95 ; ERNEST. *ad Xenoph. Mém.* I, 3, 6. MOR.

Ἐπὶ τοῖς παισὶ τοῖς ἐκείνου γενόμενος.] « Etant tombé au pouvoir des enfants de celui-là, c'est-à-dire, d'Hercule. » Γίγνεσθαι ἐπί τινι signifie être au pouvoir de quelqu'un, en dépendre, de même que εἶναι ἐπί (4) ou ἔν τινι (5). — Τοῖς παισὶ τοῖς ἐκείνου. La répétition de l'article n'est point indifférente ici ; elle fait insister sur l'idée qu'EURYSTHÉE étoit tombé en la puissance des enfants *mêmes* de cet Hercule, qu'il avoit persé-

---

(1) Act. V, sc. II.

(2) P. 480 de son édit. d'ESOP. col. 2, fable de la *Poule aux œufs d'or.*

(3) Fab. 136.

(4) XÉNOPH. *Cyrop.* liv. I, p. 98, tom. I, édit. GAIL.

(5) SOPH. *OEd. Tyr.* v. 309, edit. BOTHE.

cuté. C'est donc à tort que quelques savants (1) ont supprimé l'article devant ἐκείνου, et qu'un d'eux (2) pensé même qu'on devroit lire τοῖς ἐκείνου, en sous-entendant παισί.

§ XVI.

Περὶ ταύτης μόνης μοι συμβέβηκεν εἰπεῖν.] « Celui-ci est le seul dont j'aye eû occasion de parler. » De tous ces services, dont parle ISOCRATE, le plus important, sans doute, que les Athéniens aient rendu aux Lacédémoniens, est de s'être alliés avec eux après la bataille de Leuctres (Voy. XÉNOPH. *Hellen.* liv. VI). Ils les avoient aussi secourus antérieurement, lorsque les Messéniens assiégeoient Sparte. XÉNOPH. *Ibid.* chap. V, §. 33.

Ἀφορμὴν γὰρ λαβόντες - σωτηρίαν.] « Prenant occasion ou profitant du salut qu'ils nous devoient, les ancêtres des rois, qui règnent actuellement à Lacédémone, etc. » Sur le cas d'apposition ἀφορμὴν σωτηρίαν, voy. plus haut, §. 10, not. p. 97. Consultez aussi sur ἀφορμή VIG., cap. III, sect. IV, reg. 2.

Κατῆλθον.] Voy. l'*Index*.

Ἔκγονοι δ' Ἡρακλέους.] Les Héraclides qui, pour ce qui concerne ce passage, se succédèrent dans l'ordre suivant :

Hercule,
|
Hyllus,
|
Cleodæus,
|
Aristomachus,
|
Aristodemus.

Eurysthenes, Procles.

Ces deux derniers ont donné naissance aux familles royales des Eurysthénides et des Proclides; qui régnoient

(1) WOLF, AUGER.
(2) D'ORVILLE *ad Char.* p. 294 edit. Lips.

en même temps à Lacédémone. Voy. Hérod. VI, 52; VII, 204; VIII, 131. Mor.; et Corn. Nep. *Ages.* §. 1.

῎Εκγονοι.] On lit ἔγγονοι dans l'Ἀντίδοσις d'Isocrate, de même que Ἡρακλέους ἔγγονοι dans Démosthène (1), au sujet du même fait historique; les variantes y offrent aussi ἔκγονοι. Les textes présentent à cet égard une grande confusion. Je crois donc, avec quelques savants (2), que ἔκγονοι et ἔγγονοι désignent indifféremment les fils et les petits-fils, et en général tous les descendants; quoique quelques uns (3) prétendent que ἔκγονος se dit du fils, et ἔγγονος du petit-fils. Mais, du moins, comme il s'agit ici d'une époque où vivoit Eurysthée, qui fut contemporain d'Hercule, παῖδες, ἔκγονοι, ἔγγονοι Ἡρακλέους, désignent sur-tout les fils, proprement dits; déjà, toutefois, avec l'idée de familles. Mor.

Καὶ τῶν παρόντων - ἀρχηγοὶ κατέστησαν.] Nous avons vu plus haut, §. 15, p. 110, que ce n'est qu'après cinq tentatives différentes que les Héraclides rentrèrent et se maintinrent dans le Péloponnèse. Leur dernière tentative eut lieu en 1190, avant J. C., cent vingt ans après la première; et leur retour s'effectua sans la coopération des Athéniens (4). Ce n'est donc, comme l'observe M. Morus, d'après Perizonius (5), que par une exagération oratoire qu'Isocrate confond ce dernier retour avec le premier, se fondant sans doute sur cette raison, que, si les Athéniens n'eussent point d'abord secouru les Héraclides, jamais ces derniers n'auroient pu revenir dans le Péloponnèse. Aussi, ajoute-t-il: « Les Lacédémoniens, s'ils eussent conservé ensuite le souvenir de ce bienfait, n'auroient-ils jamais dû envahir une terre, d'où leurs ancêtres étoient partis pour

(1) Περὶ Στεφ. tom. I, p. 290. Reisk.

(2) Albert. *ad Hesych. voc.* ἔγγονα et ἔκγονα; Ernest. *ad Callim.* epigr. 29, tom. I, p. 237, et *ad Hom. Od.* γ'. v. 123, Oudendorp. *ad Thom. Mag.* p. 849.

(3) Voy. d'Orville *ad Charit.* p. 327.

(4) Voy. Apollod. *Biblioth.* lib. II, cap. VIII, §. 2 et *sq.*

(5) *Ad Ælian. Var. Hist.* IV, 5.

jeter les fondements de cette puissance, à laquelle ils sont eux-mêmes parvenus postérieurement. » Voy. Xénoph. *Hellen.* VI, 5, 47.

Εἰς τοσαύτην εὐδαιμονίαν κατέστησαν.] Dans l'Ἀντίδοσις on lit πρόγονοι τοσαύτην εὐδαιμονίαν ἐκτήσαντο, c'est-à-dire, « leurs ancêtres ont acquis une aussi grande prospérité. » Leçon qui paroît renfermer une correction faite par l'auteur, pour éviter la répétition de καθιστάναι, qui se trouve trois fois en cinq lignes.

Τὴν δὲ - δουλεύειν ἑαυτοῖς ἀξιοῦν.] « Prétendre asservir *ou* mettre sous leur dépendance une ville qui, etc. » Les Grecs disoient δουλεύειν et δούλη, d'une ville soumise à une domination étrangère; πόλις δούλη οὖσα, dans Lycurgue (1). C'est ainsi que Cicéron (2) a dit *serva facta*, en parlant de la Judée soumise au Romains. Mor.

Εἰ δὲ δεῖ τὰς χάριτας καὶ τὰς ἐπιεικείας ἀνελόντας, κ. τ. λ.] « Mais si, laissant de côté la reconnoissance (que nous doivent les Lacédémoniens) et la justice (qu'ils devroient observer à notre égard), il nous faut revenir à notre sujet (c'est-à-dire, au droit de demander la primauté), et nous servir de toute la précision et de toute la rigueur des termes, nous dirons qu'il n'est point dans l'usage de notre patrie et de nos aïeux de, etc. »—Ἀναιρεῖν, *enlever*, signifie ici *omettre*, *passer sous silence*. Après ἀνελόντας il faut sous-entendre ἡμᾶς, à moins qu'on n'aime mieux lire ἀνελόντα, sous-ent. με, tournure plus familière à Isocrate, qui a dit: « Εἰ δὲ δεῖ... παῤῥησίᾳ χρησάμενον, εἰπεῖν (3), κ. τ. λ. « *si*, *usant de franchise*, *il faut dire*, etc.; » et: « Εἰ δεῖ.... τῶν σῶν ἀπαλλαγέντα ἐξετάζειν (4). » Mor. Cor.

§. XVII.

Ἔχω δηλῶσαι.] Voici encore un aoriste, au lieu duquel l'infinitif δηλοῦν, ou le futur δηλώσειν paroîtroit

(1) *Contra Leocr.* cap. XV.
(2) *Flacc.* cap. XXVIII.
(3) *Evag.* §. 17.
(4) *Busir.* §. 14.

plus naturel, puisqu'il s'agit d'un fait à établir. Mais comme le point important et unique d'une preuve ou d'une démonstration, est qu'elle soit achevée et parfaite, ISOCRATE dit je puis *avoir démontré*, considérant son raisonnement comme déjà établi. Je pourrois multiplier les exemples de cet emploi de l'aor. Voy. ce que j'en ai dit plus haut, §. 15, p. 115-116.

Διατελοῦσι.] Après ce verbe sous-entendez le partic. οὖσαι, compris implicitement dans ἦσαν, qui précède: διατελοῦσιν οὖσαι μέγισται. Sur διατελεῖν, voy. §. 4, 10, 19 et 20.

Φαίνονται δ' ἡμῶν οἱ πρόγονοι.] « Il est si évident que nos ancêtres, etc. » Le verbe φαίνεσθαι signifie souvent, comme ici, être *évident*, *clair*, *certain*, *compertum esse*, et non pas simplement, *sembler*, *paroître*, *videri*. C'est ce qui a fait dire à ULPIEN, commentateur de DÉMOSTHÈNE (1): « Τὸ δὲ νομίζειν, καὶ τὸ δοκεῖν, καὶ τὰ τοιαῦτα (comme φαίνεσθαι, par exemple), οὐ πάντως ἐπὶ ἀμφιβόλου τάττουσιν οἱ παλαιοὶ (2), ἀλλὰ πολλάκις ἐπὶ τοῦ ἀληθεύειν, c'est-à-dire, « les anciens n'emploient pas toujours νομίζειν, δοκεῖν, et autres verbes semblables, pour exprimer le doute et l'incertitude; mais ils s'en servent aussi pour exprimer ce qui est vrai et positif. » De-là, φαίνεσθαι se prend quelquefois aussi dans le sens de εἶναι, *être*, par lequel il peut se traduire (3). Voy. VIG. cap. V, sect. XIII, reg. 1; et M. GAIL, *Idiotism. de la lang. gr.* chap. V, sect. XIII, rég. 1, p. 110, 2e. édit.

[Ὥςθ'] ὑπὲρ μὲν Ἀργείων, κ. τ. λ.] De ces deux ὥστε, complément du même mot dans la même période, le premier paroît ici superflu. Comme il se trouve dans tous les Mss., toutes les éditions, excepté dans celles de MM. CORAY et AUGER, je l'ai conservé, en le mettant entre deux crochets, d'après M. MORUS. Voici, du reste, le sens et la traduction littérale de ce passage: « Nos ancêtres, en dictant, en faveur (ὑπέρ) des Ar-

(1) *Ad Olynth.* I, tom. II, p. 16, edit. WOLF.
(2) L'édit. de WOLF donne παλεοὶ, fautif.
(3) C.f. BOTHE *ad* SOPH. *OEd. Tyr.* v. 331.

giens malheureux, des lois aux Thébains, lorsqu'ils paroissoient le plus fiers de leurs succès; en défaisant dans une bataille les Péloponnésiens en faveur des Héraclides; en délivrant les fondateurs de Sparte et les chefs de Lacédémone des périls qu'ils couroient du *côté* (πρός) d'Eurysthée; nos ancêtres, dis-je, paroissent évidemment l'avoir emporté (διενεγκόντες) sur tous, avec tant de supériorité, qu'on ne pourroit donner de leur prééminence parmi les Grecs une preuve plus certaine et plus manifeste.»

Ἡγεμόνας τοὺς Λακεδαιμονίων.] Isocrate donne ici l'épithète de ἡγεμόνες aux Héraclides, parce qu'ils furent dans la suite les chefs et les rois de Lacédémone. Mor.

§. XVIII.

Περὶ [τῶν πρότερον] τῶν πρὸς τοὺς βαρϐ.] Les faits suivants, relatifs à Eumolpe, sont, il est vrai, antérieurs à l'expulsion des Héraclides et à l'expédition d'Adraste; évènements dont Isocrate a parlé jusqu'ici, et qui coïncident tous deux avec l'époque de Thésée (1): mais la guerre contre les Amazones eut lieu du temps de ce prince (2), et celle des Perses lui est de beaucoup postérieure. De-là on conçoit que les guerres contre les barbares (πρὸς τοὺς βαρϐάρους), c'est-à-dire, les guerres contre Eumolpe, les Amazones et les Perses, ne peuvent toutes également se dire τὰ πρότερον, *plus anciennes* que celles des Héraclides et d'Adraste. Tel est le principal argument sur lequel M. Morus se fonde pour renfermer τῶν πρότερον entre deux crochets, comme inutile et déplacé dans le texte: ces mots, d'ailleurs, ne se lisent dans aucune des éditions de l'Ἀντίδοσις, où ce passage se trouve, et M. Coray les a supprimés.

Ἄλλως τε ἐπειδὴ καί.] M. Coray lit ἄλλως τε καὶ ἐπειδή; leçon préférable, sans doute, mais que ne donne aucun Ms. ni aucune édit. du *Panégyr.* et de l'Ἀντίδοσις.

---

(1) Voy. le *Panath.* §. 70, p. 268; l'*Elog. d'Hel.* §. 15 p. 212; et les auteurs cités plus haut, §. 15, p. 110-111.

(2) Voy. le *Panath.* §. 78, p. 273; Plut. *in Theseo.* c. 27.

Τὸν λόγον κατεστησάμην.] Voy. plus haut, §. 2, p. 5, not. 7, p. 73.

Ἐπὶ δὲ τῶν μεγίστων στάς.] « Insistant sur les faits principaux. » J'ai ajouté le participe στάς, sans lequel les mots précédents, n'ayant aucune liaison grammaticale avec les suivants, jettent de l'obscurité dans la phrase. Cette leçon ne se trouve dans aucune autre édition que celles de MM. Auger et Coray. Elle se lit dans un excellent et fort ancien Ms. de l'Ἀντίδοσις, dont M. Coray a donné une notice, p. 78 et 79 de la *Préf* de son édit. d'Isocr.

Ἀρχικώτατα.] Désigne ces peuples prépondérants, qui étendent au loin leur empire, et que Cicéron (1) appelle *imperiosos*. Socrate, dans Xénophon (2), dit des Scythes, de son temps : « Ἐν τῇ Εὐρώπῃ Σκύθαι μὲν ἄρχουσι, Μαιῶται δὲ ἄρχονται· *en Europe, les Scythes commandent, et les Méotes obéissent.* » Sur l'empire des Scythes et des Thraces on peut consulter Hérodote (3) et Thucydide (4). — Au lieu de ἀρχικώτατα, dans l'Ἀντίδοσις, on lit ἀρχαϊκώτατα, *antiquissima*, leçon évidemment vicieuse : outre qu'il s'agit ici, non de l'antiquité, mais de la puissance des nations, il n'est pas convenable qu'Isocrate, qui, un peu plus haut, a déclaré les Athéniens le peuple le plus ancien, accorde à présent ce même honneur aux barbares. Mor.

Τί λοιπὸν ἔσται.] « Que restera-t-il à dire. » Sous-entend. λεκτέον.

Ἢν ἐπιδειχθῶσι τῶν μὲν Ἑλλήνων οἱ μὴ δυνάμ.] « S'il est démontré que ceux des Grecs qui ne pouvoient, etc. » Comme on le voit par cette phrase, dans les cas où les Latins et les Français emploient le verbe à l'impersonnel, avec un adjectif ou un participe neutre, les Grecs se servent de la tournure opposée, et disent

(1) *Orat.* cap. XXXIV, §. 120.
(2) *Memor.* II, 1, 10; et *Cyrop.* lib. I, *in Procem.* p 2.
(3) Lib. IV *in init.*
(4) II, 96 *sq.*

les hommes sont démontrés, pour *il est démontré que les hommes*, *demonstratum est homines*, *etc.*

Βουλόμενοι καταδουλώσασθαι.] Voy. plus haut, §. 16, not. sur βιάσασθαι et sur δουλεύειν.

§. XIX.

Ἐπιφανέστατος τ. πολ. ὁ περσ. γεγ. οὐ μὴν, κ. τ. λ.] « La guerre contre les Perses est assurément la plus célèbre de toutes; cependant les preuves que nous en tirons dans la discussion de nos droits ne sont point supérieures à celles que nous fournissent les guerres anciennes. » La phrase grecque est elliptique et doit se résoudre ainsi : Τὰ παλαιὰ τῶν ἔργων οὐ μὴν ἐστι τεκμήρια ἐλάττω τούτων (τεκμηρίων περὶ τοῦ περσικοῦ πολέμου ὄντων). On voit qu'il faut sous-entendre ici περσικοῦ πολέμου, d'après ce qui précède, ce que les grammairiens grecs appellent ἀπὸ κοινοῦ (1), *implicitement*. Voy. le §. 20, p. 125. Du reste, τούτων ne se trouve pas dans l'Ἀντίδοσις, ce qui me feroit conjecturer qu'Isocrate, jugeant l'ellipse un peu forte, a supprimé ce pronom. — Ἔργον, comme on le voit ici, se prend quelquefois dans le sens de πόλεμος ou de ἀγών, *guerre*, *combat*. C'est ainsi que Thucydide a dit (2) : « Τῶν δὲ πρότερον ἔργων μέγιστον ἐπράχθη τὸ μηδικόν· la plus considérable des guerres précédentes fut la guerre contre les Perses (3) ; » et Xénophon (4) : « Ἐλέγετο ὁ Δέρδας ἀποκτεῖναι ἐν τούτῳ τῷ ἔργῳ περὶ ὀγδοήκοντα ἱππέας· *on disoit que Derdas avoit tué dans ce combat environ quatre vingts hommes*. » Plutarque (5) : « Ἐξ αὐτοῦ τοῦ ἔργου διαπεφευγότες· *s'étant échappés du combat ou de l'action même*. » Notre mot *action* ou *affaire*, dans le sens de *combat*, se rapproche assez de celui de ἔργον. Isocrate, plus bas,

(1) Vid. H. Steph. *Proparasc. ad Lect. Thucyd. Schol.* p. 10, edit. Bipont.

(2) I, 23.

(3) Cette guerre s'appeloit aussi *médique*, comme on le voit d'après le passage même de Thucyd.

(4) *Hellen.* V, 3, 2.

(5) *De Garrul.* p. 509. B. edit. Wech.

§. 27, p. 30, l. 4, emploie πρᾶγμα dans le même sens, et d'une manière encore plus rapprochée du mot français.

Ἔτι γὰρ ταπεινῆς οὔσης τῆς Ἑλλάδος.] ISOCRATE nous a fait, plus haut, au commencement du §. 9, la description de la Grèce à cette époque. *Humilis civitas*, qui se trouve dans CÉSAR (1), correspond assez exactement à ταπεινὴ Ἑλλάς. MOR.

Ἦλθον εἰς τὴν χώραν ἡμῶν Θρᾷκες.] Du temps d'Erechthée, fils de Pandion, et sixième roi d'Athènes. La guerre dont il s'agit eut lieu entre les Athéniens et les habitants d'Eleusis, commandés par Eumolpe, pour les limites réciproques de leur territoire. Cette guerre se rapporte environ à l'an 1399, avant J. C. Les Athéniens furent vainqueurs des Eleusiniens et des Thraces; Erechthée périt dans l'action, de même qu'Immaradus ou Ismaros, fils d'Eumolpe. La paix se fit entre les deux peuples, à condition que les habitants d'Eleusis reconnoîtroient la souveraineté d'Athènes, et qu'ils auroient la prérogative de célébrer chez eux les mystères appelés Ἐλευσίνια. Voy. THUCYD. II, 15; ISOCR. *Panath.* §. 78; XÉNOPH. *Memor.* III, 5, 10; LYC. *in Leocr.* c. 24; PAUSAN. lib. I, c. 38, p. 92; APOLLOD. *Bibl.* lib. III, c. 14, §. 5.

Μετ' Εὐμόλπου τοῦ Ποσειδῶνος.] Cet Eumolpe, roi de Thrace, et fils de Neptune, dit ailleurs ISOCRATE (2), disputoit à Erechthée la souveraineté d'Athènes, parce que, selon lui, Neptune avoit occupé cette ville avant Minerve.

Σκύθαι δὲ μετὰ Ἀμαζόνων.] Du temps de Thésée. Les Amazones accusoient ce prince d'avoir enlevé leur reine Antiope, ou Hippolyte, selon d'autres. Voy. ISOCR. *Panath.* l. l. PLUT. *in Thes.* §. 27; LYS. *Epitaph.* p. 28; JUSTIN, II, 4, 26.

Δῆλον δὲ - γάρ.] Cette locution, très fréquente, et équivalente de σημεῖον δέ, τεκμήριον δέ, ἐδήλωσε δέ (§. 24, 31), et autres semblables, suivies de γάρ, s'emploie quand il s'agit d'une preuve à établir. Voy. VIGER. cap. III, sect. XI, reg. 1.

---

(1) *De Bell. Gall.* VII, 54.

(2) *Panath.* §. 78, p. 273; APOLLOD. *Bibl.* lib. III, cap. XV, §. 1-4.

Αἱ ὑπολειφθεῖσαι.] Celles qui étoient restées dans leur patrie. Mor.

Τοσοῦτον διέλιπον.] « Ils laissèrent un si grand intervalle entr'eux et nous, *en se retirant de nos frontières.* » Voy. plus haut, §. 9, p. 93-94. Mor.

§. XX.

Ἀδελφὰ - ἔπραξαν.] Voici comment cette phrase doit s'interpréter, en suppléant les ellipses et suivant la construction simple: « Οἱ δὲ πολεμήσαντες πρὸς Δαρεῖον καὶ Ξέρξην ἔπραξαν ἀδελφὰ τῶν εἰρημένων (περὶ Θρακῶν καὶ Σκυθῶν καὶ Ἀμαζόνων), καὶ τοιαῦτα οἷάπερ εἰκὸς (ἦν) (πράξειν) τοὺς γεγονότας ἐκ τοιούτων (ἀνδρῶν). » C'est-à-dire, « Ceux qui ont combattu contre Darius et Xerxès ont fait des actions égales à celles que nous venons de rapporter, et telles qu'on en devoit attendre des descendants de tels hommes. » — Il faut remarquer que πράξειν, que j'ai rétabli, se trouve compris implicitement, ἀπὸ κοινοῦ, dans ἔπραξαν. Voy. §. 10 et 19. — Dans les autres éditions on lit ἃ πρὸς, κ. τ. λ. au lieu de οἱ πρὸς, κ. τ. λ., que je donne d'après M. Coray, qui a tiré cette leçon de l'Ἀντίδοσις, où on lit οἵ, qui doit être changé en οἱ. Cette correction, fort simple, rend la construction nette, et donne un nominatif à ἔπραξαν, qui autrement n'en a point.

Τῶν δὲ συμμάχων.] Les alliés des Athéniens, tels que les Spartiates, les Tégéates, les Mantinéens, etc. Voy. Barthél. *Introd. au Voy. d'Anach.* not. 7.

Ἀμφοτέρων κρατήσαντες, ὡς ἑκατέρων προσῆκεν.] Pour: Ὡς ἑκατέρων (κρατεῖν) προσῆκεν, c'est-à-dire, « ayant vaincu les uns et les autres comme il leur convenoit de les *vaincre,* » c'est-à-dire, *les barbares, par la force des armes, et les alliés, par la supériorité de la valeur.* — L'infinitif se trouve encore ici contenu implicitement dans le participe κρατήσαντες. — Les autres éditions donnent ὡς ἑκατέρῳ προσῆκεν, *ut utrique conveniebat*, ce qui ne fait pas un sens clair; j'ai préféré ἑκατέρων, qui se lit dans l'Ἀντίδοσις, et qui, d'ailleurs, présente une locution familière à ISOCRATE et à ses imitateurs. LYCURGUE (1), par exemple, a dit : « Ἀμφοτέρων περιγεγόνασι, ὡς ἑκατέρων (περιγίνεσθαι) προσῆκε. » Passage évidemment emprunté de notre auteur. ISOCRATE lui-même (2) : « Οὐχ οὕτως εὐδοκίμησεν, ὡς προσῆκεν αὐτόν (εὐδοκιμεῖν). » COR. MOR. Voy. plus haut, §. 10, p. 97-98.

Τῶν ἀριστείων ἠξιώθησαν.] « Ils obtinrent le prix de la valeur. » (Voy. l'*Index*). D'abord, après la bataille d'Artémisium, donnée contre Xerxès : « Τῶν Ἑλλήνων κατὰ ταύτην τὴν ἡμέραν ἠρίστευσαν Ἀθηναῖοι· » dit HÉRODOTE, VII, 17. En second lieu, après la bataille de Salamine et la défaite de Xerxès : « Ἐπρωτεύσαμεν τῶν Ἑλλήνων, » dit ailleurs ISOCRATE (3). *Atheniensium virtus ceteris prælata*, JUSTIN, II, 14. Mais HÉRODOTE (4) donne le premier rang aux Eginètes. MOR. Il paroît, d'après DIODORE (5), que les Lacédémoniens, envieux des exploits des Athéniens, et craignant l'influence que leur donnoit la bataille de Salamine, dont le succès et les résultats inappréciables leur étoient principalement dus, employèrent leur crédit et même des intrigues, pour faire accorder le prix de la valeur aux Eginètes.

Δόντων μὲν τῶν ἄλλων Ἑλλήνων.] Il s'agit ici du commandement que tous les Grecs, et même ceux d'Asie, déférèrent volontairement aux Athéniens (6), la 4e. année de la 75e. Olymp., 477 ans avant J. C., quatre ans environs après la bataille de Salamine, lorsqu'ils étoient violemment indisposés de la conduite et de l'orgueil de Pausanias, envoyé par les Lacédémoniens dans l'île de Cypre et dans l'Hellespont, pour en chasser les garnisons des Perses. Ce fut à cette époque que les Athéniens commencèrent à statuer sur le contingent en argent et en vaisseaux que devoient fournir

(1) *Contra Leocr.* c. 17.
(2) *Panath.* §. 38, p. 248.
(3) *Areop.* §. 3, p. 139.
(4) VIII, 122.
(5) Lib. XI, §. 27, tom. I, p. 426.
(6) THUCYD. I, 95.

les différentes villes de la Grèce (1), et qu'ils s'attribuèrent ouvertement l'empire de la mer (2).

Τῶν νῦν ἡμᾶς ἀφ. ζητ.] Les Lacédémoniens, alors alliés des Athéniens, avides de terminer la Guerre Médique, et mécontents de Pausanias (3).

§. XXI.

Ἐπὶ τοῖς δημοσίᾳ θαπτομένοις.] Il s'agit ici de l'usage établi dans Athènes, de célébrer, aux frais du public, les funérailles des citoyens morts en combattant pour la patrie. Sur les cérémonies pratiquées dans ces funérailles on peut consulter THUCYDIDE, liv. II, §. 34; BARTHÉL. chap. XIII; M. GAIL, *Mém. sur Thucyd.* 4ᵉ. part. p 107. Un orateur désigné par la république prononçoit l'éloge funèbre des guerriers, et c'est de ces éloges que parle ISOCRATE. Il nous en est parvenu quelques uns; voy. THUCYD. II, 35; PLAT. *in Menex.*; et, parmi les orateurs, DÉMOSTHÈNE, HYPÉRIDE, LYSIAS, et le fragment du sophiste GORGIAS.

Κατακεχρῆσθαι.] Est pris ici passiv.; ce qui est rare. Voy. l'*Index*.

Ὅμως δὲ ἐκ τῶν ὑπολοίπων - περὶ αὐτῶν.] Quelquefois, et même assez souvent, ὅμως, *cependant*, se trouve employé avec l'ellipse de son corrélatif εἰ καὶ, ou καίτοι, ou καίπερ, *quoique*. Cette phrase peut donc s'expliquer ainsi: (Καίτοι τὰ λεκτέα) ἐκ τῶν ὑπολοίπων (εἰσὶ), ὅμως, ἐπειδὴ συμφέρει τοῖς πράγμασιν, οὐκ ὀκνητέον μνησθῆναι περὶ αὐτῶν, c'est-à-dire, littér., «Quoique les choses qui nous restent à dire soient du nombre de celles qui ont été laissées par les autres, cependant, puisqu'elles sont utiles aux affaires publiques, nous ne devons pas hésiter à en faire mention.» Cette interprétation rend compte des deux prépositions ἐκ et περί, dont la dernière a été, mais à tort, supprimée par quelques éditeurs. Sur l'emploi elliptique de ὅμως, voy. H. HOOGEV. *Doct. Part. Gr.* III, p. 417.

(1) THUCYD. I, 96.
(2) Voy. XÉNOPH. *Hellen.* V, 5, 34.
(3) THUCYD. *ubi supr.*

§. XXII.

Πλείστων-ἡγοῦμαι.] On peut voir le jugement que Denis d'Halicarnasse porte sur ce passage (1). Ce critique accuse Isocrate d'employer ici un style trop symétrique. Quoiqu'il en soit, le tableau que l'orateur trace des premiers temps des républiques de la Grèce, est d'une grande beauté, et a pu servir de modèle à Salluste, pour celui qu'il nous a donné de la république romaine, dans la vie de Catilina.

Τοὺς-προκινδυνεύσαντας.] Les Grecs qui ont combattu sous le commandement de Miltiade et de Thémistocle. Mor.

Προτρέψαντες ἐπ' ἀρετῇ.] M. Coray donne ἐπ' ἀρετὴν, correction de Wolf. J'ai, avec M. Morus, conservé le datif, leçon des anciennes éditions (2), parce que ἐπὶ, avec l'idée de mouvement, se trouve suivi de ce cas, non seulement dans les poëtes (3), mais aussi dans les prosateurs. Hérodote (4) : « ΣΥΝΙΣΤΑΣ τοὺς Ἀρκάδας ἘΠΙ ΤΗ͂Ι ΣΠΑΡΤΗ͂Ι· » c'est-à-dire, « excitant les Arcadiens contre Sparte. » Xénoph. (5): « ἘΦ' ὭΙΠΕΡ ὭΡΜΗΤΑΙ βαδίζων. »

Οὐδὲ γὰρ τὰς θρασύτ.] « Ils ne rivalisoient point d'audace, et ne s'exerçoient pas à se braver les uns les autres. » *Jurgia, discordias simultates cum hostibus exercebant: cives cum civibus de virtute certabant.* Sall. *in Cat.*

Ἢ νῦν ἐπὶ τοῖς ἰδ.] Sous-ent. οἱ πολῖται αἰσχύνονται.

Τούτων δ' ἦν αἴτιον-ἐπιτηδευμάτων.] « La cause en étoit, que, dans l'exactitude et la perfection qu'ils cherchoient à donner aux lois, ils avoient moins égard

(1) Tom. II, p. 99, l. 23.

(2) *Mediol.* an. 1493; *Ald.* 1513; *Hagan.* 1533.

(3) Voy. Vig. cap. IX, sect. IV, reg. 9, p. 616.

(4) Lib. I, c. 74. Ce passage prouveroit qu'un célèbre critique a peut-être corrigé sans nécessité Elien, V. H. l. IV, c. 5.

(5) *OEconom.* cap. XX, §. 18. Voy. sur re passage la note de Basch. Consultez aussi Abresch. *Animadv. ad Æschyl.* p. 46 *sq.* tom. I.

à celles qui statuent sur les contestations particulières, qu'à celles qui concernent les dispositions habituelles de l'ame, » c'est-à-dire, *les mœurs.* — Remarquez que les Grecs, par une tournure qui leur est particulière, disent: *ils observent les lois comment elles seront*; pour: *ils observent comment les lois seront.* Ainsi, la phrase qui nous occupe peut s'expliquer par: Ἐσκόπουν ὅπως οἱ νόμοι ἀκριβῶς καὶ καλῶς ἕξουσιν. Cette locution se présente encore avec ὡς et ὅτι, *que*, conjonct.: « Ὀτάνης πρῶτος ὑπώπτευσε ΤΟΝ ΜΑΓΟΝ, ὩΣ οὐκ ΕΙΗ ὁ Κύρου Σμέρδις (1), » c'est-à-dire, littér.: Otanes fut le premier qui *soupçonna le Mage qu'il n'étoit pas*, pour, *qui soupçonna* que *le Mage* n'étoit pas *Smerdis*, *fils de Cyrus.* — Οἱ νόμοι ἀκριβῶς, κ. τ. λ. Isocrate a exprimé ailleurs (2) la même idée par ces mots: « Νόμοι μετὰ πλείστης ἀκριβείας κείμενοι, » c'est-à-dire, « des lois établies avec le plus grand soin. » Par νόμοι οἱ περὶ τῶν καθ' ἑκάστην ἡμέραν, l'orateur entend ces lois, qui, comme celles de Lycurgue et des anciens Perses (3), avoient moins pour but de spécifier et de punir les délits, que de les prévenir en formant de bons citoyens, et en plaçant la justice sous la sauvegarde des mœurs et de la conscience. « Δεῖ τοὺς εὖ πολιτευομένους οὐ τὰς στοὰς ἐμπιπλάναι γραμμάτων (voy. la not. suiv.), ἀλλ' ἐν ταῖς ψυχαῖς ἔχειν τὸ δίκαιον. Οὐ γὰρ τοῖς ψηφίσμασιν, ἀλλὰ τοῖς ἤθεσι καλῶς οἰκεῖσθαι τὰς πόλεις· » dit Isocrate, dans l'*Aréopagitique* (4), où il a présenté cette pensée avec plus de développement.

Πολλῶν γραμμάτων.] Γράμματα est synonyme ici de νόμοι, *lois* (5). Il se dit particulièrement des lois *écrites*, par opposition à ἤθη, συνθήματα, *coutumes*, *usages*, *conventions*, ou lois *non écrites*, ἄγραφοι. Les anciens ont appelé les lois γράμματα, ou parce qu'ils les in-

---

(1) Herodot. lib. III, c. 68. C. f. Fisch. *Pref. ad Well. Gram.* p. X.

(2) *Areopag.* §. 16.

(3) Xenoph. *Cyrop.* lib. I, c. 2.

(4) P. 145-6, §. 16, *sq.*

(5) Voy. encore l'*Aréop.* §. 16; et Plat. *Polit.* p. 293.

scrivoient sur des colonnes, ἐνέγραφον, ou parce qu'ils firent d'abord servir l'invention des lettres, γράμματα, à la publication des lois. Cor. Sur cette division des lois, d'après Platon, voy. Diog. Laert. lib. III, p. 89. E. édit. Ménag.

Ἀπ' ὀλίγων - ὁμονοήσουσιν.] « Ils s'accorderont à l'aide d'un petit nombre de conventions. » La préposition ἀπό désigne souvent le *moyen*, la *manière*, la *cause* : παραπλέειν ἀπὸ κάλω (1), *longer la côte à l'aide d'un cable ;* τολμᾶν τι ἀπὸ ξυμφορῶν (2), *être porté par le malheur à oser quelque chose.* Mor.

Ἀλλ' ὁπότεροι φθήσονται, κ. τ. λ.] « Mais à qui feroit le premier du bien à la patrie. » Les autres édit. au lieu de φθήσονται, *occupabunt*, donnent ὀφθήσονται, *videbuntur*, ce qui présente un sens différent. J'ai préféré φθήσονται, leçon d'un Ms., indiquée par M. Coray, et qu'il regrette de n'avoir pas suivie ici comme dans l'Ἀντίδοσις.

Μᾶλλον ἐπιθυμοῦντες ἡγεμόνες, ἢ δεσπόται προσαγορεύεσθαι.] Les nominatifs ἡγεμόνες et δεσπόται, s'accordent avec le pronom αὐτοί sous-entendu. Les Grecs, différents des Latins, construisent l'infinitif avec le nominatif quand les deux verbes se rapportent à la même personne. Hérodote (3) : « Εἶπε φὰς ΑΥΤΟΣ μὲν ἀμφοτέρων ἤδη πεπειρῆσθαι, ΚΕΙΝΟΝ δέ, οὔ· *dixit* se *utrumque* expertum *esse*, illum *autem*, *non* (4). »

Τὴν αὐτὴν ἀξιοῦντες - ἥνπερ τοὺς κρείττους.] La phrase sans ellipse seroit : Τὴν αὐτὴν ἀξιοῦντες γνώμην ἔχειν πρὸς τοὺς ἥττους, ἥνπερ (ἠξίουν) τοὺς κρείττους (ἔχειν) πρὸς σφᾶς αὐτούς.

Ἴδια μὲν ἄστη τὰς ἑαυτῶν πόλεις ἡγ.] « Considérant leurs citadelles comme leurs villes particulières, et ne voyant dans le reste de la Grèce qu'une commune patrie. » Tel est le sens de ce passage, qui ne paroît avoir

(1) Thucyd. IV, 25.
(2) *Id. Ibid.* 98.
(3) Lib. VI, c. 57.
(4) Voy. le savant Lamb. Bos, qui a le premier posé ce principe dans sa *Synt. gr.* cap. V, reg. 10; M. God. Hermann. *ad Viger.* p. 732.

été bien saisi par personne. Toute la difficulté consiste dans la synonymie apparente des mots ἄστυ et πόλις. Ἄστυ est la *ville* proprement dite; πόλις se prend souvent pour ἀκρόπολις, citadelle, *arx*, dans les auteurs attiques, comme le prouve évidemment M. Larcher, tom. I, p. 381 et 453, de sa trad. d'Hérod. La pensée d'Isocrate est que les anciennes républiques de la Grèce, voulant isoler le moins possible leurs intérêts, n'avoient de propre et de particulier dans leur *ville* même que leur *citadelle*, qui leur servoit en quelque sorte de ligne de démarcation. On sait assez quelle étoit dans les premiers temps des républiques anciennes l'importance de leur citadelle, qui, étant le siége de leur puissance militaire, devenoit en même temps le principe et le soutien de leur existence politique.

§. XXIII.

Ἄνδρας ἀγαθούς.] « Des hommes courageux. » Qu'il appelle dans le chapitre précédent χαλεποὺς ἀνταγωνιστὰς τοῖς βαρβάροις. Mor.

Τῶν σοφιστῶν.] Signifie ici les *orateurs*, les *prosateurs*, par opposition aux *poëtes*, ποιητῶν. Le *Panathénaïque* (1) nous peut fournir une explication de ce mot: « Σύμπαντες οἱ περὶ τὴν ποίησιν καὶ τοὺς λόγους ὄντες. » Voy. plus haut, §. 1. Mor.

Κατεπολέμησαν.] « Ils défirent entièrement. » Telle est ici la force de la proposition κατά, qui sert assez souvent à augmenter la signification du verbe en composition, sans y ajouter le sens de κάτω, *en bas*. « Τῷ καταπραχθῆναι τὰ γραφέντα (2)· *parce que mes décrets avoient eu une entière exécution.* » Καταφαίνεσθαι, *paroître évidemment*, *clairement* (3). Καταμεθύειν, *enivrer entièrement* (4).

Ποίων δ' ἂν ἔργων - ἀποθνήσκειν.] « Quels combats, quels travaux ou quels périls n'auroient point affron-

(1) §. 13.
(2) Dem. Περὶ Στεφ. tom. I, p. 254, l. 13. Reisk.
(3) Hérod. I, 58.
(4) *Id.* II, 121.

tés, pour vivre avec honneur, des hommes ainsi disposés à faire le sacrifice de leur vie pour une gloire qu'ils ne devoient recueillir qu'après leur mort? »

§. XXIV.

Οὐδὲ ἐπὶ δουλείᾳ.] Voy. not. §. 16, p. 119.

Εἰς τὴν Ἀττικήν.] Dans la plaine de Marathon. Voy. HÉROD. VI, 102.

Οἱ μὲν οὐ περιέμειναν συμμάχους.] Les Athéniens, qui, secourus des seuls Platéens, qui se présentèrent d'eux-mêmes, combattirent sans attendre l'arrivée des Lacédémoniens, leurs alliés. Voy. HÉROD. VI, 108; C. NEP. *Milt.* 5; JUSTIN, II, 9, 9; LYSIAS, *Epitaph.* p. 43.

Ὥσπερ ἐν ἀλλοτρίαις ψυχαῖς, κ. τ. λ.] « Comme s'ils alloient exposer au danger une existence qui leur eût été étrangère. » Cette pensée se trouve aussi dans LYSIAS (1): « Τὰς ψυχὰς ἀλλοτρίας διὰ τὸν θάνατον κεκτῆσθαι. » C'est encore ainsi que THUCYDIDE (2) a dit: « Σώμασιν ἀλλοτριωτάτοις χρῶνται· « (dans les combats) *ils usent de leur corps comme s'il leur étoit absolument étranger.* » MOR.

Οἱ δέ.] Les Lacédémoniens.

Οὐκ ἔφθησαν πυθ. - καὶ πάντ. τ. ἀ. ἀμελήσαντες.] ISOCRATE, en disant qu'à la première nouvelle de l'invasion de l'Attique, les Lacédémoniens négligèrent tout pour voler au secours des Athéniens, paroît ici en opposition avec HÉRODOTE. En effet, d'après le témoignage de cet historien (3), lorsque l'envoyé d'Athènes parvint à Sparte, le mois n'étoit qu'à son neuvième jour, et les Lacédémoniens répondirent que, suivant une loi qu'ils ne vouloient point enfreindre, ils ne pourroient se mettre en campagne qu'après la pleine lune, qui, dans les mois lunaires, n'avoit lieu que vers le quinze. Ce retard fut cause que les Lacédémoniens, malgré toute la diligence qu'ils firent, n'arrivèrent qu'après le combat,

---

(1) P. 43.
(2) I, 70.
(3) VI, 106, 120.

pour être en quelque sorte spectateurs de la gloire et du triomphe des Athéniens.

Ὅσηνπερ ἄν.] Sous-ent. ἐδύναντο ποιεῖσθαι, « *aussi grande qu'ils pouvoient*, leur propre pays étant ravagé. »

Διακόσια καὶ χίλια στάδια.] Douze cents stades, qui font environ quarante-six lieues et demie de France.

Στρατοπέδῳ πορευομ.] « S'avançant, ou marchant en ordre de bataille, ou gardant leurs rangs. » C'est ainsi que Tite-Live (1) a dit: *Agmine in forum descendunt*. Mor.

Οἱ δὲ φθῆναι.] Les autres édit. donnent ὀφθῆναι. J'ai ici, comme plus haut, préféré φθῆναι, qui se lit dans l'Ἀντίδοσις.

§. XXV.

Περὶ οὗ τις οὐχ.] Ici commence une parenthèse, qui ne finit qu'à ce mot διορύξας.

Τοιοῦτον μνημεῖον.] Μνημεῖον signifie, en cet endroit, un monument propre à rappeler et à perpétuer le souvenir, μνημόσυνον, et non τάφος, *sépulture*, *tombeau*, acception dans laquelle les auteurs anciens, si ce n'est Thucydide quelque part (2), ne prenoient point μνημεῖον, au lieu duquel ils employoient μνῆμα; mais on la rencontre plus fréquemment dans les écrivains postérieurs, à partir du siècle des Ptolémées. Cor. Sur τοιοῦτον, au lieu duquel M. Coray donne τοιοῦτο, voy. p. 72, l. 24.

Οὐ πρότερον ἐπαύσατο, πρὶν ἐξεῦρε.] Πρότερον-πρίν équivaut à πρὶν ἤ, *priusquàm*; après πρίν il faut sous-entendre ici ἤ, *quàm*, qui se trouve exprimé dans ce passage de Démosthène (3) : « Χρῆν τοίνυν Λεπτίνην μὴ πρότερον τιθέναι τὸν ἑαυτοῦ νόμον, πρὶν ἢ τὸν παλαιὸν τοῦτον ἔλυσε. » Remarquez, d'ailleurs, que, dans cette tournure, avec laquelle nous employons le subjonctif, les Grecs se servent de l'indicatif, ce que font également quelquefois les Latins: *Quæ sunt tibi inimicitiæ cum eo, cujus antea prædia possedisti*, quàm

(1) III, 18.
(2) I, 138, et V, 11. *Vid. Not.* Wass. et Duker. *ad hunc loc.*
(3) *Adv. Lept.* p. 486.

ipsum cognosti ? Cic. *Pro Rosc. Amer.* 50 ; voy. aussi Tite-Liv. II, c. 40, 59 ; Virg. *Æn.* IV, 24.

Τὸν μὲν Ἑλλήσποντον ζεύξας, τὸν δὲ Ἄθω διορύξας.] Ζεύξας se rapporte à πεζεῦσαι διὰ τῆς θαλάττης, et διορύξας à πλεῦσαι διὰ τῆς ἠπείρου, dont ils sont une explication. Sur le pont que Xerxès fit jeter sur l'Hellespont et sur le canal qu'il fit percer à travers le mont Athos, voy. Hérod. VII, 23, 33 ; et Barth. *Voyage d'Anach. Introd.* part. II, sect. II.

Διελόμενοι τὸν κίνδυνον.] « S'étant partagé le danger. » Telle est ici la force du moyen, qui a quelquefois aussi le sens et la valeur de notre verbe réciproque.

Πρὸς τὸ πεζόν.] « Contre l'infanterie, » a pour corrélatif πρὸς τὸ ναυτικόν, « contre les forces navales, » qui se trouve plus bas. Mor.

Χιλίους αὐτῶν ἐπιλέξαντες.] « Ayant choisi mille d'entr'eux. » Quoique Hérodote (1) ne fasse mention que de trois cents hommes, on peut cependant le concilier avec Isocrate. Quand il s'agit de trois cents hommes, cela doit s'entendre des chefs de famille, choisis soigneusement parmi tout le peuple, comme le dit clairement Hérodote, (liv. VII, c. 205). Mais lorsqu'il est question de mille, à ces trois cents citoyens, dont nous venons de parler, il faut ajouter les Hilotes, qui accompagnoient ordinairement chaque citoyen, au nombre de deux ou trois (2), ce qu'Isocrate lui-même nous apprend d'une manière générale dans le *Panathénaïque* (3), et ce qui a été démontré par P. Wesseling, sur *Hérod.* VII, 222 ; VIII, 25. Thucydide (4) nous en fournit aussi une preuve dans ce passage : « Λακεδαιμόνιοι εἴκοσι καὶ τετρακόσιοι, καὶ Εἵλωτες οἱ περὶ αὐτούς· *quatre cent vingt Lacédémoniens, et les Hilotes dont ils étoient environnés.* » Plutarque (5) dit des soldats spartiates : « Ὧν ἕκαστος ἑπτὰ περὶ αὐτὸν Εἵλωτας εἶχε·

(1) VII, 202, 205.

(2) A peu près comme en France les vassaux suivoient autrefois les hommes d'armes à la guerre.

(3) §. 73, p. 271.

(4) IV, 8.

(5) *In Aristid.* §. 10.

chacun d'eux avoit sept Hilotes autour de lui. » Si, d'ailleurs, même en parlant des Hilotes, Isocrate a dit αὐτῶν, *d'entr'eux* (les Lacédémoniens), on ne doit pas s'en étonner, parce que les Hilotes portoient aussi le nom de Lacédémoniens, et qu'ils étoient mis au nombre de ces derniers dans le recensement de l'armée, mais de manière cependant que les Lacédémoniens, dont les Hilotes faisoient partie, étoient distingués des Spartiates, ou citoyens de Sparte. Nous avons à cet égard un passage remarquable de Xénophon dans les *Helléniques* (1), où il rapporte que dans la bataille de Leuctres il périt mille Lacédémoniens, *en tout*, συμπάντων Λακεδαιμονίων, parmi lesquels se trouvoient quatre cents Spartiates, αὐτοὶ Σπαρτιᾶται; ce qui se rapporte parfaitement avec le passage d'Hérodote, où il s'agit des trois cents pères de famille. Enfin, Diodore de Sicile (2), parlant de ce même combat des Thermopyles, dit : « Λακεδαιμόνιοι χίλιοι, καὶ σὺν αὐτοῖς Σπαρτιᾶται τριακόσιοι· *mille Lacédémoniens, et avec eux trois cents Spartiates.* » P. Wesseling a prouvé ici que les Lacédémoniens et les Spartiates différoient entr'eux comme le tout et la partie. Selon Justin (3), les Lacédémoniens étoient six cents, nombre qui paroît se composer aussi de citoyens et d'Hilotes. Morus. Je pense bien, comme M. Morus, que dans le χιλίους αὐτῶν d'Isocrate il faut comprendre les trois cents Spartiates et leur suite, composée d'Hilotes, ou de περίοικοι, *Periœces*, (*voisins*); mais je ne crois pas que les Hilotes fussent assimilés aux Lacédémoniens dans l'armée, et qu'ils en portassent le nom; cela pouvoit tout au plus avoir lieu lorsqu'ils étoient Νεοδαμώδεις, *affranchis*. Voy. Valcken. *ad* Hérod. IX, 11, p. 696; et M. David. Schulz, tom. II, p. 259, not. sur ses *Extraits d'Hérod.*; M. Schneid. *ad* Xenoph. *Hellen.* VI, 4, 15, et son *Index*, *voc.* Νεοδαμώδεις; et sur-tout Cragius, *De Rep. Lacœdem.* lib. I, cap. XII.

(1) VI, 4, 15.
(2) XI, 4.
(3) II, 11, 14.

Καὶ τῶν συμμάχων ὀλίγους.] Selon HÉRODOTE (1), les troupes alliées que commandoit Léonidas, aux Thermopyles, se montoient à quatre mille neuf cents hommes, en y comprenant le contingent du Péloponnèse et des autres nations de la Grèce. Mais la plupart de ces alliés se retirèrent avant le combat, à l'exception de quatre cents Thébains et de sept cents Thespiens (2). Les autres auteurs varient sur le nombre des auxiliaires de Lacédémone; consultez à cet égard l'abbé BARTH. not. 7, de l'*Introduct. au Voyage d'Anach.*

Ἑξήκοντα τριήρεις πληρώσαντες.] Les Athéniens avoient cent vingt-sept vaisseaux, selon HÉRODOTE (3), et cent quarante, selon DIODORE (4), dans la flotte des Grecs réunie à Artémisium, et, après le premier combat livré en cet endroit, ils envoyèrent un renfort de cinquante-trois vaisseaux (5), ce qui faisoit un total de cent quatre-vingts. Il est donc évident que le texte d'ISOCRATE, qui n'en compte que soixante, est altéré, ou que notre orateur s'éloigne trop de la vérité historique.

Ἀρτεμίσιον.] *Artemisium*. promontoire de l'île d'Eubée, qui prit son nom d'un temple de Diane, appelée en grec *Artemis.*

Ζηλοῦντες τὴν πόλιν τῆς μάχης.] Sous-ent. ἕνεκα, *causâ* ou *gratiâ*, devant τῆς μάχης. Cette construction est analogue à celle des verbes θαυμάζω, μακαρίζω, ἄγαμαι. — Τὴν πόλιν désigne ici absolument *Athènes*, comme *urbs*, Rome, chez les Latins.

Προςαγαγέσθαι ἐπὶ τῷ διαναυμαχεῖν.] M. CORAY, d'après M. l'abbé AUGER, donne ici ἐπὶ ΤΟ διαναυμ., qui se lit dans l'Ἀντίδ. J'ai, avec M. MORUS, préféré ἐπὶ τῷ, au datif, leçon de WOLF. Voy. plus haut, p. 128, not. 3.

Τὴν ἀρετὴν τοῦ πλήθ. περίγιγν.] LYCURGUE (6) a expri-

---

(1) VII, 202.
(2) HÉROD. VII, 222.
(3) VIII, 1.
(4) XI, 12.
(5) HÉROD. VIII, 14; DIOD. XI, 13.
(6) *Contra Leocr.* c. 12.

mé ainsi la même pensée: « Οἱ πρόγονοι καταφανῆ ἐποίησαν τὴν ἀνδρείαν τοῦ πλούτου, καὶ τὴν ἀρετὴν τοῦ πλήθους περιγιγνομένην. »

§. XXVI.

Οὐχ ὁμοίως ἐχρ.] M. Coray donne ici ὁμοίαις, d'après un Ms. et l'Ἀντίδ., leçon qui se trouve aussi dans d'autres passages d'Isocrate (*Panath.* §. 14, p. 240; §. 19, p. 244): mais j'ai conservé ὁμοίως comme étant également conforme au génie de la langue. C'est ainsi que Lycurgue (1) a dit, en parlant de la bataille de Chéronée: « Τῶν κινδύνων ἐξίσου μετασχόντες, οὐχ ὉΜΟΙΩΣ τῆς τύχης ἐκοινώνησαν. » Et en parlant des Thermopyles (2): « Ταῖς μὲν τύχαις οὐχ (3) ὉΜΟΙΩΣ ἐχρήσαντο. »

Ταῖς ψυχαῖς νικῶντες, τοῖς σώμασιν ἀπ.] « Leur ame fut victorieuse; leur corps seul succomba. » Diodore de Sicile (4) paroît avoir imité ce passage d'Isocrate, quand il a dit: « Τοῖς μὲν σώμασι κατεπονήθησαν, ταῖς ψυχαῖς οὐχ ἡττήθησαν. » Justin (5): *Non victi, sed vincendo fatigati.* Cette belle pensée se trouve aussi dans Lysias, *Epitaph.* p. 47; Lycurg. *in Leocr.* c. 12; Démosth, *Orat. Funeb.* p. 154. C. édit. Wolf.

Τὰς μὲν πρόπλους.] Sous-entendu ναῦς, *vaisseaux envoyés en avant*, ou qui précédent. Thucyd. (6) a dit, sans ellipse, αἱ πρόπλοι νῆες.—Xerxès ayant choisi deux cents vaisseaux dans sa flotte, les envoya en avant pour attaquer l'armée royale des Grecs, à Artémisium (7). Mor.

Ἐνίκησαν.] Dans les deux combats livrés à Artémisium, et dont Hérodote nous a laissé la description (8), les succès furent balancés. Isocrate, en don-

(1) *In Leocr.* 12.
(2) C. 28.
(3) Leçon donnée par M. Morus.
(4) XI, 11.
(5) II, 11, 18.
(6) VI, 46.
(7) Hérod. VIII, 7. Selon Diod. (XI, 12) ces vaisseaux étoient au nombre de trois cents.
(8) VIII, 6-16.

nant ici la victoire aux Athéniens, montre donc de la partialité dans son éloge. MOR.

Τῆς παρόδου.] Les Thermopyles, ou le détroit des Thermopyles. MOR. Ἐν τῇ διόδῳ, dit HÉRODOTE (1), à peu près de la même manière, en parlant de ce lieu, qu'il désigne ensuite par les mots Θερμοπύλαι et Πύλαι. Voy. la description de ce célèbre détroit dans BARTHÉL. *Introd.* part. II, sect. II, p. 379; et l'*Atlas de l'Hist. Anc.* par M. GAIL, pl. 21.

Καὶ τὰ κατὰ τὴν πόλιν διοικήσαντες.] Il s'agit ici du décret qui ordonnoit à chacun de pourvoir, comme il le pourroit, au salut des siens, et d'après lequel les Athéniens transportèrent leurs familles, les uns à Trezène, les autres à Egine et à Salamine. Voy. HÉROD. VIII, 42. — Ces mots ne se trouvent pas dans quelques éditions antérieures à celles de WOLF (2), et dans quelques Mss.; mais je les ai conservés, avec MM. CORAY et MORUS, parce qu'ils rappellent un fait historique, et que, d'ailleurs, ont lit dans l'Ἀντίδοσις : « Κατασκευάσαντες τὰ περὶ τὴν πόλιν. »

Αὐτοῖς προειργασμένων.] Voy. plus haut, §. 1, not. 3, p. 63.

Διατειχιζόντων τὸν Ἰσθμόν.] L'Isthme de Corinthe, que les Péloponnésiens fortifièrent et fermèrent d'une muraille de quarante stades, qui s'étendoit depuis le port de Lechée jusqu'à la ville de Cenchrée. Cette muraille étoit destinée à fermer aux Perses l'entrée du Péloponnèse. Voy. HÉROD. VIII, 40, 71; et DIOD. XI, 16, p. 416. Διατειχίζειν signifie séparer par une muraille, élevée transversalement entre deux.

Τριηρῶν διακοσίων καὶ χιλίων.] ISOCRATE, §. 27, 33, et dans le *Panath.* (3), évalue également à douze cents le nombre des vaisseaux de la flotte des Perses, et il se rapporte avec DIODORE (4). HÉRODOTE (5), et le

---

(1) VII, 201.
(2) *Med. Ald. Hag.*
(3) P. 242, §. 17, *in init.*
(4) XI, 3, p. 406.
(5) VII, 89.

poëte ESCHYLE (1), son contemporain, le font monter à douze cent-sept.

Τῆς πεζῆς στρατ. ἀναριθμ.] Cette armée étoit de dix-sept cent mille hommes, selon HÉRODOTE (2). Les auteurs varient (3) beaucoup sur le nombre de cette armée; mais le témoignage d'HÉRODOTE, qui étoit presque contemporain, paroît le plus digne de foi.

Καὶ τῶν ἐλπίδων ἁπασῶν διημαρτηκότες.] Cette espérance, dans laquelle les Athéniens se voyoient trompés, étoit, selon HÉRODOTE (4), qu'ils trouveroient les Péloponnésiens réunis et campés dans la Béotie, pour attendre, avec toutes leurs forces, l'armée des Perses. Mais les Péloponnésiens, ne songeant qu'à leur propre conservation, travailloient à fermer l'Isthme d'une muraille, comme nous l'avons vu plus haut, sans s'occuper du reste de la Grèce.

Ἀλλὰ καὶ τιμὰς ἐξαιρέτους λαβεῖν.] ISOCRATE, en parlant ici de distinctions particulières, offertes par Xerxès aux Athéniens, même avant la bataille de Salamine, ou fait mention d'un fait historique qui n'est point parvenu à notre connoissance, ou confond les temps. Or, il n'est point présumable que Xerxès ait fait des propositions honorables aux Athéniens, avant la bataille de Salamine, puisque, immédiatement après l'action des Thermopyles, il ravagea l'Attique et incendia Athènes (5). Il est donc beaucoup plus vraisemblable qu'ISOCRATE, par un métachronisme, rapporte à l'époque dont il parle les propositions de paix et d'alliance que Mardonius, lieutenant de Xerxès, fit faire aux Athéniens, après la bataille de Salamine et avant la bataille de Platée, par Alexandre, fils d'Amyntas (6).

(1) *Pers.* v. 339 *sq.*
(2) VII, 60.
(3) Voy. DIOD. XI, 111; ELIEN, *Hist. Var.* XIII, 3; CTÉSIAS, *in Pers.* §. 23, p. 816, édit. WESS. JUSTIN, II, c. 10; PLIN. *Hist. Nat.* l. XXXIII, c. 10.
(4) VIII, 40. Voy. aussi PLUT. *in Themist.* p. 116. C.
(5) HÉRODOT. VIII, 51-54.
(6) Voy. HÉROD. VIII, 136, 140; JUSTIN, II, 14; PLUTARQ. *in Arist.* c. 10; DIOD. *Sic.* XI, c. 28; ARISTID. *Panath.* p. 145.

Cette opinion, d'ailleurs, se trouve confirmée par les mots suivants : « Ἡγούμενος, εἰ τὸ τῆς πόλεως προςλάβοι ναυτικὸν, παραχρῆμα καὶ Πελοποννήσου κρατήσειν· » si on les rapproche de ce passage d'Hérodote, qui dit, en parlant des propositions faites après la bataille de Salamine : « Τουτέων δὲ (Ἀθηναίων) προςγενομένων, κατήλπιζε (ὁ Ξέρξης) εὐπετέως τῆς θαλάσσης κρατήσειν (1)· *Il* (Xerxès) *se flattoit que, s'ils* (les Athéniens) *se joignoient à lui, il se rendroit facilement maître de la mer.* » Mor. Cor.

Ἢ δούλαις ὀφθῆναι γενομέναις.] Ce datif s'accorde, par attraction, avec l'antécédent ταῖς ὑπερεχούσαις. Voy. Budée, *Comment. Ling. Gr.* p. 903, édit. 1529.

Ἐχομένην νῆσον.] Salamine. Voy. plus haut, p. 138, not. 3.

Ἵν' ἐν μέρει πρὸς ἑκατέραν - ἀλλὰ μὴ πρὸς ἀμφοτέρας ἅμα, κ. τ. λ.] Littér. « Pour combattre contre *chacune d'elles* à son tour, et non contre *toutes deux* à la fois. » Il y a ici, et plus bas, p. 46, l. 25, une sorte de redondance propre aux auteurs grecs, qui, lorsqu'ils veulent faire insister sur une chose ou une idée, la présentent dans un sens opposé, et tout à la fois sous la forme négative et affirmative. Homère, *Il.* ζ'. v. 333 :

Ἕκτορ, ἐπεί με κατ' αἶσαν ἐνείκεσας, οὐδ' ὑπὲρ αἶσαν.

Hérodote (2), οὐκ ἀδαὴς, ἀλλ' ἔμπειρος. Sophocle (3), γνωτὰ, κοὐκ ἄγνωτα. Isocrate lui-même, §. 47 : Ἄξιον ἐπισχεῖν, ἀλλ' οὐκ ἐπειχθῆναι. Cette locution est très familière aux Grecs. Si M. de Voltaire en eût mieux connu la valeur et l'usage, peut-être se seroit-il épargné sur le vers 121 de l'Œdipe Roi, de Sophocle, une critique plus plaisante que juste (4).

---

(1) VIII, 136.
(2) II, 49.
(3) *Œdip. R.* v. 58, *et ibi* Brunck.
(4) Voy. *Lettr.* III *à M. de Génonville*, théâtre, tom. I, p. 17, édit. stéréot.

§. XXVII.

Ἐπιδειχθεῖεν.] Voy. §. 18, p. 122, not. 5.

Ἱερὰ δὲ συλώμενα, καὶ νεὼς ἐμπιπραμένους.] Le mot ἱερά ou ἱερόν, désigne l'*enceinte sacrée*, dans laquelle se trouvoit le ναός, *temple*. Sur la distinction à établir entre ces deux mots on peut consulter une savante dissertation de M. Gail, tom. I, p. 165 et suiv. de ses *Recherches Histor.*, *etc.*; et M. Larcher, *Trad. d'Hérod.* tom. I, p. 489; tom. II, p. 365.

Χιλίας καὶ διακοσίας τρ.] Voy. le paragraphe précédent, not. p. 138-139.

Διαναυμαχεῖν.] Hérodote (1), dans la même circonstance, emploie le même composé, parce que la préposition διά sert à marquer ici la persévérance et les efforts des Athéniens dans la lutte inégale qu'ils avoient à soutenir. Sur διά, en composition, marquant *contention*, *combat*, voy. Valcken. *ad Herod.* V, 18, p. 379; Hemsterh. *ad* Luc. tom. I, p. 444 A; M. D. Wyttenb. *Eclog. Hist.* p. 379, 1re. édit.

Οὐ μὴν εἰάθησαν.] Sous-entendez μόνοι διαναυμαχεῖν. Littér. : « Ils ne furent pas laissés combattre seuls, » pour « On ne les laissa pas combattre seuls. « Sur cet emploi du verbe passif voy. plus haut, p. 122, not. 5. Les Latins ont dit de même *sinor*, au passif. Cic. (2) : *Accusare eum moderatè, à quo ipse nefariè accusatur, per senatûs auctoritatem* non est situs ; pour, *ei non licuit*.

Ἠναγκάσθησαν μετασχεῖν τῶν κινδύνων.] D'après l'esprit de la narration d'Isocrate, les alliés n'auroient combattu que poussés par un sentiment d'honneur et de respect humain ; quoique, dans le fait, ayant résolu de prendre la fuite, ils aient été contraints de rester et de combattre, par l'adresse et la ruse de Thémistocle ; ce qu'attestent Hérodote (3), Corn. Népos (4), Lycurgue (5), etc. De plus, non seulement les Athéniens

(1) VIII, 63.
(2) *Pro P. Sext.* 95.
(3) VIII, 75.
(4) *In Themist.* c. 4.
(5) *In Leocr.* c. 17.

ne furent pas d'avis de livrer seuls la bataille (1) ; mais, outre les Lacédémoniens, ils furent secondés par un grand nombre d'alliés, dont HÉRODOTE (2) nous a donné l'énumération. ISOCRATE, contre la vérité historique, s'abandonne trop au désir de louer sa patrie. MOR.

Καὶ τοὺς μὲν θορύβους - διατρίβειν.] ISOCRATE ici, comme dans son *Eloge d'Evagoras* (3), selon un savant (4), critique indirectement LYSIAS, qui, dans son *Eloge Funèbre* (5), s'est étendu outre mesure sur la description du combat naval de Salamine. MOR. COR.

Ἃ κοινὰ πάντων εἰσὶ - ἃ δέ ἐστιν ἴδια.] Il y a ici une enallage de genre dans les pronoms et adjectifs neutres ἃ κοινὰ, ἃ ἴδια, qui se rapportent aux noms masc. et fem. θορύβους, κραυγάς, παρακελεύσεις. Mais cette irrégularité n'est qu'apparente : ce changement de genre est le résultat de l'*apposition* du subtantif πράγματα, sous-entendu : *Le tumulte, les cris, les exhortations*, choses *communes*, *etc.* C'est ainsi que XÉNOPHON (6) a dit : « Ὀφθαλμῶν ὑπογραφῇ, καὶ χρωμάτων ἐντρίψει, καὶ κόμαις προσθέτοις, Ἃ δὴ ΝΟΜΙΜΑ ἮΝ ἐν Μήδοις. » — Remarquez aussi le plur. εἰσί construit avec un nom plur. neutre : probablement parce que l'idée de l'auteur se reportoit sur les nominatifs précédents ; ce qui n'a plus lieu avec ἐστί, qui suit.

Ἐν τῷ πράγματι.] Voy. sur ce mot la not. 1, du §. 19.

Οὐχ ὁρῶ τί δεῖ.] M. CORAY, οὐχ ὁρῶ ὅτι δεῖ, d'après un Ms. et l'Ἀντίδ., qui porte οὐκ οἶδ' ὅτι δεῖ. WOLF donne également ὅτι dans ses notes, mais sans en avertir.

Καὶ τοῖς προειρημένοις ὁμολογούμενα.] « Conformes au but que j'ai indiqué précédemment, » c'est-à-dire, la réconciliation et l'union des Grecs contre les Perses. Voy. §. 2 et 3.

---

(1) Voy. TAYL. *ad Lys.*, p. 40, 41.
(2) VIII, 42 *sq.*
(3) P. 194, §. 12.
(4) Voy. MARKLAND. *ad Lys.* p. 438.
(5) *Epitaph.* p. 50-51.
(6) *Cyrop.* lib. I, c. 3, §. 2; et *ibid.* lib. VIII, c. 2, §. 11.

Ταῦτα δ' ἐμὸν ἔργον κ. τ. λ.] M. Morus préféreroit lire ici δή ou γε, au lieu de δέ, qu'il juge impropre. Mais cette correction me paroît inutile : quand les mots ou les membres corrélatifs d'une phrase sont un peu éloignés l'un de l'autre, par quelque incise, alors la particule δέ se répète assez souvent pour rendre le rapport plus sensible, ce que les grammairiens grecs appellent ἀπόδοσις. Voy. M. Hermann *ad* Vig. p. 803, not. 345 ; Hoog. *Doctr.* part. I, p. 133-4, §. 20.

Ἀκεραῖος.] *Intact*, qui n'a éprouvé aucune perte, aucun dommage ; se dit particulièrement des pays et des villes qui n'ont point encore souffert de la présence de l'ennemi. Voy. Hérod. III, 146 ; Thucyd. II, 18 ; et Valcken. *ad* Herod. IV, 152, p. 347.

Πλείους μὲν συνεβάλετο τριήρεις.] Il y a encore ici, comme plus bas, §. 31, une de ces exagérations oratoires, familières à Isocrate. Selon Hérodote (1), la flotte des Grecs réunis se composoit de trois cent soixante-dix-huit vaisseaux, sur lesquels les Athéniens en avoient fourni cent quatre-vingts (2). Ils n'en avoient donc pas donné, comme l'avance notre orateur, plus que tous les alliés ensemble, mais presque la moitié autant. C'est ce que nous apprend clairement Thucydide (3), qui, dans la même circonstance, énonçant la somme en nombre rond, dit : « Sur les quatre cents (4) vaisseaux, nous en avons fourni un peu moins de la moitié. (5). » — Μέν a pour corrélatif δέ de la seconde phrase ; et ces particules servent ici à distinguer les deux services rendus par les Athéniens, dont l'un consistoit à fournir plus de vaisseaux, et l'autre à donner un meilleur exemple. La particule μέν n'est donc pas superflue, comme le pense M. Morus, qui veut la retrancher.

---

(1) VIII, 48.
(2) *Id. Ibid.* 44.
(3) I, 74.
(4) C'est-à-dire, les trois cent soixante-dix-huit d'Hérodote.
(5) Voy. le *Scholiaste*, qui explique très bien ce passage, qu'aucun des interprètes, ni des traducteurs, ne paroît avoir saisi bien nettement.

Οἱ ναυμαχήσαντες.] M. Coray donne συνναυμαχήσαντες d'après un Ms.

Ἡμᾶς τῷ πολέμῳ κρατῆσαι.] Ἡμᾶς est dit des Grecs en général, par opposition aux Perses. — Au lieu de τῷ πολέμῳ, l'Ἀντίδ. donne τῶν πολεμίων, *hostium*, qui paroît préférable.

Ταύτης.] C'est-à-dire, τῆς ναυμαχίας. Les Athéniens furent cause de ce combat naval, parce que leur chef, Thémistocle, persuada aux Péloponnésiens qui, par crainte, se fortifioient dans l'Isthme, de combattre à Salamine (1), et même les contraignit de rester au moment où ils s'apprêtoient à fuir. Voy. la not. du paragraphe précédent. Mor.

§. XXVIII.

Οἰκιστάς.] Isocrate reproduit dans ce passage ce qu'il a dit plus haut, §. 9, en parlant des colonies établies par les Athéniens. Οἰκισταί peut donc se prendre dans le sens de *fondateur d'une colonie*, *qui coloniam ducit*, comme οἰκιστήρ, dans Callimaque, *Hymn. ad Apoll.* v. 67. Voy. aussi le *Schol.* sur le vers 76. Mor.

§. XXIX.

Μετὰ δὲ ταῦτα ἤδη.] « Mais immédiatement après ces évènements. » Telle est ici la force de ἤδη. Voy. Hoogev. *Doctr. part.* §. 6, p. 267.

Πολλῶν κακῶν αἴτιοι τοῖς Ἕλλησι κατέστημεν.] Thucydide, dans le Ier. livre de son histoire (§. 98-119), a tracé un tableau détaillé de la conduite politique des Athéniens depuis la victoire de Salamine jusqu'à la guerre du Péloponnèse. On y peut voir l'exposé du systême d'usurpation et même de violence, qui forma contre eux la ligue sous les efforts de laquelle ils succombèrent. Les arguments que l'amour de la patrie inspire à Isocrate, pour disculper ses concitoyens, peuvent, quoique d'ailleurs fort spécieux, paroître assez

---

(1) Voy. Hérod. VIII, 56-64.

foibles si l'on prend la peine de les rapprocher soigneusement des faits.

Τόν τε Μηλίων ἀνδραποδισμόν.] Les habitants de Mélos, île de la mer Egée, et colonie de Lacédémone (1), ne voulurent point, pendant la guerre du Péloponnèse, se ranger du parti d'Athènes, et gardèrent d'abord la neutralité ; mais ils en vinrent ensuite à une guerre ouverte, quand les Athéniens les y eurent forcés en ravageant leurs campagnes. Enfin, après un long siége, ils se rendirent aux Athéniens, qui donnèrent la mort à tous ceux qu'ils prirent en âge de porter les armes, et réduisirent en esclavage les enfants et les femmes. De plus, ils se mirent en possession du pays, où ils envoyèrent postérieurement cinq cents hommes pour former une colonie (2). Lysandre rétablit ensuite les Méliens dans leur île (3), qui s'appelle aujourd'hui *Milo*.

Τὸν Σκιωναίων ὄλεθρον.] Les habitants de Scione, ville de la presqu'île de Pallène, et appelée aujourd'hui *Nea Cassandra*, selon D'ANVILLE (4). Dans la guerre du Péloponnèse, Scione se détacha du parti d'Athènes, et ouvrit ses portes à Brasidas, général des Lacédémoniens. Les Athéniens l'assiégèrent, la prirent, et, après avoir traité les habitants aussi inhumainement que ceux de Mélos, dont nous venons de parler, ils donnèrent aux Platéens le territoire à cultiver (5). Voyez plus bas, § 31. — Les autres édit. donnent τῶν Σκιωναίων ὄλεθρ. J'ai préféré τὸν, d'après M. CORAY et un Ms., comme plus symétrique avec τόν τε Μηλίων, qui précède.

Εἴ τινες τῶν πολεμησάντων ἡμῖν.] Mais les Méliens n'avoient rien fait de capable d'attirer sur eux une pareille vengeance, comme on l'a pu voir dans l'avant-dernière note. MOR.

---

(1) HÉROD. VIII, 48. Voy. aussi M. LARCHER, *Essai de Chronolog.* §. IV, sect. VII, p. 441 ; THUCYD. V, 84 ; XÉNOPH. *Hellen.* II, 2, 3.

(2) THUCYD. V, 84, 116. Voy. aussi XÉNOPH. *Hellen.* II, 2, 3 ; DIOD. *Sic.* XII, 5.

(3) XÉNOPH. *Hellen.* II, 2, 9.

(4) *Géogr. Anc. Abrég.* tom. III, p. 208.

(5) THUCYD. IV, 120, 130 ; V, 32.

Τῶν ἐφ' ἡμῖν οὐσῶν.] « Celles qui ne nous résistèrent pas et se mirent sous notre protection. » M. CORAY donne ὑφ' ἡμῖν, comme plus haut, §. 2. Voy. la not. p. 75.

Πῶς οὐ δίκαιόν ἐστι.] Voy. sur cette tournure, p. 65, not. 2.

Πλεῖστον χρόνον τὴν ἀρχὴν κατασχ.] « Les Spartiates ont à peine été dix ans à la tête des affaires de la Grèce : nous, pendant *soixante-cinq années consécutives*, nous avons su conserver l'empire, » dit ISOCRATE dans le *Panathénaïque* (1). D'après ce passage il paroîtroit que notre auteur feroit durer la primauté des Athéniens depuis la défaite de Xerxès, en 480 avant J.-C., jusque vers le milieu de la guerre du Péloponnèse, qui commença en 431, c'est-à-dire, quarante-neuf ans après. Il différeroit en cela de THUCYDIDE (2), qui ne donne que cinquante années de durée à l'accroissement et à la prépondérance de la puissance d'Athènes, en la renfermant dans les époques citées plus haut. Les autres panégyristes d'Athènes, tels que LYCURGUE (3), LYSIAS (4), ARISTIDE (5), s'accordent plus ou moins avec ISOCRATE, selon sans doute le plus ou moins de durée qu'ils ont donnée à la prééminence des Athéniens.

§. XXX.

Τυγχάνουσι πράξαντες.] Voy. pag. 65, not. 1.

Ἐποιοῦμεν.] M. CORAY donne ἐνεποιοῦμεν d'après WOLF, et cite ταραχὰς ἐμποιοῦντες d'ISOCR. *ad Philip.* §. 45, p. 100. J'ai cru devoir suivre la leçon ἐποιοῦμεν, qui est celle des édit. antérieures à celle de WOLF et des Mss., parce que le simple se trouve assez souvent employé pour le composé, comme nous en avons vu des exemples §. 2, 12. — Ce passage est une satire détournée de la politique perfide des Lacédémoniens, peuple dissimulé et jaloux. La duplicité de leur caractère

(1) P. 243, §. 19.
(2) I, 118.
(3) *In Leocr.* c. 17.
(4) *In Epitaph.* p. 57.
(5) *Panath.* tom. I, p. 170.

étoit reconnue même dans l'antiquité. Euripide, dans son *Andromaque* (1), leur reproche amèrement leur fausseté. Aristophane (2) a dit d'eux :

Οἷσιν οὔτε βωμὸς, οὔτε πίστις, οὔθ' ὅρκος μένει.

« Ils ne respectent ni dieu, ni foi, ni serment. »

Hérodote (1) n'en parle pas d'une manière plus favorable : « Ἐπιστάμενοι τὰ Λακεδαιμονίων φρονήματα, ὡς ἄλλα φρονεόντων καὶ ἄλλα λεγόντων· *Connoissant le caractère des Lacédémoniens, qui pensoient d'une manière et parloient d'une autre.* » Voy. les not. de Wesseling et de Valckenaer sur ce passage.

Πολιτείας ὑπεναντίας.] Il s'agit ici des *Décadarchies*, sur lesquelles voyez §. 32, p. 154.

Ἐν ἀλλήλοις.] Sous-ent. πολίταις, contenu implicitement dans πόλεις, qui précède. Voy. l'*Index*.

Ἀλλὰ τ. τ. συμμαχ. ὁμόνοιαν κοινὴν ὀφ.] « Regardant la concorde des alliés comme un avantage qui nous étoit commun. »

Τῷ πλήθει βοηθοῦντες.] Πλῆθος est synonyme ici de δημοκρατία, *démocratie*, ou gouvernement populaire; ce mot se prend souvent dans cette acception chez les orateurs (4). Il se trouve opposé à δυναστεία, *aristocratie*, dont Isocrate nous donne l'explication quelques lignes plus bas dans le mot ὀλιγαρχίαι. Voy. §. 35, p. 166, not. 4.

Τοὺς δὲ μετοικεῖν.] « Et les autres vivre comme des étrangers dans l'état. » Μετοικεῖν signifie ici être dans la classe et la condition de Μέτοικοι, ou *Métœquès*, c'est-à-dire, proprement, *ceux qui ont transporté leur domicile ailleurs*, qui ont quitté leur patrie pour s'établir dans un autre pays. On appeloit ainsi à Athènes des étrangers domiciliés, et qui jouissoient de tous les droits de citoyens, excepté qu'ils ne pouvoient exercer aucune

(1) V. 466, *sq*. edit. Barn.
(2) *Acharn.* v. 307. Kust.
(3) IX, 53.
(4) Voy. Harpocrat. *voc.* πολιτεία.

magistrature, aucune fonction publique. Leurs descendants n'avoient également nulle part au gouvernement de l'état, à moins que des services importants ne les eussent fait admettre au nombre des citoyens. Voy. HARPOCRAT. *voc.* Μετοίκιον. VALCKEN. *ad Ammon.* p. 109. BARTHÉLEMY, *Anach.* ch. VI, p. 111.

Νόμῳ τῆς πολιτείας ἀποστερεῖσθαι.] Construisez : νόμῳ ἀποστερεῖσθαι τῆς πολιτείας, et voyez la not. sur μετοικεῖν.

Ἥνπερ παρ' ἡμῖν αὐτοῖς.] Le gouvernement des Athéniens étoit la pure démocratie, comme Xénophon l'a démontré dans son traité intitulé Ἀθηναίων πολιτεία. MOR.

Δηλῶσαι.] Voy. §. 17, not. 1.

Μετὰ γὰρ ταύτης οἰκοῦντες.] Ici le simple οἰκοῦντες est pour le composé διοικοῦντες, et il faut sous-entendre πόλιν, qui se trouve exprimé plus haut, §. 2, p. 6, l. 1. Voy. aussi p. 75, not. 3, et p. 103, not. 4.

Ἑβδομήκοντα διετελέσαμεν.] Sous-ent. ἔτη. Plusieurs savants ont cru que ces soixante-dix années devoient s'entendre du temps pendant lequel les Athéniens avoient exercé l'empire, parce que le nombre de ces années convient à cette époque. (*Voy.* ci-dessus, p. 146.) Mais cette opinion n'est nullement fondée. Car, d'abord, le temps pendant lequel les Athéniens ont eu la prééminence, a été signalé par des guerres très fréquentes; l'orateur ne pouvoit donc pas dire qu'il s'étoit écoulé dans une paix générale et non interrompue : ensuite, ces mots μετὰ ταύτης du texte se rapportent à πολιτείαν δημοκρατικήν, *le gouvernement démocratique*, dont il est ici question, et non à ἡγεμονίαν, *la primauté*. Si l'on cherche donc à quelle époque il s'est écoulé chez les Athéniens un laps de temps tel que celui que dépeint ISOCRATE, il paraît qu'il faut compter les soixante-dix années depuis la 23e. olympiade, où fut créé le premier archonte annuel, Créon, jusqu'à la 42e. olympiade. De cette manière, non seulement nous trouvons soixante-seize ans, qui sont les soixante-dix D'ISOCRATE énoncés en nombre rond, mais nous avons encore le règne de la pure *démocratie*, qui commence à l'institution des archontes annuels. De plus, pendant cet intervalle de temps, il n'exista aucun tyran, il ne s'éleva aucune sédition, jusques enfin à la 45e. olympiade, où Cylon tente de s'emparer de la citadelle (1); les Athéniens n'eurent à soutenir aucune guerre jusqu'à la 43e. olympiade, où la paix fut rompue avec les Mityléniens; enfin, ils ne combattirent point contre les Barbares, ou, s'il y eut quelque évènement semblable, il fut de très peu d'importance, et presque indifférent dans l'histoire. Aussi le père Corsini, dans ses *Fastes Attiques* (2), ne fait-il mention d'aucune guerre soutenue par les Athéniens pendant cet intervalle de temps, quoiqu'il place l'institution des archontes annuels à la 24e. olympiade, et les troubles occasionnés par Cylon à la 42e. Morus.

Πρὸς σφᾶς αὐτούς.] Il faudroit ici ἡμᾶς αὐτούς, selon la syntaxe ordinaire et comme on le lit dans le §. suivant (p. 33, l. 18) : περιείδομεν ἡμᾶς αὐτούς : mais on trouve assez fréquemment le pronom réfléchi de la troisième personne employé avec la première et la seconde (3). Remarquez aussi que les Attiques se servent quelquefois du pronom réfléchi au lieu du réciproque ἀλλήλους, ce qui a lieu ici. Suidas : « Ἑαυτούς, ἀντὶ ἀλλήλους, οἱ Ἀττικοὶ λέγουσι· *Les Attiques disent* ἑαυτούς *au lieu de* ἀλλήλους. » Hesychius : « Ἑαυτούς· ἀλλήλους. » C'est ainsi que Xénophon d'Ephèse a dit ὀμόσωμεν ἑαυτοῖς (4), pour ὀμόσωμεν ἀλλήλοις.

§. XXXI.

Ὑπὲρ ὧν.] C'est-à-dire, pour les services dont jusqu'ici nous avons présenté le tableau. Mor.

Κληρουχίας.] Ce mot signifie le partage que les anciens faisoient par κλήρους, ou *portions* égales (5), du territoire dont ils s'étoient emparés par la force des armes, ou pour y fonder une colonie, ou pour tout

(1) Hérod. V, 71 ; Thucyd. I, 126.
(2) Tom. III, p. 33 et suiv.
(3) C. f. Perizonius et Kuhnius *ad* Ælian. *Var. Hist.* I, 21, et XII, 1; Reitzius *ad* Lucian. p. 845, tom. II.
(4) I, 11, p. 20, edit. Locella.
(5) Voy. le *Schol.* de Thucyd. *ad* lib. III, c. 50.

autre motif (1). HARPOCRATION, dans son *Lexique*, donne sur ce passage, qu'il cite, l'explication suivante : « Κληροῦχοι οὓς Ἀθηναῖοι ἔπεμπον ἐπὶ τὰς πόλεις, ἃς ἔλαβον, κλήρους ἑκάστοις διανεμοῦντας » c'est-à-dire : « On appeloit Κληροῦχοι ceux que les Athéniens envoyoient pour faire le partage des états dont ils s'étoient emparés. » Cependant ce mot Κληροῦχοι ne se dit point uniquement des magistrats chargés de la répartition, mais il désigne aussi ceux qui avoient obtenu les parts, sens dans lequel ce mot a été pris par THUCYDIDE (2). Telle est sans doute la raison pour laquelle les lexicographes et les scholiastes expliquent souvent Κληροῦχοι par Γεωργοί, *cultivateurs* (3). Ainsi le mot κληρουχίαι peut donc s'entendre ici et de ceux qui faisoient les parts et de ceux qui les recevoient. D'ailleurs, comme l'observe M. MORUS, d'après DIODORE (4), cette manière de traiter les vaincus appela sur les Athéniens un décri général, qui à la fin les força de restituer les terres à leurs légitimes possesseurs (5).

Τὰς ἐρημουμένας τῶν πόλεων.] Voy. ce qui a été dit §. 29 sur Mélos et Scione. THUCYDIDE (6) parle aussi d'un traitement semblable que les Athéniens firent subir aux Lesbiens.

Ἀλλ' οὐ διὰ πλεονεξίαν.] C'est ce que notre auteur exprime plus bas, §. 32, par μὴ τῶν ἀλλοτρίων ἐπιθυμεῖν, *ne point desirer le bien d'autrui*. MOR.

Χώραν πρὸς μὲν τὸ πλῆθος τῶν πολιτῶν ἐλαχίστην.] Il ne s'agit ici que des citoyens proprement dits. Ils étoient au nombre de vingt-un mille lors du dénombrement de la population de l'Attique, fait sous le gouvernement de Démétrius de Phalère, en la 116e. olympiade, 316 ans avant J.-C. Mais en outre on y comptoit alors

---

(1) C. f. DUKER. *ad* THUCYD. *l. l.* PERIZ. *ad* ÆLIAN. V. H. lib. XII, c. 61.

(2) Lib. III, c. 50.

(3) C. f. HESYCH. SUID. v. Κληροῦχος ; *Schol.* ARISTOPH. *ad Nub.* v. 203 ; *Schol.* SOPH. *ad Aj.* v. 508.

(4) XV, 23.

(5) DIOD. *Ibid.* c. 29.

(6) *Ubi supr.*

dix mille Métœques ou habitants n'ayant pas le droit de cité, et quatre cent mille esclaves (1).

Τριήρεις διπλασίας.] Voy. §. 27, p. 143, not. 3.

Ὑποκειμένης δὲ Εὐβοίας ὑπὸ τὴν Ἀττικήν.] « L'Eubée, située dans le voisinage de l'Attique. » Tel est ici le sens de ὑπό, qui souvent sert à marquer une très grande proximité, et devient synonyme de παρά ou ἐγγύς, *propè, juxtà*. Au lieu de ὑπόκεισθαι, dans le cas dont il s'agit, on trouve plus fréquemment ἐπίκεισθαι, comme dans Thucydide (2), qui, en parlant d'une île, dit: ἐπίκειται τῇ Λακωνικῇ. Mor. « On sait que l'Eubée est une grande île, séparée de la Grèce par un bras de mer ou détroit, appelé Euripe. Elle s'étend depuis une partie de l'Attique et le long de la Béotie jusqu'à la Thessalie : c'est ce qui lui fit donner autrefois le nom de *Macris*, qui signifie *longue*. Aujourd'hui on la nomme vulgairement Négrepont. » M. Larcher, *Géogr. d'Hérod.*

Εὐφυῶς εἶχε.] Thucydide (3), en parlant de l'importance dont étoit l'Eubée pour la puissance des Athéniens, dit qu'ils en tiroient plus d'avantages que de l'Attique même. Mor.

Πρὸς τὴν ἄλλην ἀρετήν.] « Relativement aux autres avantages, elle l'emporte sur toutes les îles. » C'est ainsi qu'Hérodote (4) a dit ἀρετὴ Λιβύης, et Thucydide (5) ἀρετὴ γῆς, en parlant de la *fertilité* du sol. En général, les Grecs expriment par ἀρετή toute espèce d'avantage, de supériorité, de qualité naturelle ou acquise. Cicéron a imité les Grecs quand il a dit : *Vir-*

---

(1) Athen. lib. VI, p. 172. C. M. Letronne, dans un savant mémoire, lu à l'Académie des Inscriptions, démontre que ce calcul d'Athénée est exagéré. Je ne présente cette évaluation que comme la seule donnée positive que nous aient laissée les anciens, et je renvoie à l'ouvrage que je viens de citer ceux qui voudroient avoir à cet égard des connoissances plus exactes et plus certaines.

(2) IV, 53, 54.

(3) VIII, 96.

(4) IV, 108.

(5) I, 2.

tutes diei (1). Il est bon de voir sur ἀρετή un fragment de Metopus, dans les *Opera mytholog.*, etc., publiés par Thom. Gale, p. 684 (2). Mor. Isocrate, dans l'*Eloge d'Evagoras*, §. 10, applique ἀρεταί à l'ame et au corps : « Ταῖς τοῦ σώματος καὶ ταῖς τῆς ψυχῆς ἀρεταῖς διήνεγκεν. »

Κρατοῦντες αὐτῆς.] « La possédant, » pour, *desirant de la posséder*, ou, *ayant besoin de nous en rendre maîtres*. Mor. Ce qui suit exige cette interprétation du participe κρατοῦντες. Assez souvent, sur-tout à l'imparfait, l'idée de desir, d'effort, d'essai, de tentative, se trouve renfermée dans le verbe. La raison en est que les Grecs prenoient alors les efforts pour l'effet même qui en étoit la suite (3). C'est ainsi qu'Hérodote (4) a dit ἐμισθοῦτο, *il tâchoit de louer*, et non simplement *il louoit*. Liv. III, ch. 52 : « Περίανδρος τούτοισι αὐτὸν ΚΑΤΕΛΑΜΒΑΝΕ· » c'est-à-dire : « Périandre *tâchoit* ainsi de *le ramener* (son fils). » *Ibid*, c. 139. « Ἐπεθύμησε τῆς χλανίδος, καὶ αὐτὴν προσελθὼν ΩΝΕΕΤΟ· » c'est-à-dire : « Il eut envie du manteau, et, s'étant approché, *il tâchoit d'engager* (Darius) *à le lui vendre*. » Xénophon (5) : « Νέων δὲ καὶ παρ' Ἀριστάρχου ἄλλοι ΕΠΕΙΘΟΝ ἀποτρέπεσθαι· » « Néon et des émissaires d'Aristarque *faisoient leurs efforts pour persuader* (aux soldats) de s'en retourner. » C'est encore ainsi qu'Apollodore (6) a dit en parlant d'Hercule : « Τὰς βόας ἈΦΗΡΟΥΝΤΟ Ἀλεβίων τε καὶ Δέρκυνος· » c'est-à-dire : « Alébion et Dercynus *voulurent s'emparer* de ses bœufs. » On trouvera encore d'autres exemples de cet hellénisme dans une note de Valckenaer sur le v. 1406 des *Phœn. d'*Eurip., p. 473.

Ἡ τῆς ἡμετέρας αὐτῶν.] Littéralement, « *nostræ ipsorum*, que de la nôtre même. » Ἡμετέρας αὐτῶν équivaut

---

(1) *Phil.* XIV, 9.
(2) Ou à la suite de l'édit de Diog. Laer. d'Henry Etienne, p. 455. Voy. aussi Viger, cap. III, sect. III, reg. 3-7, p. 78.
(3) Voy. Th. Gataker. A. M. P. c. XXX.
(4) I, 68.
(5) *Anab.* VII, 3, 3.
(6) *Biblioth.* lib. II, c. 5, §. 10.

ἃ ἡμῶν αὐτῶν (1). Cet emploi du pronom possessif joint au pronom personnel est très familier, sur-tout aux Attiques (2), chez lesquels ces pronoms sont très souvent synonymes, de sorte que le seul possessif suffiroit (3).

Κάλλιστ' εὐδοκιμεῖν.] M. Coray donne μάλιστ' εὐδοκιμεῖν, d'après deux Mss. J'ai préféré la leçon ordinaire, parce que μάλιστα me paroît, ainsi qu'à M. Morus, pouvoir être une interprétation de κάλλιστα εὐδοκιμεῖν, tournure plus rare et leçon plus difficile.

Οὐδὲν-περὶ τοὺς ἔχοντας τὴν νῆσον ἐξαμάρτάνειν] Toutefois il est bon de remarquer que les Athéniens, après avoir soumis l'Eubée à leur domination, et avoir formé un traité d'alliance avec le reste des habitants, s'emparèrent d'une seule ville, Hestiée, dont ils expulsèrent les habitants (4). Ils la conservèrent même lorsque l'île fut soumise aux Lacédémoniens (5). Mor.

Φαινόμεθα.] Voy. p. 120, not. 3.

Τῶν δουλεύειν αἰτίαν ἐχόντων.] « Que ceux qui avoient mérité d'être asservis. » Les habitants de l'Eubée s'étoient, en effet, rendus coupables de défection à l'égard des Athéniens (6). Mor.

Σκιωναίων γῆς-ἣν Πλαταιέων.] Sur Scione, livrée aux Platéens, voy. p. 145, not. 2.

§. XXXII.

Tout ce chapitre est dirigé contre les Lacédémoniens et ceux qui furent de leur parti pendant leur domination, mais principalement contre les décemvirs établis dans les villes de la Grèce, et contre les trente tyrans qui gouvernèrent Athènes. Mor.

Οἱ τῶν δεκαδαρχιῶν κοινωνήσαντες.] « Ceux qui ont pris part aux décemvirats. » Les δεκαδαρχίαι étoient un

(1) *Schol. vet.* Aristoph. *ad Plut.* 33.
(2) Voy. Fisch. *Animadv.* tom. II, p. 234-35.
(3) Th. Magist. *voc.* σφέ.
(4) Thucyd. I, 114; Diod. *Sic.* XII, 22.
(5) Thucyd. VIII, 95.
(6) Voy. Diod. *Sic.* XII, 7.

gouvernement composé de dix magistrats, que les Lacédémoniens avoient coutume d'établir dans les villes soumises à leur domination, pour y détruire le gouvernement démocratique. Car, dit Thucydide (1), le gouvernement oligarchique étoit le seul qui convînt à la politique des Lacédémoniens.—Au lieu de δεκαδαρχία, on trouve fréquemment dans les auteurs δεκαρχία (2). Isocrate retrace encore ailleurs avec force les injustices et les excès commis par ces décemvirs (3). Voy. aussi Corn. Nep. *Vie de Lys.*, §. 1, 2, 3. Plutarq. *in Lysandr.*, c. 13. Diod. Sic., l. XIV, c. 3, 10, 13, et Harpocr. *voc.* δακαδαρχία et δεκαδοῦχος. Mor. Cor.

Γεγενῆσθαι.] M. Coray donne γενέσθαι, et soupçonne qu'il faudroit lire γε γενέσθαι. Sur ces passés, au lieu desquels le futur sembleroit plus conforme au génie de notre langue, voy. plus haut, §. 15, p. 115.

Φάσκοντες λακωνίζειν, τἀναντία δ' ἐκείνοις ἐπιτ.] « Disant qu'ils suivent le parti de Lacédémone; mais, dans leur conduite et leurs mœurs, bien différents des Lacédémoniens. » Ces derniers mots sont un correctif, par lequel l'orateur adoucit la censure qu'il fait de la conduite politique des Lacédémoniens, en même temps qu'il reproche à leurs partisans de n'avoir pas imité leur respect pour les lois et leur amour de la patrie.—Λακωνίζειν, imiter les mœurs et suivre le parti des Lacédémoniens. Sur les verbes d'imitation en ίζειν, si fréquents chez les Grecs, et d'où nous avons pris nos verbes en *iser*, tels que *judaïser*, *franciser*, etc., voy. M. Gail, *Essai sur les désinences*, IIe part. ch. I, reg. 5, et H. Hoogeveen, *ad Vig.*, cap. V, sect. I, reg. 6, not. 73, p. 191.— Ἐκείνοις. Remarquez que ce pronom s'accorde avec Λάκωσι, *Laconibus*, que fait sous-entendre implicitement le verbe λακωνίζειν. Plutarque (4) a dit d'une manière tout-à-fait semblable : « Ἐὰν δὲ βούληται ΛΑΚΩΝΙΖΕΙΝ, αὐτὴν μόνην φθέγξεται τὴν ἀπόφασιν, ὡς ἘΚΕΙ-

(1) I, 19.
(2) Voy. P. Wessel. *ad* Diod. *Sic.* XIV, c. 13.
(3) *Panath.* §. 18, p. 243.
(4) *De garrul.* p. 513. A. Wech.

NOI, Φιλίππου γράψαντος εἰ δέχονται τῇ πόλει αὐτὸν, εἰς χάρτην ΟΥ μέγα γράψαντες, ἀπέστειλαν· » c'est-à-dire : « Mais, s'il veut être laconique, il ne prononcera que la simple négation ; comme les Lacédémoniens, qui écrivirent un grand *non* sur la feuille qu'ils envoyèrent en réponse à Philippe, qui leur avoit écrit pour leur demander s'ils le recevroient dans leur ville. » C'est encore ainsi qu'on lit dans ELIEN (1) : « Νόμος οὗτος ΠΕΡΣΙΚΟΣ, ἐν τοῖς μάλιστα ὑπ' ΑΥΤΩΝ φυλαττόμενος. » Littéralement : *Hæc lex* persica *præcipuè ab* illis *observata*. Ici l'adj. περσικός fait sous-ent. le nom Περσῶν, *Perses*, avec lequel s'accorde le pronom αὐτῶν. Voyez §. 10, 19, 20, *aux notes*.

Τὰς μὲν Μηλίων-συμφοράς.] Voy. p. 145, not. 1.

Ποῖον γὰρ αὐτοὺς ἀδίκημα διέφυγεν ;] « Est-il une injustice dont ils aient omis de se rendre coupables ? » Tel est le sens de ce passage, par lequel ISOCRATE donne à entendre que les décemvirs mettoient dans leurs injustices et leurs violences un calcul et une sorte de recherche, qui les rendoient plus odieuses et plus criminelles encore.

Οἳ τοὺς μὲν ἀνοητοτάτους πιστοτάτους ἐνόμιζον.] « Les hommes les plus stupides et les plus ignorants leur paroissoient les plus sûrs. » Sans doute parce qu'ils pouvoient en attendre une obéissance passive et sans bornes. M. CORAY, d'après des Mss., donne ἀνομωτάτους, c'est-à-dire : « Les hommes les plus ennemis des lois. » Leçon qui présente également un sens fort plausible. Je me suis décidé pour la pluralité des éditions.

Ἡροῦντο δὲ τῶν Εἱλώτων ἐνίοις δουλεύειν.] « Ils ont voulu être les esclaves de quelques Hilotes. » Dans les édit. antérieures à celles de WOLF, on lit ἡγοῦντο, *ducebant*, au lieu de ἡροῦντο, correction de cet éditeur, appuyée de deux Mss. En suivant la leçon ἡγοῦντο, il faudroit sous-entendre δεῖν ou χρῆναι, *oportere*, ellipse un peu forte, comme l'observe WOLF. Du reste, ISOCRATE a employé ailleurs αἱρεῖσθαι dans le sens de θέλειν ou βούλεσθαι, *vouloir*. Voy. l'*El. d'Evag*. §. 9, et sur-tout

(1) *Var. Hist.* I, 31.

le §. 31, où l'on trouve αἱρούμενοι et βουλόμενοι, employés comme synonymes dans la même phrase. — Εἰλώτων. Dans XÉNOPHON (1), un orateur thébain reproche aux Lacédémoniens d'avoir établi des Hilotes *harmostes*, ou gouverneurs, dans les villes soumises. Cet empire, exercé par des esclaves sur des hommes libres, étoit le plus sanglant des outrages. Les Hilotes étoient les descendants des habitants de la ville d'Hélos, dans la Laconie, lesquels, pour n'avoir pas voulu payer le tribut imposé par Agis, furent vaincus et réduits au plus dur esclavage par les Lacédémoniens (2). « On ne doit pas, dit BARTHÉLEMY (3), confondre les Hilotes, comme ont fait quelques auteurs (4), avec les esclaves proprement dits; ils tiennent plutôt le milieu entre les esclaves et les hommes libres (5) ». Ce seroit donc à tort qu'on rendroit ici Εἰλώτων par le mot générique *esclaves*, comme font la plupart des interprètes (6). D'ailleurs, comme il s'agit ici de fonctions publiques entièrement incompatibles avec le caractère d'esclaves, et, par cela même, interdites aux Hilotes tant qu'ils n'avoient point été affranchis, il est assez présumable que les Hilotes, dont parlent XÉNOPHON et ISOCRATE, étoient dans la classe des Νεοδαμώδεις, ou *affranchis* (7) : mais, pour rendre l'outrage encore plus sensible, ils leur conservèrent le nom d'Hilotes, sous lequel les Lacédémoniens désignoient leurs esclaves en général, afin d'humilier le peuple qu'ils avoient asservi, et de s'en isoler encore davantage (8).

Αὐτόχειρας * καὶ * φονέας τῶν πολιτῶν.] « Les meurtriers de leurs concitoyens. » J'ai marqué φονέας d'un astéris-

(1) *Hellen.* lib. III, c. V, §. 12.
(2) STRAB. lib. VIII, p. 561; HARP. v. εἰλωτεύειν; *Schol.* THUCYD. *ad* lib. I, c. 101.
(3) *Anach.* ch. XLI.
(4) Voy. HESYCH. v. Εἵλωτες.
(5) Voy. POLLUC. *Onom.* III, 8, p. 366.
(6) WOLF, etc.
(7) C. f. VALCKEN. *ad* HEROD. p. 696; CRAG. *De Rep. Lac.* l. I, c. 12; GOTTL. SCHNEID. *Ind. græc.* XENOPH. *Hellen. voc.* Νεοδαμ.
(8) Voy. le *Schol.* de THUCYD. *ad* lib. I, c. 101; STRAB. *ubi supr.*

que, comme superflu et n'étant qu'une interprétation de αὐτόχειρ, moins usité ; ce qui est indiqué clairement par Isocrate même, qui a employé ailleurs (1) αὐτόχειρες seul pour φονεῖς. Hesychius interprète ainsi ce mot : « Αὐτόχειρες· οἱ ταῖς ἰδίαις χερσὶ φονεύοντες· » c'est-à-dire, « Αὐτόχειρες signifie ceux qui tuent de leurs propres mains. » Ce mot se dit aussi de ceux qui exécutent eux-mêmes et de leurs propres mains une chose quelconque, ainsi que le prouve encore Isocrate, *ad Philipp.* §. 63, p. 109. Cor. Il paroît qu'avec αὐτόχειρ, dans le sens de meurtrier, il faut sous-entendre φόνου, *meurtre*, exprimé par Démosthène (2), qui a dit αὐτόχειρ φόνου. D'ailleurs, M. Coray (3) soupçonne qu'il faudroit lire ici αὐθέντας, *meurtriers*, et retrancher αὐτόχειρας et φονέας, qui ne paroissent être que deux interprétations d'un mot moins usuel (4), et qui seront ensuite passés de la marge ou de l'interligne dans le texte. La raison sur laquelle M. Coray fonde cette conjecture, est qu'Harpocration (5) dit clairement qu'Isocrate a employé αὐθέντης dans le sens de αὐτόχειρ, ce qui est également rapporté par un autre lexicographe fort ancien (6). Comme αὐθέντης ne se trouve plus aujourd'hui dans aucun des ouvrages d'Isocrate, et qu'il convient parfaitement au passage dont il s'agit, il paroît fort présumable qu'αὐθέντης est l'ancienne et véritable leçon, qui aura disparu sous une glose, dont les deux synonymes αὐτόχειρας et φονέας ont tout le caractère. La docte conjecture de M. Coray me paroît si plausible, que je l'aurois fait passer dans le texte, si je n'eusse cru plus convenable d'imiter la réserve du savant éditeur.

Ὥστε προτοῦ μέν.] J'ai donné προτοῦ, adv. en un seul

---

(1) *Plataïc.* §. 12, p. 302; *Æginet.* §. 9, 389.

(2) *De Cor.* §. 88, edit. Harl. et p. 321 *apud* Reisk.

(3) Παραλειφθ. σημειῶσ. ou *addenda* de son édit. d'Isocrate, p. 330.

(4) Πολιτικόν, comme dit Phrynich. en parlant de ce mot dans son *Appar. Sophist.*

(5) *Voc.* Αὐθέντης.

(6) Cyrille. Voy. les *Annot.* d'Hesych. *voc.* Αὐτοέντης.

mot, au lieu de πρὸ τοῦ, qui se lit dans les autres éditions, d'après Wolf. Cet adv. προτοῦ, pour πρὸ τούτου, est un ionisme qui a été conservé par les Attiques. Voy. Hérod. I, 103, V, 55, et Aristoph. *Plut.* v. 1006.

Τίνος γὰρ οὐκ ἐφίκοντο; ἤ τις οὕτω πόῤῥω τῶν πολ. πραγμ. κ. τ. λ.] Littéralement : « Qui n'a point été en butte à leurs attaques? ou est-il quelqu'un qui se soit tenu assez loin des affaires publiques, pour ne point se trouver malgré lui exposé de près aux calamités dont nous ont accablés ces naturels pervers? » Τίνος. Au lieu d'un nom de personne, tel que ἀνθρώπου, *homme*, ou πολίτου, *citoyen*, M. Coray sous-entend, avec τίνος, un nom neutre, tel que ἀνόμημα ou ἀδίκημα, *délit*, *injustice*, et regarde τίνος οὐκ ἐφίκοντο, comme présentant la même idée que la phrase précédente, Ποῖον αὐτοὺς ἀδίκημα διέφυγε; sens également proposé par Wolf. Je ne l'ai point suivi, parce qu'il me semble qu'Isocrate représente ici les citoyens, ou comme exposés directement aux persécutions des décemvirs, ou comme ne pouvant se soustraire à l'influence générale des malheurs publics.—Οὕτω πόῤῥω. Dans les autres éditions on lit οὕτω τοσοῦτον πόῤῥω. J'ai, d'après M. Coray, retranché τοσοῦτον, synonyme inutile de οὕτω, et variante introduite furtivement dans le texte par quelque copiste ignorant ou inattentif. De plus, Isocrate, employant la même tournure, a dit ailleurs (1) : « Οὕτως ἦν πόῤῥω τούτου. »—Πόῤῥω et ἐγγύς forment ici une antithèse, que j'ai tâché de conserver.

Τὰς μὲν ἑαυτῶν πόλεις οὕτως ἀνόμως διαθέντες.] « Ceux qui ont introduit dans leur patrie un régime si contraire aux lois. » Il s'agit ici des Grecs qui, d'après l'ordre des Lacédémoniens, établirent et maintinrent dans leur patrie la puissance décemvirale, et dont Isocrate a dit plus haut κοινωνήσαντες τῶν δεκαδαρχιῶν.—Ἀνόμως désigne ici le mépris, la violation des lois, introduite par les décemvirs, et se trouve expliqué à la fin du paragraphe par ces mots : αἱ ἀνομίαι ἐπὶ Λακεδαι-

(1) *Panath.* §. 28, p. 247.

μονίων γενόμεναι, et νόμων συγχύσεις. — Sur διαθέντες voy. p. 67, not. 2.

Αὐτοὶ πλείους ἐν τρισὶ μησὶν ἀκρίτους ἀποκτείναντες.] L'orateur veut parler ici de l'époque des trente tyrans, établis à Athènes par les Lacédémoniens, après le combat naval d'AEgos-Potamos (1). Isocrate dit ailleurs (2) qu'ils firent périr plus de quinze cents citoyens, et qu'ils en forcèrent plus de cinq mille à prendre la fuite : dans un autre endroit (3) il assure que les Lacédémoniens, pendant la durée de leur empire, livrèrent au supplice, sans les entendre, plus d'hommes qu'il n'en fut mis en jugement à Athènes depuis sa fondation. Ces assertions, qui pourroient paroître un peu exagérées, sont confirmées en partie par Xénophon, qui dit qu'il s'en falloit peu que les trente tyrans n'eussent, en huit mois, détruit plus d'Athéniens que tous les Péloponnésiens n'en avoient fait périr en dix années de guerre (4).

Ἐπὶ τῆς ἀρχῆς ἁπάσης.] C'est-à-dire pendant les soixante-dix ans qu'Athènes eut la prééminence. (*Voy.* plus haut, §. 29, et p. 148, not. 5.) Cor.

Πλὴν τοσοῦτον εἰπεῖν ἔχω κατὰ πάντων.] « Mais, du moins, je puis dire en général. » Πλήν est synonyme ici de ὅμως, ἀλλά (5), *mais*, *toutefois*, sens que présente encore ce mot dans le *Disc. à Philip.* (*p.* 83, *l.* 21, §. 8.)—Les Grecs emploient souvent τοσοῦτον, adv. pour marquer une restriction, une modification, sur laquelle ils veulent faire insister l'esprit, et alors ce mot est synonyme de μόνον ou τόδε μόνον. C'est ainsi qu'Isocrate dit ailleurs (6) : « Ἀπόχρη μοι ΤΟΣΟΥΤΟΝ· *Il me suffit* seulement, *ou* du moins. » Démosth. (7) : « ΤΟΣΟΥΤΟΝ ὑπειπών· *Ayant* seulement *ajouté*. » Plutarque (8), dans ce sens, a même joint μόνον à τοσοῦ-

(1) Voy. Xénoph. *Hellen.* liv. II, c. 2 et 3.
(2) *Areopag.* §. 27, p. 151.
(3) *Panath.* §. 24, p. 245.
(4) *Hellen.* II, 4, 21.
(5) Hesych. *voc.* πλήν. H. Hoog. p. 527.
(6) *Ad Philipp.* §. 10, p. 84, l. 21.
(7) *De Cor.* p. 245, l. 12. Reisk.
(8) *In Anton.* p. 158, edit. Hutten.

τον. Dans cet auteur, Cléopâtre, sur le tombeau d'Antoine, s'adressant à ses mânes, lui dit qu'ils vont habiter chacun une terre étrangère : « *Mais du moins*, ajoute-t-elle, j'habiterai dans ta patrie : ΤΟΣΟΥΤΟ τῆς σῆς μεταλαβοῦσα χώρας ΜΟΝΟΝ. » Voy. Vig. p. 153. — Κατὰ πάντων, signifie, *en général*, *absolument;* comme dans Xénoph. (1) : « Ταῦτα ΚΑΤΑ ΠΑΝΤΩΝ Περσῶν ἔχομεν λέγειν· *Voilà ce que j'avois à dire* des Perses en général. »

Τὰ μὲν ἐφ' ἡμῶν δεινὰ ῥᾳδίως ἄν τις ἑνὶ ψηφίσματι διέλυσεν.] « Avec un seul décret on auroit pu empêcher les actes de rigueur commis sous notre domination. » Ἂν διέλυσεν. La particule ἄν donne très fréquemment à l'aoriste de l'indicatif le sens de notre conditionnel passé, et du plusque-parfait du subjonctif des Latins. Morus. M. Coray donne διέλυσΕ. J'ai, avec M. Morus, et les anciennes édit., adopté διέλυσΕΝ, comme plus bas, πεπολέμηκΕΝ (p. 42, l. 10), κατεναυμάχησΕΝ (p. 46, l. 34), parce que le ν *éphelcystique* se trouve devant une consonne, non seulement chez les poëtes (2), pour la mesure, mais aussi quelquefois chez les prosateurs attiques, sur-tout à la fin des phrases, pour mieux marquer le repos (3).—Ψηφίσματι. Il s'agit ici du décret rigoureux porté par les Athéniens contre Mitylène, Scione et Mélos (4), dont nous avons parlé §. 29. Isocrate veut dire ici que, si quelqu'un se fût opposé à ce décret, que le peuple porta dans sa fureur, on n'auroit aucun reproche de cruauté à faire aux Athéniens. Wolf.

Ἰάσασθαι.] Sur cet aoriste, employé dans le sens du futur, voy. plus haut, §. 15, p. 115.

§. XXXIII.

Τὴν παροῦσαν εἰρήνην.] Il s'agit ici de ce honteux traité de paix conclu par Antalcidas, au nom de Lacédémone,

---

(1) *Cyrop.* I, 3, 1.
(2) C. f. Tib. Hemsterh. *ad* Aristoph. *Plut.* v. 11.
(3) Voy. M. God. Hermann *De emend. rat. gram. gr. Pars.* I, p. 20.
(4) Voy. Diod. *Sic.* liv. XIII.

avec le roi de Perse Artaxerxès Mnémon (1), pour nuire aux Athéniens, qui, quelques années après, furent enfin contraints de l'accepter (2). D'après les conditions de ce traité (αἱ συνθῆκαι), les colonies grecques de l'Asie Mineure, et quelques îles voisines, furent cédées à la Perse : les autres peuples de la Grèce recouvrèrent leurs lois et leur indépendance (αὐτονομία) (3). On verra plus bas (§. 34, 37 et 47) combien ce traité accrut la puissance du roi de Perse.

Καταποντισταί.] Il appelle *pirates* les Lacédémoniens et les Perses, pour les rendre plus odieux, et signaler leur cruauté dans leurs expéditions maritimes. Mor.

Πελτασταί.] Troupe légère, qui tire son nom du πέλτα, petit bouclier tétragone. Isocrate attache ici une idée défavorable au mot πελτασταί, parce que cette troupe, la première qu'on ait vue en Grèce composée d'étrangers et de stipendiaires (4), étoit en mauvaise réputation. Ce passage, d'ailleurs, peut s'appliquer aux Lacédémoniens, qui, malgré la paix d'Antalcidas, ne continuèrent pas moins d'attaquer et de prendre les villes, comme on le verra plus bas, §. 35. C'est aussi ce qui fait dire ici à Isocrate : « Πλείους πόλεις αἰχμάλωτοι γεγόνασι· *Plus de villes ont été prises qu'avant que nous ne fissions la paix.* » [Et à Justin (5) : « *Lacedæmonii securis insidiantes.* »] Mor. Cor.

Κατιέναι.] Voy. l'*Index*.

Ἁρμοσταί.] Ce mot vient de ἁρμόζω, *ordonner*, et se dit particulièrement des gouverneurs que les Lacédémoniens envoyoient dans les villes soumises à leur domination (6). Les *Harmostes* étoient une magistrature à peu près semblable à celle des proconsuls et des pro-

(1) Xénoph. *Hellen.* IV, 8, 12 et *sq.* Diod. *Sic.* XIV, 110.

(2) Xénoph. *Hellen.* V, 1, 29-35.

(3) Xénoph. *Ibid.* 31; Justin, VI, 6.

(4) Πελταστὴς μισθοφόρος « le peltaste mercenaire », dit Max. de Tyr, Disser. XV, p. 154, edit. Dav. Voy. aussi Henri de Valois *ad* Harpocrat. p. 322 *sq.*

(5) Lib. VI, c. 6.

(6) Suid. Harpocrat. *voc.* Ἁρμοσταί, et *ibid. interpret.* C. f. P. Wessel. *ad* Diod. XIII, 66.

préteurs chez les Romains. Leur but étoit de former les *décadarchies* ou décemvirats (1), dont nous avons parlé dans le paragraphe précédent. Ils avoient le commandement d'une armée dans leur province, et leur magistrature étoit annuelle (2). DÉMOSTHÈNE (3), parlant de l'époque dont il est ici question, a dit : « Λακεδαιμόνιοι τὰ κύκλῳ τῆς Ἀττικῆς κατεῖχον ἁρμοσταῖς. » C'est-à-dire : « Les Lacédémoniens avoient investi l'Attique de leurs Harmostes. »

Μεῖζον ἢ προςῆκον.] M. CORAY donne προςῆκεν, d'après une correction de WOLF, et parce qu'ISOCR. a dit ailleurs (4) : « Χεῖρον... ἢ προςῆκεν. » Mais on peut ne voir ici qu'une variété de style, qui ne nécessite point une correction.

Οὕτω διέθεμεν.] « Nous les avons réduits au point de, etc. » Il paroît que tout ce passage doit s'entendre des victoires remportées par Cimon sur les Perses, près du fleuve Eurymédon, dans la Pamphylie (5). MOR.

Διακοσίαις καὶ χιλίαις ναυσί.] Ces douze cents vaisseaux sont ceux de l'expédition de Xerxès, dont il est parlé au §. 26, p. 138, not. 5.

Μακρὸν πλοῖον ἐντὸς Φασήλιδος μὴ καθέλκειν.] Par suite de la victoire remportée par les Athéniens sous le commandement de Cimon, près de l'île de Cypre, le roi Artaxerxès Macrochir, ou Longuemain, fut contraint de faire avec les Athéniens une paix honteuse, d'après laquelle il ne lui étoit pas permis de faire passer un vaisseau de guerre en-deçà de la ville de Phasélis, au midi, et en-deçà des îles Cyanées, au nord (6), condition qui lui fermoit l'entrée des mers de la Grèce : de plus, on stipula que ses troupes de terre ne dépasseroient pas le fleuve Halys, et qu'il reconnoîtroit l'indé-

(1) Voy. PLUT. *in Lysandro.*
(2) XENOPH. *Hellen.* III, II, 6.
(3) *De Cor.* c. 28, p. 258. REISK.
(4) *De Pace*, §. 30, p. 176, l. antépénult.
(5) THUCYD. I, 100; DIOD. *Sic.* II, 60, 61.
(6) Voy. ISOCR. *Panath.* §. 20, p. 244; *Aréop.* §. 37, p. 154; LYCURG. *in Leocr.* c. 17; ARISTID. *Panath.* p. 153 et 169.
(7) ISOCR. *l. l.*

pendance des villes grecques de l'Ionie (1). — Μακρὸν πλοῖον, un *vaisseau long*, désigne un vaisseau de guerre, par opposition aux vaisseaux marchands ou de charge, qui étoient *ronds*, στρογγύλα (2). Les Latins disoient de même *navis longa*, qu'ils distinguoient de *navis oneraria*. Cic. (3) : « *Navique longâ profugerunt, onerariis relictis.* » — Ἐντὸς Φασήλιδος. Ici ἐντός signifie *en-deçà*, *cis*, *citra*, respectivement au lieu où l'on est; comme dans Thucydide (4) : « Ἐντὸς τοῦ Ἴστρου ποταμοῦ, *en-deçà de l'Ister.* » — Φασήλιδος, Phasélis, ville indépendante et maritime de Lycie, sur les frontières de la Pamphylie : aujourd'hui *Fionda* ou *Fionta* (5).

Ἡσυχίαν ἄγειν.] « Rester en repos, dans l'inaction. » C'est ce qu'Isocrate exprime ailleurs (6) par « Οἱ βάρβαροι ἀπεῖχόν τοῦ πολυπραγμονεῖν περὶ τῶν ἑλληνικῶν πραγμάτων· » c'est-à-dire : « Les barbares cessèrent de s'occuper des affaires de la Grèce. »

Μετὰ γὰρ τὴν ἐν Ἑλλησπόντῳ γενομένην ἀτυχίαν.] Ce malheur est la défaite des Athéniens dans le combat naval d'AEgos-Potamos, où leur flotte fut entièrement détruite par Lysander. Cette victoire, suivie de la prise d'Athènes, fit passer aux Lacédémoniens l'empire de la Grèce (7).

Κύθηρα κατὰ κράτος εἷλον.] Il s'agit ici de la prise de l'île de Cythère par la flotte du satrape Pharnabaze, qui, secondé de Conon (8), vint ravager les côtes de la Laconie, lorsque la ligue de Corinthe eut forcé Agésilas de se retirer de l'Asie. (*Voy.* les not. du §. 39.) — Cythère est une île située près des côtes de la Laconie, au sud

---

(1) Diodor. XII, 74.

(2) C. f. Ulpien *ad* Demosth. *Orat. contra Leptin.* p. 599. E. *Schol.* Thucyd. *ad* lib. II, c. 97, tom. V, p. 400, l. 31, edit. Bipont.

(3) *Epist. ad fam.* XII, 15. Voy. aussi César de *Bell. Gall.* l. IV, 25.

(4) Lib. II, c. 96.

(5) Voy. M. Larcher, *Géogr. d'Hérod.* p. 442.

(6) *Areop.* p. 154, §. 37.

(7) Voy. Xénoph. *Hellen.* II, 1; Diod. *Sic.* XIII, 106; Corn. *in Lysandro.*

(8) Xenoph. *Hellen.* lib. IV, c. 8, §. 8, et *ibi* Schneider.

du promontoire Malé ; elle appartenoit aux Argiens. C'est aujourd'hui Cérigo (1).

Ναυμαχοῦντες.] Comme Artaxerxès Mnémon, près de Cnide. Voy. §. 39. Mor.

§. XXXIV.

Συνθήκας, τὰς ἐφ' ἡμῶν γενομένας.] Voy. p. 162, not. 4, §. 33.

Καὶ τὰς νῦν ἀναγεγραμμένας.] Voy. la not. 1 du §. 33.

Φανησόμεθα τὴν ἀρχὴν τὴν βασιλέως ὁρίζοντες.] Sur ce fait voy. la not. 4, p. 162 ; et sur φανησόμεθα, voy. p. 120, not. 3. — Remarquez aussi que les Grecs ne mettent pas toujours l'article devant les mots qu'ils emploient dans un sens spécial, κατ' ἐξοχήν, comme disent les grammairiens. Ici, par exemple, βασιλέως, désignant le roi d'Asie, *le grand roi*, contre l'usage, n'est pas précédé de l'article. C'est ainsi qu'Isocrate l'a encore employé dans son *Nicocles* (§. 9, p. 30, l. 10, *ed. Cor.*), qu'on le trouvera plus bas, p. 41, l. 6, p. 42, l. 8, 25, 30, *pass.*, et dans beaucoup d'autres auteurs (2). De même, Démosthène, appelant Philippe *l'homme*, par mépris, ne met point l'article : « Ἐπὶ τὴν Ἀττικὴν ἐπορεύετ' ἄνθρωπος (2) ; » et ailleurs : « Ἡμῶν τὰ χωρία προείληφεν ἄνθρωπος (3). »

Ἐπιστάθμους.] Les Grecs appeloient ainsi les *satrapes* du roi de Perse, selon Harpocration et Suidas.

Τὴν εἰρήνην ἐπρυτάνευσε, καὶ τῶν παρόντων πραγμάτων ἐπιστάτης καθέστηκεν.] Littér. « Il administre la paix et préside aux affaires actuelles ; » c'est-à-dire : « Il est l'arbitre de la paix ou de la guerre, et décide aujourd'hui à son gré des affaires de la Grèce. » Il y a dans ces mots ἐπρυτάνευσε et ἐπιστάτης une métaphore heureuse, qu'il n'est guère possible de faire passer dans notre langue, parce qu'elle est empruntée du gouver-

(1) M. Larch. *Géogr. d'Hérod.*

(2) Xenoph. *Mem.* IV, 2, 35 ; *Hell.* V, 2, 35, et *passim* ; *Dem. De lib. Rhod.* p. 81, l. 5 ; *Ælian.* V. H. I, 22.

(3) *De Cor.* segm. 45. Les passages cités prouvent qu'un célèbre critique, Markland, a eu tort de vouloir corriger le texte, en mettant ici ὁ ἄνθρωπος.

(4) *Olynth.* III, 5.

nement des Athéniens. On sait qu'il y avoit à Athènes cinquante *prytanes* (πρυτάνεις) chargés d'exécuter (πρυτανεύειν) les décrets du sénat (ἡ βουλή), et dont le président se nommoit *epistates* (ἐπιστάτης). C'est à ces diverses magistratures et à leurs dénominations qu'Isocrate fait ici allusion. Du reste le tableau qu'il présente de la puissance du roi de Perse et de l'humiliation de la Grèce, paroît conforme à la vérité historique. D'après la paix d'Antalcidas, Artaxerxès pouvoit, de sa pleine autorité, déclarer la guerre à ceux qui ne se conformeroient pas au traité (2), et statuer sur les droits, non seulement des Grecs asiatiques, livrés à sa domination, mais encore sur ceux des Grecs d'Europe (3). Cor. Mor.

Οὐ βασιλέα τὸν μέγαν.] Sur cette dénomination du roi de Perse, on peut consulter les annotateurs de Vigier, p. 83 et 84.

Τὴν ἀρχὴν εἰς τὸν πόλεμον κατέστησαν.] Voy. l'*Index* à καθίστημι.—L'orateur veut parler ici de la guerre du Péloponnèse, que les Lacédémoniens avoient entreprise sous le motif apparent de délivrer les villes grecques de la domination oppressive d'Athènes, mais, dans le fait, pour détruire et humilier la puissance de cette république, qui leur portoit ombrage (4).

Ὡς ἐκεῖνον.] Voy. la not. 2 du §. 7, p. 91.

Τοὺς Ἴωνας ἀπέστησαν.] « Ils ont détaché les Ioniens de notre ville ; » c'est-à-dire, en les faisant, d'après le traité d'Antalcidas, passer sous la domination du roi de Perse. Voy. la not. 1 du §. 38. Remarquez qu'ἀπέστησαν est à l'aor. 1, qui a le sens actif, et non à l'aor. 2 qui a le sens réfléchi. Ainsi, ἀπέστησαν τοὺς Ἴωνας, signifie, *ils ont été cause de la défection des Ioniens ;* et οἱ Ἴωνες ἀπέστησαν, *les Ioniens se sont séparés.*

Οἷς οὐκ ἐξαρκεῖ δασμολογεῖσθαι.] « Eux, auxquels ce n'est point assez de faire payer des tributs. » Les Lacé-

(1) C. f. Harpocrat. *voc.* Ἐπιστάτης, Πρυτανεύοντα, et Πρυτάνεις.

(2) Diod. *Sic.* XIV, 110.

(3) Aristid. *Panath.* tom. I, p. 169.

(4) Voy. Thucyd. liv. I, c. 86-88.

démoniens, à ce qu'il paroît par le §. 36, imposèrent des tributs aux Grecs asiatiques.

§. XXXV.

Τοὺς συμμάχους γενομένους οὕτω δεινὰ πάσχοντας.] Littér. « Les alliés *devenus souffrant* des traitements si cruels, » c'est-à-dire, « *réduits à souffrir*, etc. » On voit que les Grecs, fort amateurs des participes, en réunissent quelquefois deux qui se rapportent l'un à l'autre.

Τὸν δὲ βάρβαρον τῇ τῶν Ἑλλήνων ῥώμῃ.] Par τὸν βάρβαρον il faut entendre ici le roi de Perse, que désigne ainsi HÉRODOTE, l. VII, c. 132, et par τῇ τῶν Ἑλλήνων ῥώμῃ, les forces qu'il tiroit de l'Ionie, comme on l'a vu plus haut.

Καὶ πρότερον μὲν τοὺς τυράννους ἐξέβαλλον.] Il rappelle ici les secours que les Lacédémoniens prêtèrent aux Athéniens, lorsque ceux-ci expulsèrent Hippias, fils de Pisistrate (1). MOR.

Τῷ δὲ πλήθει.] Ce mot πλῆθος, *multitude*, comme nous l'avons déjà remarqué (§. 30, p. 147, *not.* 4), désigne particulièrement chez les orateurs le gouvernement populaire, τὴν δημοκρατίαν; acception dans laquelle se prend également πολιτεία, qu'on voit ici, quelques mots plus bas, opposé à μοναρχία, *monarchie* (2). C'est ainsi que DÉMOSTHÈNE (3) a dit : « Οἱ τὰς πολιτείας καταλύοντες, καὶ μεθιστάντες εἰς ὀλιγαρχίαν, κοινοὶ ἐχθροὶ πάντων τῶν ἐλευθερίαν ἐπιθυμούντων· » c'est-à-dire : « Ceux qui, détruisant les gouvernements populaires, les transforment en oligarchie, sont les ennemis communs de tous les hommes qui respirent pour la liberté. » MOR.

Ταῖς μὲν πολιτείαις.] Voy. la note précédente.

Τὴν δὲ Μαντινέων πόλιν.] Les Lacédémoniens, après la paix d'Antalcidas, assiégèrent Mantinée, ville d'Ar-

(1) HEROD. V, 62-65; THUCYD. VI, 59 *sq.*; XENOPH. VI, c. 5, §. 33.

(2) C. f. HARPOCRAT. *voc.* Πολιτεία; H. STEPH. *Diatrib.* V, *in* ISOCR. p. 16.

(3) *De Rhod. libert.* tom. I, p. 196, REISK.

cadie; et, comme le siége traînoit en longueur, ils dirigèrent vers les murs de brique, dont elle étoit entourée, le fleuve qui la traversoit : les murs s'écroulèrent, et la ville fut prise. Les Lacédémoniens la détruisirent presque entièrement, et dispersèrent les habitants dans les quatre bourgades qu'ils occupoient autrefois, pour les punir, disoient-ils, d'avoir mis peu de bonne foi dans leur alliance, et d'avoir fourni des vivres aux Argiens, en guerre avec Lacédémone (1).

Τὴν δὲ Θηβαίων Καδμείαν κατέλαβον.] Il s'agit ici du Lacédémonien Phébidas, qui, conduisant une armée à Olynthe, et passant par Thèbes, s'empara de la citadelle par ruse et à l'instigation de quelques Thébains factieux, qui, pour nuire à leurs adversaires, favorisoient Lacédémone. On punit Phébidas, mais on ne rendit pas la citadelle, qui fut ensuite reprise par Pélopidas (2).—Sur Καδμείαν, voyez §. 15, p. 112, not. 2. —Au lieu de τὴν δὲ, quelques édit. donnent ici καὶ τήν.

Καὶ νῦν Ὀλυνθίοις] Les habitants d'Olynthe, ville de la Chalcidique, sur les frontières de la Thrace et de la Macédoine, étoient parvenus à un haut degré de puissance, et cherchoient à former, avec les villes les plus considérables, une association, dont ils auroient été les chefs. Ils dirigeoient sur-tout leurs efforts contre Amyntas, roi de Macédoine, dont ils avoient détaché plusieurs villes. Déjà même ils s'étoient emparés de Pella, capitale de ce royaume, de Potidée, dans la presqu'île de Pallène, et ils négocioient une alliance avec Athènes et Thèbes, lorsque les Lacédémoniens, inquiets de l'établissement de cette nouvelle puissance, qui s'élevoit si rapidement, et sollicités, d'ailleurs, par les villes d'Acanthe et d'Apollonie, rivales d'Olynthe, déclarèrent la guerre aux Olynthiens. Après un siége, soutenu près de deux ans avec la plus grande opiniâtreté, et des succès balancés de part et d'autre, les

(1) Voy. Xénoph. *Hellen.* V, c. 2, §. 1 et suiv.; Harpocrat. au mot Μαντινέων διοικισμός.
(2) Voy. Xénoph. *Hellen.* liv. V, c. 2, §. 17 et *sq.*; Corn. *in Pelop.* Diod. *Sic.* liv. XV, 20.

Olynthiens, réduits par la famine, demandèrent la paix aux Lacédémoniens, avec lesquels ils formèrent une alliance offensive et défensive (1).

Φλιασίοις.] Pendant qu'Agésipolis, roi de Lacédémone, étoit occupé de la guerre d'Olynthe, les habitants de Phlionte, ville du Péloponnèse, sur les frontières de la Sicyonie (2), et alors alliée de Lacédémone, profitèrent de l'absence de ce prince pour maltraiter quelques bannis. Ceux-ci se rendirent à Sparte, dont ils implorèrent le secours. Sur leurs plaintes, qui parurent justes, on ordonna une levée, et Agésilas, second roi, marcha contre Phlionte. A son approche, de nombreux envoyés vinrent lui faire les propositions les plus avantageuses, afin qu'il n'entrât pas sur leur territoire. Agésilas exigea, pour gage de leur soumission et de leur fidélité, la remise de la citadelle : sur le refus des Phliontins, il investit leur ville, qui, après un siége de vingt mois, fut enfin forcée de se rendre à discrétion. Agésilas y établit un conseil, composé de cinquante bannis et de cinquante citoyens, chargés de statuer sur l'existence des habitants, et d'établir une nouvelle forme de gouvernement. Pour lui, il laissa une garnison dans la ville (3).

Ἀμύντᾳ.] Voy. la not. 2, p. 167. Cet Amyntas est le père de Philippe.

Διονυσίῳ τῷ Σικελίας τυράννῳ.] Il veut parler ici d'Aristus, député par Lacédémone auprès de Denys l'ancien, sous prétexte de défendre la liberté des Grecs en Sicile, mais, dans le fait, pour la détruire. En général, les Lacédémoniens secondèrent et fortifièrent, autant qu'il fut en eux, la tyrannie de Denys, dans lequel ils voyoient un puissant auxiliaire pour accroître eux-mêmes leur puissance (4). Mor.

---

(1) Voy. Xénoph. *Hellen.* l. V, c. 2, §. 27, c. 3, §. 1, 18-26; Diod. *Sic.* XV, 19 et suiv.

(2) Strab. lib. VIII, p. 586. C.

(3) Voy. Xénoph, *Hellen.* liv. V, c. 2, §. 8; c. 3, §. 10-25; Diod. *Sic.* XV, 19.

(4) Voy. Diod. *Sic.* XIV, 10, 44; XV, 25; Xénoph. *Hellen.* VI, c. 2, §. 4 et 38.

Ἀναγκάζειν δουλεύειν, ἢ ταῖς μεγίσταις συμφοραῖς περιβάλλειν.] « Les réduire à l'esclavage, sinon, les environner de malheurs extrêmes. » La particule disjonctive ἤ, quand elle est, comme ici, précédée d'une proposition affirmative, peut quelquefois s'expliquer par εἰ δὲ μή, *sinon*. — Περιβάλλειν, *envelopper*, présente ici une métaphore empruntée du filet. Cor.

Ὃ δὲ πάντων δεινότατον, ὅταν τις ἴδῃ, κ. τ. λ.] Cette locution, familière aux Attiques, est elliptique, et peut se suppléer de diverses manières : devant ὅταν (pour ὅτε ἄν) il faut sous-entendre τότε συμβαίνει, ou quelques mots semblables, qui lui servent de corrélatif : ici, par exemple, la phrase sans ellipse seroit : Τοῦτο δὲ, ὃ πάντων ἐστὶ δεινότατον, τότε συμβαίνει, ὅταν τις ἴδῃ, κ. τ. λ. (1). Devant la conjonction εἰ, il faut sous-entendre τοῦτο ἂν εἴη, ou quelque chose d'équivalent, avec le verbe à l'optatif (2) : devant ὅτι et γάρ, dans le sens de ὅτι, sous-entendez τοῦτό ἐστι (3). Cor.

§. XXXVI.

Προειπὼν, ὡς περὶ διαλλαγῶν ποιήσομαι τοὺς λόγους.] Voy. le §. I au commencement.

Ἵνα αὐτοὺς ἐκείνους παύσω - τοιαύτην γνώμην ἔχοντας.] Littér. « Afin que je les fisse cesser d'avoir un tel sentiment; » c'est-à-dire, « pour détruire chez eux de tels sentiments. » Cette construction de παύειν ou παύεσθαι, suivi d'un participe en régime, offre le même sens que celle dans laquelle ce verbe se trouve construit avec le nom de la personne à l'accusatif et celui de la chose au génitif. Ainsi, par exemple, παύειν ὑβρίζοντα est synonyme de παύειν τινὰ τῆς ὕβρεως, qui se trouve au §. 15, p. 18, l. 14. Voy. Bud. *Comment. L. Gr.* p. 218.

Χρὴ δὲ κατηγορεῖν τοὺς λοιδοροῦντας.] Voy. l'*Index*.

---

(1) Pour des tournures semblables voy. Isocr. *Plat.* §. 19, p. 306; *De Permut.* §. 10, p. 314-315.
(2) Voy. Isocr. *Plataïc.* §. 18, p. 305.
(3) Voy. Isocr. *Contra Soph.* §. 3, p. 292; *Trapezit.* §. 8, p. 361.

Τοιαῦτα πράττοντας.] Equivaut à ἐῤῥωμένως ἐπιτιμῶντας et λοιδοροῦντας, qui précèdent.

Ἐπεὶ καὶ τοῦτ' ἔχομεν αὐτοῖς ἐπιτιμᾷν.] « *D'ailleurs*, nous avons aussi à leur reprocher, etc. » Ἐπεί présente quelquefois le sens de *alioquin, cæteroquin*, des Latins, et sert, comme ici, à marquer une transition à une nouvelle considération ajoutée à la première. C'est ainsi que Sophocle fait dire à Electre, qui reproche à sa sœur sa lâcheté :

> Οὐ ταῦτα πρὸς κακοῖσι δειλίαν ἔχει;
> ἘΠΕΙ δίδαξον, ἢ μάθ' ἐξ ἐμοῦ, τί μοι
> Κέρδος γένοιτ' ἂν τῶνδε ληξάσῃ γόων (1).

Ce que le célèbre Brunck traduit ainsi : *Nonne sic, præter alia mala, timiditatis etiam in crimen incurris?* Alioquin *doce me, vel ipsa disce ex me, quid lucri facturà sim, si horum luctuum desinam.*

Τῇ μὲν αὐτῶν πόλει - εἱλωτεύειν - ἐξ ὧν περιοίκους.] « Ils contraignent les peuples voisins de leur ville de servir comme des Hilotes, mais ils ne ménagent à la confédération des alliés aucun de ces moyens par lesquels nous pourrions, après nous être réconciliés, réduire tous les Barbares à la condition de sujets de la Grèce. » Ces mots εἱλωτεύειν et Περίοικοι contiennent une allusion à deux classes d'hommes à Lacédémone, les *Hilotes*, Εἵλωτες, et les *Périœces*, Περίοικοι. Nous avons parlé des premiers au §. 32, p. 156. Sous la dénomination de Περίοικοι, *circonvoisins*, les Spartiates comprenoient tous les habitants de la Laconie, qui, quoique de condition libre, étoient cependant soumis à la domination de Sparte, en relevoient en quelque sorte, et ne jouissoient pas du droit de cité (2). Isocrate met ici ces deux mots εἱλωτεύειν et Περίοικοι en opposition : il reproche aux Lacédémoniens d'abuser du pouvoir au point de réduire des hommes libres, leurs voisins, ὁμόρους, à la condition servile d'Hilotes, tandis qu'ils

(1) *Electr.* v. 336, edit. Bothe, et 354, H. Steph.

(2) Voy. Valcken. *ad* Herod. IX, 11, p. 696; et M. Gott. Schneider, *Index Xenoph. Hellen.* v. Περίοικοι.

négligent les moyens de réduire, à l'égard de la Grèce, les Perses, des Barbares, βαρβάρους, même à l'état de leurs Περίοικοι, qui est véritablement celui de sujets. Cette considération m'éloigne de partager le sentiment d'un célèbre critique, M. Coray, qui regarde ici Περίοικοι comme synonyme de δοῦλοι, *esclaves*, et même de Εἵλωτες, Hilotes, interprétation conforme à celle de Wolf, qui traduit Περίοικοι par *servi*. Il paroît, en effet, peu présumable qu'Isocrate ait conseillé aux Grecs de pousser leurs prétentions jusqu'à vouloir asservir les Perses comme des Hilotes : il leur suffisoit de les rendre sujets de la Grèce, comme les Περίοικοι l'étoient de Sparte. — Οὐδὲν τοιοῦτον - ἐξ ὧν. Le pluriel ὧν ne se rapportant pas régulièrement à son antécédent singulier οὐδὲν τοιοῦτον, quelques critiques ont pensé qu'il falloit lire ἐξ οὗ (1), ou bien ἐξόν au participe (2), en retranchant ἔσται. Ces corrections sont inutiles, parce que notre orateur se plaît à employer ἐξ ὧν et δι' ὧν adverbialement, en les faisant rapporter, non seulement à des pluriels, mais encore à des singuliers, comme on le verra clairement un peu plus bas, §. 37, p. 173, not. 3. Cor.

Καίτοι χρὴ τοὺς φύσει, κ. τ. λ.] La même pensée se retrouve dans le *Panathénaïque*, §. 11.

Τοὺς νησιώτας δασμολογεῖν.] Il désigne ici particulièrement les Grecs insulaires de l'Asie. Voyez la note dern. du §. 34, p. 165. Mor.

Οὓς ἄξιόν ἐστιν ἐλεεῖν, ὁρῶντας τοὺς μέν.] Le relatif οὓς se rapporte à τοὺς μέγα φρονοῦντας, c'est-à-dire aux Lacédémoniens, qui, au lieu de s'enorgueillir des dons de la fortune, devroient plutôt éprouver un sentiment de commisération, en voyant les Grecs asiatiques, etc.

Τοὺς δὲ ἠπειρώτας.] Οἱ ἠπειρῶται, *les habitants du continent*, désigne particulièrement chez Isocrate les Perses, et, à l'exception des insulaires, tous les habitants de l'Asie mineure, soumis au roi de Perse, de même que ἡ ἤπειρος, *le continent*, se prend pour l'Asie,

(1) M. Morus, d'après Devar. *De Particul.* p. 92, edit. 1657

(2) Lange.

ainsi que le remarque HARPOCRATION (1) : « Ἤπειρον σύνηθές ἐστι τῷ Ἰσοκράτει τὴν ὑπὸ τῷ βασιλεῖ τῶν Περσῶν γῆν οὕτω καλεῖν. » Nous en aurons des exemples plus bas, §. 42, où τοῖς ἠπειρώταις est synonyme de ταῖς Πέρσαις, §. 51, où τὸν πόλεμον πρὸς τοὺς ἠπειρώτας ποιεῖσθαι, signifie, *faire la guerre aux Perses* : §. 43, Αἱ νῆσοι αἱ περὶ τὴν ἤπειρον, désigne les *îles de l'Asie mineure* (2). Cette acception se trouve aussi dans d'autres auteurs : c'est ainsi que XÉNOPHON (3) a dit : Αἱ ἐν τῇ ἠπείρῳ Ἑλληνίδες πόλεις, *les villes grecques de l'Asie*. L'auteur de l'*Oraison Funèbre* attribuée à DÉMOSTHÈNE (4) : Τὸν ἐξ ἁπάσης τῆς ἠπείρου στόλον, *la flotte assemblée de toutes les parties de l'Asie*. ARISTIDE (5) : Οἱ ἐν τῇ ἠπείρῳ, *les Ioniens de l'Asie*. MORUS. Ἤπειρος se rencontre pour la première fois avec ce sens dans HÉRODOTE (6) : « Ἐόντων αὐτονόμων πάντων ἀνὰ τὴν ἤπειρον, ὧδε αὖτις ἐς τυραννίδας περιῆλθον· *Tous les peuples de l'Asie se gouvernoient par leurs propres lois : voici comment ils retombèrent sous la tyrannie.* »

Τὴν μὲν πλείστην αὐτῆς ἀργὸν περιορῶντας.] « La plus grande partie du territoire, etc. » Sur cette locution, tout-à-fait particulière à la langue grecque, voy. la Gramm. de M. BURNOUF, §. 298. C'est ainsi qu'HÉRODOTE (7) a dit : « Ἥτε δὴ πολλὴ στρατιὴς αὐτοῦ ταύτῃ διεφθάρη· *Une grande partie de son armée y périt.* » — Après ἀργόν, sous-entendez aussi οὖσαν, *étant*.

Ἐξ ἧς δὲ καρποῦνται.] Est une tournure elliptique pour : ἐκ ταύτης, ἣν καρποῦνται.

§. XXXVII.

Ἂν αὐτοὺς καταγνῶναι.] Sur le sens de ἄν en cet endroit, *voy.* p. 64, not. 5.

---

(1) *Voc.* Ἤπειρον.
(2) Voy. encore ISOCR. *Orat. ad Philipp.* p. 103, §. 50; *Evag.* p. 202, §. 25.
(3) *Hellen.* lib. III, c. 1, §. 5.
(4) *In oper. Demosth.* p. 1392.
(5) *Panath.* p. 121, l. 1.
(6) Lib. I, §. 96.
(7) Lib. I, 214.

Καὶ τῷ μέν.] « Au roi de Perse. »

Προὐργιαίτερον.] Voy. §. III, p. 78, not. 2, et l'*Index*.

Σκοπεῖν ἐξ ὧν οὐδέποτε παυσόμεθα.] Cette locution elliptique est pour : σκοπεῖν ταῦτα, οὐ τὰ τοιαῦτα, ἐξ ὧν (1), ellipse qui fait prendre ἐξ ὧν adverbialement, dans le sens de ὁπόθεν ou ὅπως, de même que δι' ὧν. Cette tournure est familière à notre orateur, qui l'emploie tantôt avec, tantôt sans ellipse. C'est ainsi qu'il dit dans l'*Aréopagitique* (2) : « Οὐ ΤΟΥΤΟ πρῶτον ἐσκόπουν, ΔΙ' ὯΝ κολάσουσι τοὺς ἀκοσμοῦντας, ἀλλ' ἘΞ ὯΝ κατασκευάσουσι, κ. τ. λ. » Passage dans lequel il faut remarquer aussi une autre figure de mot, l'énallage de nombre, dont nous avons parlé un peu plus haut (p. 171, not. 1), le singulier τοῦτο, au lieu du pluriel ταῦτα, que demanderoit ὧν. Cor.

Ἡμεῖς δὲ τοσούτου δέομεν συγκρούειν, κ. τ. λ.] Au lieu de τοσοῦτον δὲ δεῖ ἡμᾶς συγκρούειν, tournure impersonnelle plus usitée.—Συγκρούειν correspond à *collidere*. Il signifie ici *jeter le trouble*, *le désordre*, par une métaphore tirée des choses, qui, en s'entre-choquant, se rompent et se désunissent.

Στρατοπέδοιν.] De ces deux armées, dont parle Isocrate, l'une, composée en grande partie d'Ioniens, sous le commandement de Tiribaze, étoit dirigée par Artaxerxès contre Evagoras, roi de Salamine, ville de l'île de Cypre, dont ce dernier cherchoit à se rendre maître : l'autre armée, assiégée, étoit celle de ce même Evagoras. Voy. plus bas, §. 39. Mor.

Ἀμφοτέροιν αὐτοῖν ἐκ τῆς Ἑλλάδος ὄντοιν.] Ces deux armées étoient originaires de la Grèce, parce que les Ioniens étoient une colonie d'Athènes, et que les habitants de Salamine descendoient de la colonie grecque conduite par Teucer, fils de Télamon, pour fonder la ville de Salamine dans l'île de Cypre (3).

---

(1) C'est ainsi qu'Isocrate a dit, sans ellipse : Τοιαῦτα καὶ λέγειν καὶ γράφειν, ἐξ ὧν μέλλομέν σε παροξύνειν, κ. τ. λ. (*Evag.* §. 33, p. 204-205.)

(2) §. 16, p. 146.

(3) Isocr. *in Evag.* §. 7, p. 191.

Οἱ ἀφεστῶτες.] Désigne ici Evagoras et ses alliés. Voy. Diod. de Sic. XV, 2. Xénoph. IV, 8, 24, et V, 1, 10, et plus bas, §. 39. Mor.

Ἐκ τῶνδε τῶν τόπων ἤθροισται.] Ces mots ἐκ τῶνδε τῶν τόπων doivent s'entendre du territoire de Cypre, des pays voisins de cette île, et sur-tout du littoral de la Cilicie, situé vis-à-vis : ils ne désignent ni l'Ionie ni Athènes, comme l'ont cru quelques critiques. Isocrate, en effet, par une locution qui lui est particulière, emploie quelquefois les pronoms ὅδε et οὗτος, non dans leur sens démonstratif, pour désigner les objets les plus *proches*, ou ce dont on vient de parler, mais plutôt dans un sens relatif, comme dans ce passage de la *Lettre à Philippe* (1) : Ἐάν τε ᾖ περὶ ΥΜΑΣ, ἐάν τε διατριβῇ ΠΕΡΙ ΤΟΥΤΟΥΣ ΤΟΥΣ ΤΟΠΟΥΣ. Passage dans lequel les mots περὶ ὑμᾶς, et περὶ τούτους τοὺς τόπους, désignent également la Macédoine. D'ailleurs, il est bon d'observer que la meilleure partie de l'infanterie de Tiribaze étoit composée d'habitants de l'île de Cypre, des pays voisins, et sur-tout de la côte de Cilicie, autrefois occupée par des colonies doriennes ; de même que l'armée navale étoit en grande partie formée de soldats tirés de l'Ionie ou de la Grèce asiatique. Dans l'antiquité, les Ioniens, par leur habileté et leur expérience dans la navigation, étoient aussi utiles aux Perses que les Grecs le sont aujourd'hui aux Turcs. Coray.

Οἱ πολὺ ἂν ἥδιον κοινῇ τὴν Ἀσίαν ἐπόρθουν.] « Qui aimeroient bien mieux ravager avec nous les états du roi de Perse. ». Ici, dit M. Morus, ἂν ἐπόρθουν est pour πορθοῖεν ἄν, *ils voudroient ravager*, et Ἀσίαν désigne la Perse. J'ai cru devoir prendre ce dernier mot dans une acception plus étendue, parce que je ne pense pas qu'il ne s'agisse que de la Perse géographique proprement dite : Isocrate me semble parler, en général, de tous les pays soumis à la domination du Grand-Roi, à l'exception des provinces ioniennes de l'Asie mineure.

Ἕνεκα μικρῶν ἐκινδύνευον.] C'est-à-dire le royaume d'Evagoras. Mor. Sous-ent. ἂν avec ἐκινδύνευον.

(1) P. 421, l. 22-23.

Περὶ τῶν Κυκλάδων.] Iles de la mer Egée, dont les principales étoient Délos, Chios, Naxos, Paros et Andros. Ces îles tirent leur nom de κύκλος, *cercle*, parce qu'elles étoient placées autour de celle de Délos : *Cycladas, ideò sic appellatas, quòd omnes ambiunt Delon, patriam deorum insignem ;* dit. Amm. Mercellin (1).

Τὰ δὲ μέλλει.] Sous-entend ἕξειν. Cette espèce d'ellipse, qui fait sous-entendre le verbe précédent à un autre temps, est très fréquente avec μέλλω. C'est ainsi qu'Isocrate dit encore (2) ailleurs : « Τὰς μὲν ἐπόρθουν, τὰς δὲ ἜΜΕΛΛΟΝ, ταῖς δὲ ἠπείλουν τῶν πόλεων. » Après ἔμελλον, sous-entendez πορθήσειν. Voyez Vig. cap. V, sect. VIII, R. 6.

Οὐδεὶς πώποτε.] Sous-ent. διαπέπρακται, et voy. ci-après, §. 38, p. 176, n. 2.

Τὴν γὰρ Ἀσίαν διωμολόγηται.] Il s'agit ici du traité d'Antalcidas, d'après lequel, comme on l'a vu plus haut, p. 162, les Grecs se désistoient de toute prétention sur les colonies ioniennes de l'Asie mineure ; disposition qui abandonnoit l'Asie entière au roi de Perse.

Ἐν δὲ ταῖς.] Au lieu de ἐν ταῖς δέ, plus usité avec le corrélatif τὰς μέν. C'est ainsi qu'on lit §. 23, τοῖς μέν suivi de πρὸς δὲ τούς, et §. 41, εἰς μὲν τούς, suivi de τοῖς δέ. Mor. Mais remarquez que cette transposition des particules μέν et δέ a lieu sur-tout quand l'article se trouve construit avec une préposition dont il est le régime. Les Grecs, en cela, avoient égard à la clarté et à la symétrie de la phrase; à la clarté, parce qu'ils évitoient une équivoque en empêchant que la particule δέ, placée immédiatement après l'article, ne le fît prendre pour le démonstratif ὅδε ; ce que présenteroit, par exemple, ἐπὶ τῷ δὲ, qui sembleroit être pour ἐπὶ τῷδε : à la symétrie, parce que, déplaçant la particule δέ, ils croyoient devoir construire sa corrélative μέν d'une manière analogue (3).

---

(1) Lib. XXII, c. 8, p. 237, et Plin. lib. IV, c. 12.
(2) *Helen. Laud.* p. 211, §. 13.
(3) Fischer, *Animadv. ad Well. gramm.* tom. I, p. 331.

§. XXXVIII.

Καίτοι τινὲς θαυμάζουσι κ. τ. λ.] Voy. l'exorde de la IIe. *Olynth.*, qui a beaucoup de rapport avec ce passage.

Μεταβολὰς -πεποίηνται.] Les Grecs, et sur-tout les Attiques, prennent assez souvent les parfaits passifs pour les les parfaits moyens, et, s'attachant plus alors au sens qu'à la forme, leur font régir l'accusatif, comme on le voit ici. C'est ainsi qu'Isocrate dit plus haut, p. 38, l. 27, συμμαχίαν πεποιημένους, et ailleurs (1) : Τὴν ἀρχὴν τοῦ λόγου οἶμαι πεποιῆσθαι. Thucydide (2) : Ἀγορὰν ἐπεποίηντο, et στρατηγὸν οἱ ξύμμαχοι ᾕρεντο (3). M. Coray voudroit lire ici πεποίηκε, à l'actif. Cette correction, d'après les passages cités, et une infinité d'autres semblables qu'il seroit facile de donner, ne m'a pas paru indispensable.

Στρατείαν.] Au lieu de cette leçon στρατεία, *expédition militaire*, toutes les éditions donnent ici, et §. 44, 47, 48, στρατιά, *armée*. J'ai, d'après MM. Morus et Coray, adopté στρατείαν, qui fait un bien meilleur sens. Les copistes, d'ailleurs, changent fréquemment l'une pour l'autre les diphthongues ει et ι (4).

Εἰ γὰρ ἡμῶν ὁμονοησάντων.] L'orateur fait ici une supposition, et regarde la concorde générale qu'il cherche à faire naître, comme existant déjà parmi les Grecs.

Ἐν ταραχαῖς ὤν.] Les troubles dont il s'agit sont la défection d'Evagoras, et la guerre qu'il faisoit alors au roi de Perse. Voy. §. 39. Mor.

Χαλεπὸς ἔσται προςπολεμεῖν.] Litt. « Il sera difficile à vaincre. » Les anciennes édit. donnent πρὸς τὸ πολεμεῖν. J'ai préféré προςπολεμεῖν, correction de Wolf (adoptée par M. Coray), et que réclame l'usage de la langue. Thucydide, en effet, dit de même χαλεπὸς προςπολε-

(1) *Ad Philip.* p. 96, §. 36, in init.
(2) I, 62.
(3) Voy. Jensius, *Lect. Lucian.* lib. II, c. 15, p. 246 *sq.*
(4) Voy. d'Orvil. *ad Charit.* p. 405.

μεῖν (1), ce que le scholiaste explique par δυςεπιχείρητον. D'ailleurs il n'est pas fort rare de trouver, comme ici, des adjectifs construits avec un infinitif de forme active pris passivement : comme χαλεπὸς ἄρξαι (2), *difficile à régir ou à gouverner ;* φοβερὸς προςπολεμεῖν (3), *redoutable à combattre.* Mor. Remarquez la conformité de la tournure française avec la locution grecque. Horace (4) cherchoit à imiter cet hellénisme, quand il a dit : Niveus videri, *cetera fulvus.* Mais ici sa langue étoit moins heureuse que la nôtre. Voy. Viger, *Idiotism.*, cap. V, sect. III, R. 4. d'Orvil. *ad Charit.*, p. 386 et 534.

Πολεμικῶς.] *Bellicosè* est pris ici, et plus bas p. 48, l. 3, dans le sens de πολεμίως, *hostiliter.* C'est ainsi que Xénophon (5) a dit : « Ὑμᾶς μόνους ἐνόμιζε πολεμικῶς ἔχειν ὁ Ἀσσύριος πρὸς ἑαυτόν· *Vous êtes les seuls que l'Assyrien regardoit comme ses ennemis.* » D'ailleurs les adject. πολέμιος et πολεμικός, d'où sont formés ces deux adverbes, se prennent assez souvent l'un pour l'autre, sur-tout au plur. neut. (6).

Οὐ μὴν οὐδ' εἰ συναγορ. - οὐδ' ὣς ὀρθῶς κ. τ. λ.] « Quand bien même ils m'accorderoient ce que je viens de dire, ils ne porteroient point encore un jugement exact sur sa puissance. » Plus littéral. : *Neque si assentiuntur à me dictis, ne sic quidem rectè de illius potentiâ judicant.* Remarquez, d'ailleurs, que ces particules οὐ μὴν οὐδὲ marquent souvent, comme ici, une transition à d'autres considérations plus importantes (7), et que ὣς, avec l'accent, est toujours, chez les prosateurs, synonyme de οὕτως, *sic* (8), et marque rapport à ce qui précède (9).

(1) Lib. VII, c. 51.
(2) Thucyd. VII, 14.
(3) Demosth. *Olynth.* II, p. 24, *apud* Reisk.
(4) *Carm.* IV, 2, 59.
(5) *Cyroped.* lib. V, c. 2, p. 485, edit. Gail.
(6) Voy. M. Boissonade, *ad Philostr. Heroic.* p. 48.
(7) H. Hoogev. §. XIII, p. 486.
(8) Arrien. *Exped. Alex.* I, c. 7, *sub fin* ; Herod. III, 152 ; et Thucyd. I, 44.
(9) Voy. le Père Labbe, *De Accent. græc.* IIa. part. reg. 39.

Αὐτὸν ἅμα ταῖν πολέοιν-περιγεγενημένον.] Ταῖν est régime de περιγεγενημένον, et non de ἅμα, qui est ici adverbe.

Περὶ Χίων.] Les habitants de Chios, île de la mer Egée, située à l'ouest, entre les îles de Samos et de Lesbos, et près de la presqu'île de Clazomène. Chios, placée entre la côte d'Ionie et l'extrémité méridionale de l'Eubée, étoit une position importante dans la guerre maritime. Elle offroit, d'ailleurs, en elle-même de grandes ressources : elle possédoit trois ports (1); sa capitale, nommée aussi Chios, et située sur la côte est, presque vis-à-vis le milieu de l'Ionie, en avoit un assez grand pour contenir quatre-vingts vaisseaux (2). La population de cette île devoit être considérable, puisqu'elle avoit pu armer cent trirèmes (3) dans la guerre que les Ioniens soutinrent contre les Perses; aussi joua-t-elle un rôle assez important dans la guerre du Péloponnèse (4).

Μεγάλας ῥοπάς.] Littér. « Dans de pareilles circonstances, les puissances les plus foibles ont souvent fait pencher la balance. » Ῥοπή se dit proprement de l'inclination, *momentum*, d'une balance, dont l'équilibre est détruit par le poids le plus léger; de-là vient la métaphore qu'emploie ici ISOCRATE. COR. Sur l'aor. ἐποίησαν, voy. §. 12, p. 102, not. 1.

Κρείττους ἦσαν.] Sur cet imparf. pris dans le sens de l'optat. Voy. §. 45, not. 3.

§. XXXIX.

Ἀποστάσης Αἰγύπτου.] Il s'agit ici de la révolte des Egyptiens, qui eut lieu sous le règne d'Artaxerxès Mnémon, roi de Perse, la 3e année de la 101e. olymp., 374 ans avant J.-C. (5).

Ἀκροκόμαν.] HARPOCRATION le nomme Ἀβροκόμαν.

---

(1) M. LARCH. *Tab. géogr. d'Hérod.*
(2) STRAB. lib. XIV, p. 955. A.
(3) HÉROD. VI, 8.
(4) THUC. VIII, 15 *sq.* 38 *sq.* XENOPH. *Hellen.* lib. I, c. 6.
(5) Voy. DIOD. *Sic.* lib. XV, §. 41 *sq.*

C'étoit un satrape du roi de Perse, ainsi que les deux autres. Cor.

Τελευτῶντες.] Voy. l'*Index*.

Τὴν ἐλευθερίαν ἀγαπᾶν.] Voy. l'*Index*.

Ἐπ' Εὐαγόραν στρατεύσας.] Evagoras, roi de Salamine, avoit cherché à se rendre maître de la totalité de l'île de Cypre (1), soumise à la domination d'Artaxerxès Mnémon. Il en résulta une guerre, qui, si les calculs de Diodore sont justes, dura dix années, dont les huit premières furent employées en préparatifs, et les deux dernières seulement à combattre. Enfin, Evagoras, vaincu dans un combat naval, pressé par un siége, abandonné de presque tous ses alliés, fut contraint de demander la paix (2). Isocrate, dans l'éloge qu'il fait de ce prince, ne parle de cette guerre que sous le rapport le plus glorieux et le plus avantageux pour lui. Mor.

Ἄρχει μιᾶς πόλεως τῶν ἐν Κύπρῳ.] Isocrate, sans doute à dessein, omet ici de dire qu'Evagoras régnoit sur presque toute l'île de Cypre (3), dont il avoit engagé les villes dans son parti, soit par la persuasion, soit par la force (4), et qu'il avoit formé beaucoup d'autres alliances (5).

Ἐν δὲ ταῖς συνθήκαις ἔκδοτός ἐστιν.] Ce traité, ταῖς συνθήκαις, est le même que celui dont nous avons parlé plus haut, §. 33, p. 160, not. 1. D'après une des clauses de ce traité, l'île de Cypre (6) devant passer sous la domination des Perses, Evagoras se trouvoit implicitement livré, ἔκδοτος, au roi Artaxerxès.

Οἰκῶν δὲ τὴν νῆσον.] Ce passage, assez obscur, a donné lieu à diverses interprétations. Wolf, suivi par M. Coray, l'explique ainsi : « Quoiqu'habitant une île dans laquelle il pouvoit être facilement cerné par la flotte du roi de Perse. » L'idée que présente cette in-

(1) Voy. §. 37 et la not. 5, p. 173. Diod. *Sic.* XIV, 98.
(2) Diod. *Sic.* XV, 2, 9, et *ibid.* Wessel.
(3) Diod. *Sic.* XV, 2.
(4) Diod. *Sic.* XIV, 98.
(5) *Id.* XV, 2.
(6) Xénoph. *Hellen.* V, 1, 31.

terprétation ne me paroît pas avoir un rapport très sensible avec ce qui précède et sur-tout ce qui suit. M. Morus : « *Quoi qu'habitant dans l'île même* (et pouvant par cette position avoir beaucoup d'avantage sur ses ennemis, qui venoient de loin et se trouvoient isolés de leur pays), *cependant, dès le principe, il éprouva des défaites sur mer, et il n'a que trois mille hommes d'infanterie pour défendre l'île.* » Cette interprétation, d'ailleurs fort plausible, paroît cependant un peu forcée. Si, après d'aussi habiles critiques, il m'étoit permis d'offrir une conjecture, au lieu de οἰκῶν, *habitant*, je proposerois de lire οἰκειῶν, *s'appropriant*, ou plutôt *cherchant à s'approprier*, et alors je traduirois ainsi tout le passage : « Il attaqua ensuite Evagoras, souverain, à la vérité (μέν), d'une des villes de Cypre; mais (δέ) livré lui et ses états, par suite du traité de paix. Or (δέ) ce prince, qui *cherche à s'approprier* (οἰκειῶν) la souveraineté de l'île, d'un côté (μέν), fut, dès en commençant, malheureux dans la guerre maritime, et de l'autre (δέ), il n'a pour défendre son territoire que trois mille hommes de troupes légères; et cependant le roi de Perse ne peut triompher d'une si foible puissance. » Nous avons déjà vu plus haut, §. 31, un participe employé dans un cas semblable, avec le sens *de tentative*, *de prétentions*, que je donne ici à οἰκειῶν. Thucydide s'est servi de ce participe dans le même sens et pour exprimer la même idée : « Ἐπὶ Στρύμονα πέμψαντες μυρίους οἰκήτορας, ὡς οἰκειοῦντες τὰς τότε καλουμένας Ἐννέα ὁδούς (1). *Ils envoyèrent une colonie de dix mille hommes sur les bords du Strymon*, dans l'intention de se rendre maîtres *de l'endroit appelé les Neuf-Voies.* » Du reste, les prétentions d'Evagoras à l'entière domination de l'île de Cypre, sont trop connues, d'après Isocrate lui-même, qui en fait un des traits les plus marquants de l'éloge de ce prince, pour que j'appuie de témoignages historiques le changement que je propose.

Ἔχει μόνον πελτ.] Les autres édit. donnent εἶχε. J'ai

(1) Lib. I, c. 100.

suivi la correction et la leçon de Wolf, qui donne ἔχει, temps qui vaut mieux, parce qu'Isocrate parle de faits actuellement existant.

Προσδεδυστύχηκεν.] Evagoras, selon Diodore (1), fut vaincu dès la première bataille navale. J'ai conclu de-là que προσδεδυστύχηκεν signifie, *il fut malheureux dès en commençant la guerre*. Mor.

Ὑπὲρ τῆς χώρας.] Evagoras, vaincu dans un combat naval, fut assiégé dans l'île, et contraint de combattre pour son territoire, ὑπὲρ τῆς χώρας (2). Mor.

Πολὺ πλεῖον ἐλπίς ἐστιν, ἕτερον ἀποστῆναι, πρὶν ἐκεῖνον ἐκπολ.] Wolf, suivi par les autres traducteurs, rend ainsi ce passage : *Sperandum est fore ut alius quispiam priùs deficiat, quàm hic in deditionem redigatur.* Ce n'est point là, je crois, le sens de la phrase. Je traduirois : *Il est beaucoup plus présumable que le roi de Perse lèvera le siége avant qu'Evagoras ait été contraint de se rendre.* Ἕτερον se rapporte à Artaxerxès, et ἀποστῆναι signifie ici *lever le siége*, comme dans Elien (3) : « Ἀποστάντων οὖν αὐτῶν, ἐσώθησαν· *Ils* (les Romains) *ayant levé le siége, ils furent sauvés.* » Observons, du reste, qu'Isocrate fut trompé dans son espérance. Evagoras fut réduit par le siége, et forcé de se rendre.

Ἐν δὲ τῷ πολέμῳ τῷ περὶ Κνίδον.] Il s'agit ici de la guerre qu'Artaxerxès Mnémon, ayant pour général l'Athénien Conon, et pour allié Evagoras, fit aux Lacédémoniens, et qui se termina par une bataille navale dans laquelle Conon défit les Lacédémoniens au promontoire de Cnide, sur la mer Egée, la 3e. année de la 96e. olymp., 394 ans avant J.-C. (4). — Au lieu de Κνίδον, correction de Wolf, dans toutes les éditions antérieures, on lit Ῥόδον, qui, comme l'observe M. Coray, est peut-être la véritable leçon. Outre qu'il n'y a

(1) XV, 3.
(2) Diod. XV, 4, 8.
(3) *Var. Hist.* lib. V, c. 20.
(4) Voy. Diod. *Sic.* lib. XIV, §. 39, 79, 83; Xénoph. *Hellen.* lib. IV, c. 3, §. 6; Isocr. *in Evag. Laud.* Corn. Nép. *in Conon.* 2, 3, 4; Justin, lib. VI, c. 2, §. 3.

que peu de distance de Rhodes à Cnide, et que les principales opérations maritimes eurent lieu dans ces parages, les Rhodiens jouèrent un rôle important dans cette guerre, en se détachant de Lacédémone, en recevant la flotte de Conon, et en interceptant les convois du roi d'Egypte (1).

Ἔχων μὲν-εὔνους διὰ τὴν χαλεπότητα τῶν πολιτειῶν.] « Trouvant les alliés de Lacédémone favorablement disposés pour lui, parce qu'ils ne pouvoient souffrir le gouvernement tyrannique que cette république avoit établi chez eux. » Il s'agit ici des δεκαδαρχίαι, ou *décemvirats*, dont nous avons parlé §. 32, p. 153, not. 2.

Χρώμενος δὲ ταῖς ὑπηρεσίαις ταῖς παρ' ἡμῶν.] « Se servant de nos marins. » Ici ὑπηρεσίαις, *remigiis*, est pour ὑπηρέταις, *remigibus*, signification propre de ce mot. Dans ce passage, le sens abstrait est mis pour le concret. Cor. C'est ainsi que Virg. (*Æ*. III, 471.) a dit *remigium supplet*, au lieu de *remiges supplet*. Voy. §. 15, not. 2.

Τρία μὲν ἔτη.] Par ces trois années, Isocrate designe probablement le temps qui s'écoula depuis le passage d'Agésilas en Asie (3), jusqu'à la bataille de Cnide, c'est-à-dire, depuis la première année de la 116e. olympiade jusque vers la fin de la seconde.

Τὸ ναυτικὸν-ὑπὸ τριηρῶν ἑκατὸν πολιορκούμενον.] Les cent vaisseaux dont il s'agit sont probablement les cent-vingt que commandoit Pharax, amiral de Lacédémone (4), et πολιορκούμενον désigne ici la croisière qu'il établit sur les côtes d'Asie par ordre des éphores : Οἱ ἔφοροι ἐκέλευον Φάρακα τὸν ναύαρχον σὺν ταῖς ναυσὶν παραπλεῖν (5).

Τὸ ἐπ' ἐκείνῳ.] Voy. l'*Index*.

Τὴν συμμαχίαν τὴν περὶ Κόρινθον.] Il s'agit ici de la ligue que les Grecs, excités par les dons et les instances du satrape Tithraustes, formèrent contre Lacédémone, qui fut alors contrainte de rappeler Agésilas

(1) Voy. Diod. lib. XIV, §. 79.
(2) Æn. III, 471.
(3) Diod. XIV, 79, 830.
(4) Diod. *Ib*. 79.
(5) Xenoph. *Hellen*. lib. III, c. 3, §. 12.

de l'Asie (1). Comme l'armée des alliés se rassembla à Corinthe (2), qu'elle en partit pour commencer les hostilités (3), et que le conseil général des alliés s'y tenoit (4), cette guerre fut appelée *guerre* ou *ligue de Corinthe*. Mor.

§. XL.

Δικαίοις τοῖς παραδείγμασι.] « Des exemples *justes*, » comme en français, pour des exemples *convenables*, *appropriés*, etc. En général, δίκαιος se dit de toute chose qui remplit parfaitement l'emploi ou l'usage qui lui est assigné, qui répond à l'idée qu'on a pu s'en former, et ne trompe pas notre espérance (5). C'est ainsi qu'on trouve dans Xénophon (6), ΔΙΚΑΙΟΝ ἅρμα, *un char facile à conduire* (7), ou, *bien attelé;* ΔΙΚΑΙΟΣ ἵππος, ΔΙΚΑΙΟΣ βοῦς (8), *un cheval*, *un bœuf bien dressés*. ἌΔΙΚΟΣ ἵππος (9), au contraire, signifiera un *cheval mal dressé*, ou *rétif* (10). Γήδιον ΔΙΚΑΙΟΤΑΤΟΝ (11), *un petit champ très fertile*, qui rend avec usure ce qu'on lui a donné, comme l'interprète Xénophon lui-même; locution que Virgile semble avoir imitée, quand il a dit *justissima tellus* (12). Les Grecs emploient δίκαιος même pour exprimer la *justesse*, l'exactitude de me-

(1) Xénoph. *Hellen.* III, 5, 1, et IV, 2.
(2) Diod. XIV, 83.
(3) Xénoph. *Hellen.* IV, 4, 1.
(4) Diod. XIV, 82.
(5) C. f. Hutchins. *ad Cyrop.* lib. II, p. 133, edit. maj.
(6) *L. l.*
(7) M. Gail traduit: *Un char dont la marche est bien réglée*; d'après M. Béjot (*Mém. de l'Acad. des Belles-Lettres*, tom. XXXIV, p. 17 et suiv.). Malgré de si grandes autorités, j'ai préféré suivre le sens donné par l'auteur du *Lex.* inédit des Soph. et des Rhet., qui interprète δίκαιον ἅρμα par τὸ εὐπειθές. Voy. M. Bast, *Lett. Crit.* p. 121, 1re. édit.
(8) *Memor.* IV, 4, 5.
(9) *Cyrop. ubi supr.*
(10) M. Gail traduit: Ἄδικοι ἵπποι, par *des chevaux qui sont de force inégale.* J'ai suivi la glose δυσπειθεῖς du *Lex.* cité plus haut.
(11) *Cyrop.* lib. VIII, c. 3, p. 286, edit. Gail.
(12) *Géorg.* II, v. 460.

sure et de dimension. HÉRODOTE (1) : « Ἑκατὸν ὀργυιαὶ ΔΙΚΑΙΑΙ εἰσι στάδιον ἑξάπλεθρον ; » c'est-à-dire : « Les cent orgyies sont *juste* un stade de six plèthres. » Ces acceptions, qui sont toutes métaphoriques, se tirent facilement du sens propre et primitif de δίκαιον, *juste* ; *l'accomplissement* de ses devoirs, et *l'exactitude* à les remplir, sont le caractère propre de la justice.

Δερκυλλίδας.] Ce Dercyllidas fut envoyé en Asie par les Lacédémoniens, en qualité d'Harmoste, pour remplacer Thimbron, qui se comportoit avec trop de dureté envers les alliés (2).

Δράκων.] Dercyllidas s'étant rendu maître d'Atarne, place forte de la Mysie, située en face de Lesbos, il en donna le commandement à ce Dracon (3).

Μύσιον πεδίον.] « Le territoire de la Mysie, » contrée de l'Asie mineure.

Θίμβρων.] Voici de quoi il s'agit. Artaxerxès ayant entrepris de tirer vengeance de ceux qui avoient secondé Cyrus son frère, les Ioniens demandèrent du secours aux Lacédémoniens. Ceux-ci leur envoyèrent l'Harmoste Thimbron, qui, après s'être emparé de quelques places, fut rappelé à Sparte (4). Mais peu de temps avant la paix d'Antalcidas, ayant été renvoyé de nouveau en Asie, il ravagea les états du Grand-Roi (5). MOR.—J'ai suivi pour l'orthographe du nom propre Θίμβρων, M. CORAY et la plupart des éditeurs modernes, qui se sont décidés d'après XÉNOPHON (6). Toutefois, les anciennes éditions d'ISOCRATE donnent toutes Θίβρων, leçon que présente également plusieurs Mss. de XÉNOPHON (7).

---

(1) Lib. II, c. 149.

(2) XENOPH. *Hellen.* III, 1, 6 *sq.* ; DIOD. *Sic.* XIV, 38 ; JUST. VI, 1, 2.

(3) XENOPH. *Hellen.* III, 2, 11. C. f. HARPOCR. *voc.* Δράκων et Ἀταρνεύς.

(4) XENOPH. *Hellen.* III, c. 1, §. 3, 4, 8 ; DIOD. XIV, 38.

(5) DIOD. *Sic.* XIV, 99 ; XÉNOPH. *Hellen.* IV, 8, 17. C. f. HARPOCR. v. Θίμβρων.

(6) Voy. *Hellen.* III, 1, 4 ; IV, 8, 17.

(7) Voy. les *Var.* de l'édit. de XENOPH. de M. GAIL, t. VII, p. 380, et la not. de P. WESSELING sur Diod. lib. XIV, §. 36 tom. I, p. 670, l. 78.

Τῷ Κυρείῳ στρατοπέδῳ.] Ce sont les débris de ces Grecs qui accompagnèrent Cyrus le jeune dans sa célèbre expédition contre son frère, et qui, après la défaite de Cyrus, ayant opéré leur retraite sous le commandement de Xénophon, se réunirent à Agésilas, qui faisoit alors en Asie la guerre aux Perses (1). J'ai donné τῷ Κυρείῳ στρατοπέδῳ, au lieu τῷ Κύρου στρατοπέδῳ, des autres édit., 1°. parce qu'Harpocration (2) dit positivement qu'Isocrate a employé le mot Κυρεῖον dans le *Panégyrique*, avec un sens possessif, pour désigner l'armée de Cyrus; or, ce mot, qui se trouvoit dans les éditions du temps de ce grammairien, ne se présentant plus aujourd'hui dans aucun autre passage d'Isocrate, il faut qu'il ait été remplacé dans celui-ci, où il convient parfaitement, par une glose telle que τῷ Κύρου στρατοπέδῳ, qui, de la marge, sera passée dans le texte. (*Voy.* §. 32, p. 157, not. 1.): 2° parce que Xénophon s'est souvent servi de cette expression dans son *Anabase*, liv. I, ch. X, §. 1, *et pass.* Mor. Cor.

Ἐντὸς Ἅλυος χώρας.] « Tout le pays en-deçà du fleuve Halys. » Isocrate désigne ainsi toute la Basse-Asie, que le fleuve Halys séparoit de la Haute. Ce fleuve, le plus grand de l'Asie mineure, avoit sa source au mont Taurus, et son embouchure dans le Pont-Euxin. (Voy. sur ἐντός, §. 33, p. 163, not. 1.)

Ἐπιδείχθησαν.] Voy. §. 18, p. 122, not. 5. L'orateur met ici en opposition les Perses de la Haute-Asie avec ceux de l'Asie mineure.

Τῶν ἐπὶ θαλάσσης.] Ces mots désignent les habitants de l'Asie mineure en général, et non, comme on pourroit le croire, les seuls habitants des côtes. La raison en est que ceux qui passent de la Perse dans l'Asie mineure, s'avancent de l'intérieur des terres vers la mer. C'est dans ce sens que nous trouverons dans le §. suivant, οἱ καταβαίνοντες ἐπὶ θάλατταν, dit des satrapes qui sont envoyés de la Perse dans les provinces de l'Asie mineure; plus bas, à la fin de ce paragraphe, ἡ παραλία

(1) Xenoph. *Hellen.* III, c. 4, §. 2; *Agesil.* I, 14 *sq.*
(2) *Voc.* Κυρεῖον.

τῆς Ἀσίας, pour désigner ces mêmes provinces; et §. 43, αἱ πόλεις αἱ ἐπὶ θαλάττῃ, pour indiquer les villes de l'Asie mineure. Cette locution est également familière aux autres auteurs (1). Mor.

Τοῦ στρατηγοῦ.] Ce chef étoit Cyrus le jeune, qui périt à la bataille de Cunaxa.

Μεθ' οὗ συνηκολούθησαν.] Isocrate, ainsi que les écrivains les plus classiques, construit souvent ἀκολουθῶ, non avec le datif, comme l'enseignent les grammairiens, mais avec le génitif, précédé de la préposition μετά (2). C'est donc à tort que Phrynichus (3) reprend Lysias pour avoir dit (4) : « Τὸν παῖδα τὸν ἈΚΟΛΟΥΘΟΥΝΤΑ ΜΕΤ' ΑΥΤΟΥ. » Selon ce grammairien, il falloit dire τὸν ἀκολουθοῦντα αὐτῷ. Mais, quand il s'agit de la pureté du langage, on peut, je crois, décliner l'autorité de Phrynichus, pour suivre Isocrate et Lysias. Cor.

Τοῖς παροῦσι πράγμασι.] M. Coray supprime πράγμασι sans en avertir.

Τῆς περὶ αὐτὸν δυνάμεως.] C'est ce qu'Isocrate appelle plus haut τὴν στρατιὰν μετὰ βασιλέως περιπολοῦσαν. Sur ce mot voy. l'*Index*.

Τοὺς ἄρχοντας τῶν ὑποσπόνδους συλλαβεῖν ἐτόλμησεν.] On sait qu'après la mort de Cyrus, Artaxerxès fit avec les Grecs une convention, d'après laquelle il s'engageoit, sous la foi du serment, à les laisser paisiblement retourner dans leur patrie, et à leur en fournir les moyens (5). Mais, ensuite, le satrape Tissapherne ayant, sous le prétexte d'une conférence, attiré les généraux grecs dans son camp, les fit prisonniers, et les conduisit à Artaxerxès, qui leur fit trancher la tête (6).

Τὴν ἀοίκητον τῆς χώρας.] Voy. §. 36, not. dern.

Ἐκ τοῦ φανεροῦ διαγωνίσασθαι.] Cette locution paroît

---

(1) Voy. Xénoph. *Hellen.* I, 4, 1; Diod. *Sic.* XIV, 12.

(2) On en trouvera des exemples dans Fischer, *Animadv. ad Well. gr.* tom. III, p. 401.

(3) *Eclog.* p. 154.

(4) Tom. V, p. 92, et *ib.* Markland.

(5) Xenoph. *Anab.* lib. II, c. 3.

(6) *Id. ibid.* II, c. 5, §. 6, et III, c. 1, §. 1.

empruntée des combats gymniques, où les athlètes devoient combattre et vaincre *à découvert*, et suivant les lois des jeux, νόμιμον καὶ προφανές (1).

Κεφάλαιον δέ.] Tournure elliptique, pour κεφάλαιον δέ τοῦτό ἐστι τῶν εἰρημένων, ὅτι ἐκεῖνοι, κ. τ. λ. Voy. §. 35, p. 169, not. 2. Cor.

Ἐκεῖνοι γὰρ οὐκ ἐπὶ μὲν λείαν.] Toutes les éditions antérieures à celles de Wolf donnent ici ἐπὶ μέλειαν, ou ἐπιμέλειαν, ou ἐπ' ἀμέλειαν, mots qui ne présentent aucun sens. Pour du moins en donner un, j'ai, à l'exemple de M. Morus, adopté la correction de Wolf, ἐπὶ μὲν λείαν, *non quidem ad prædam*, « non pour faire du butin. » M. Coray corrige οὐκ ἐπὶ Μυσῶν λείαν, *non ad Mysorum prædam*, proverbe très usité chez les anciens, pour désigner ceux qui étoient impunément en butte aux outrages et aux vexations, ceux qui, en quelque sorte, devenoient la proie de quiconque vouloit s'en emparer. Les incursions auxquelles les Mysiens s'étoient trouvés exposés pendant l'absence de leur roi Téléphe, avoient donné lieu à ce proverbe (2). D'après cette correction, le sens seroit: « Les Grecs, qui avoient entrepris leur expédition avec Cyrus, non dans l'intention d'aller, comme dit le proverbe, piller les Mysiens, c'est-à-dire un ennemi lâche et méprisable, disposé à tout endurer de la part de quiconque vient l'attaquer; les Grecs, qui étoient venus, non pour s'emparer de quelque village, mais pour détrôner le puissant, le redoutable monarque de l'Asie, à qui l'on donne le nom de Grand-Roi, se retirèrent, etc. » Malheureusement cette ingénieuse correction semble impliquer contradiction avec l'idée qu'Isocrate donne ici des Perses. J'ai donc préféré celle de Wolf, qui offre un sens assez plausible. Quant à μέν dans ἐπὶ μὲν λείαν, on peut le regarder comme corrélatif de ἀλλά, qui suit (4), et traduire : « Les

(1) C. f. Tib. Hemsterh. *ad* Luc. tom. I, p. 387.

(2) Voy. Arist. *Rhetor.* lib. I, c. 12; Démosth. *De Cor.* p. 248; Erasm. *Adag. Mysorum præda.*

(3) Voy. Harpocr. *voc.* Μυσῶν λείαν.

(4) Voy. Thucyd. IV, 57; Hom. *Il.* γ', 214; Eurip. *Orest.* 562.

Grecs, qui étoient venus, non pour faire du butin, non pour s'emparer d'un simple village, mais pour attaquer le Grand-Roi lui-même, s'en retournèrent. » Du reste, Xénophon (1), parlant du but que se proposoient les Grecs dans leur expédition, dit plus positivement encore : « Τοῦ ἄνω βασιλέως, ὃν ἤλθομεν ἀφαιρησόμενοί τε τὴν ἀρχὴν καὶ ἀποκτενοῦντες. » C'est-à-dire : « Le roi d'Asie, contre qui nous avons marché pour lui ôter et l'empire et la vie, s'il eût dépendu de nous. »

Ἀσφαλέστερον κατέβησαν — αὐτῶν πρέσβ.] D'après une conjecture de Wolf, tous les autres éditeurs donnent ici αὐτοῦ, qu'ils font rapporter à βασιλέα, qui précède. J'ai, avec MM. Morus et Coray, conservé αὐτῶν, leçon des anciennes éditions, qui peut fort bien s'expliquer ainsi : « Quoiqu'ils fussent venus combattre le roi même, ils se retirèrent plus sûrement, non que de simples particuliers, mais que des ambassadeurs *mêmes*, porteurs de paroles de paix, et dont le caractère est sacré. »

Καὶ διαβάντες ἐς τὴν Εὐρώπην.] Il s'agit des expéditions de Darius et de Xerxès.

Καὶ τελευτῶντες.] Voy. l'*Index*.

Ἐπ' αὐτοῖς βασιλείοις, κ. τ. λ.] « Ils furent livrés à la risée dans le palais même du Grand-Roi. »

§. XLI.

Πῶς γὰρ ἂν ἐν τοῖς ἐκείνων ἐπιτηδ. κ. τ. λ.] Hippocrate, dans son ouvrage intitulé *Des Eaux, des Airs et des Lieux*, traite cette question avec plus de développement, et attribue la lâcheté des Orientaux au despotisme qui rendoit chez eux la valeur inutile.

Οἱ ἐν ταῖς μεγίσταις δόξαις ὄντες.] « Ceux qui possèdent les premières dignités de l'état. » Tels que les princes du sang, les satrapes. Les Latins les nommoient *Purpurati* (2).

(1) *Anab.* lib. VII, c. 1, p. 434, edit. Gail, et p. 498, edit. Hutchins. *min.*

(2) Voy. Cic. *Tusc.* I, 102; Q. Curt. III, c. 6, §. 4; Flor. I, 10, 5; Tit. Liv. XXX, 42.

Ὁμαλῶς μὲν, οὐδὲ κοινῶς οὐδὲ πολιτικῶς, οὐδεπώποτ' ἐβίωσαν – δουλεύοντες.] « Ils ne montrent jamais d'égalité, ni dans leurs relations sociales, ni dans leur conduite politique; mais ils passent leur vie entière à humilier, à outrager les uns, et à ramper comme des esclaves devant les autres. » J'ai, pour la traduction de ὁμαλῶς, suivi M. CORAY, qui fait observer que ce mot, d'après ce qui suit, doit s'entendre de ce calme, de cette égalité d'ame, que ne connoissent point les esclaves, qui sont sans cesse livrés au choc et aux agitations des passions les plus contraires. M. MORUS entend par ὁμαλῶς l'égalité de droits (1), et soupçonne κοινῶς et πολιτικῶς de n'être que des gloses de ce mot, dont, selon lui, ils sont synonymes. Κοινῶς βιοῦν me paroît désigner ici les relations communes et ordinaires de la vie, par opposition à πολιτικῶς βιοῦν, les relations civiles, *la vie politique*. ISOCRATE, il me semble, n'auroit rien appris aux Athéniens de fort étonnant ni de très nouveau, si, comme le donnent à entendre les diverses interprétations, il avoit voulu dire que les satrapes de l'Asie, et autres despotes subalternes, n'observoient point cette égalité, cette communauté de droits dont jouissoient les citoyens des républiques de la Grèce. N'est-il pas plus naturel de croire que, voulant caractériser les grands de la cour d'Asie, l'orateur n'a point omis un trait essentiel, cette inégalité, cette disparate de sentiments et de conduite, qui leur faisoient jouer à la fois le rôle de tyrans et d'esclaves, τὰ μὲν ταπεινῶς, τὰ δ' ὑπερηφάνως ζῶντες, mots par lesquels ISOCRATE semble s'interpréter lui-même quelques lignes plus bas : ces mœurs n'étoient chez eux le résultat que de la dépravation et de la corruption du cœur, ὡσανεὶ ἄνθρωποι μάλιστα τὰς φύσεις διεφθαρμένοι, ainsi que le dit ISOCRATE quelques lignes plus loin. — Sur le sens de l'aor. ἐβίωσαν, voy. §. 12, p. 102, not. 1.

Ἐξεταζόμενοι δὲ πρὸς αὐτοῖς τοῖς βασιλείοις.] « Ils assiégent la porte des palais. » Ἐξεταζόμενοι est syno-

(1) Voy. BUD. *Comment. L. G.* p. 616 et 725, édit. 1529 et 1069, édit. R. STEPH.

nyme ici de ἀναστρεφόμενοι, ἐνδιατρίβοντες, et signifie *versantes* et même *degentes*. SUIDAS interprète ainsi ce passage : « Ἀριθμούμενοι ἐν τοῖς βασιλείοις, *numerati in palatiis* : » mauvaise explication. ISOCRATE veut parler ici de la présence continuelle des grands dans le palais du prince, ou sa cour. Comme ἐξετάζεσθαι, verbe d'un grand usage, a des acceptions assez multipliées, en voici la filiation : 1°. et proprement, *être examiné* et passé en revue ; 2°. être, après examen, trouvé tel qu'on est ; 3°. être reconnu pour avoir une qualité quelconque, sans idée d'examen ; 4°. *se trouver*, être, habiter, séjourner, demeurer en quelque lieu ; 5°. se trouver parmi d'autres, c'est-à-dire être compté parmi, mis au nombre ; 6°. être *trouvé* faisant quelque chose, et, par cela même, être vu tandis qu'on fait telle ou telle action, de sorte qu'il soit évident que vous en êtes l'auteur. COR. MOR.

Προκυλινδούμενοι.] Image pleine de force et de justesse. Les esclaves, incapables de marcher droits, ne savent que s'incliner, se prosterner devant un maître ; ainsi que l'a dit un poëte moraliste de l'antiquité, THÉOGNIS (1) :

Οὔ ποτε δουλείη κεφαλὴ εὐθεῖα πέφυκεν·
Ἀλλ' αἰεὶ σκολιὴ, καὐχένα λόξον ἔχει.

Πάντα τρόπον μικρὸν φρονεῖν μελετῶντες.] « Ils mettent tous leurs soins, toute leur étude à n'avoir que des pensées abjectes et rétrécies. » Remarquez bien l'énergie du participe μελετῶντες, et voyez sur ce passage la *Rhétorique* d'ARISTOTE, l. III, ch. 10.

Καὶ δαίμονα προςαγορεύοντες.] Les Perses donnoient le nom de dieux à leurs rois. Voilà pourquoi ; dans un chœur d'ESCHYLE (3), un lâche adulateur, adressant la parole à la femme de Darius, lui dit :

Θεοῦ μὲν εὐνάτειρα Περσῶν, θεοῦ δὲ καὶ μήτηρ ἔφυς·

« Vous êtes l'épouse et la mère du Dieu des Perses. » COR.

---

(1) V. 547.
(2) *Pers.* v. 155.
(3) XÉNOPH. *Hellen.* III, c. 4, §. 25.

Οἱ καταβαίνοντες αὐτῶν ἐπὶ θάλατταν.] Voy. §. 40, p. 185, not. 4.

Τὴν μετ' Ἀγησιλάου στρατιὰν – διέθρεψαν.] Agésilas avoit consenti à se retirer dans la Phrygie, à condition que le satrape Tithraustes lui donneroit trente talents pour l'entretien de son armée (1). Diodore (2) ne parle que d'une suspension d'armes de six mois. Mor.

Ἑτέρου τοσούτου χρόνου.] « Le double de ce temps, » c'est-à-dire seize mois; quoique plus haut, §. 39, il n'ait parlé que de quinze mois. Tite-Live (3) a dit d'une manière à peu près semblable : *Numero tantum alterum adjecit.*

Κισθήνην.] Les Anciens ne sont d'accord ni sur la situation, ni sur l'orthographe de ce lieu. Selon Harpocration, Κισθήνην doit s'entendre ici d'une montagne de la Thrace. Suidas écrit Κισσήνην, Hesychius Κισσίνην, en l'expliquant d'une montagne et d'une ville de Thrace. Strabon (4) donne le nom de Cisthène à une ville de l'Eolide, située en face de Lesbos, non loin d'Adramytteum, et dont Etienne de Byzance (5) fait aussi mention. Comme on n'a jusqu'ici aucune donnée positive sur le fait dont parle Isocrate, il est impossible de se déterminer pour l'une ou l'autre de ces villes. Cor. Mor.

Τοὺς μὲν – στρατευσαμένους.] Les Ioniens. Voy. §. 37, p. 173, not. 5.

Ὡς δὲ ἁπλῶς εἰπεῖν, καὶ μὴ καθ' ἕκαστον.] Sur cette tournure pléonastique, voy. §. 26, p. 140, not. dern.

Οὐ Κόνωνα μέν.] Voy. §. 39, p. 181, not. 4.

Τὴν Λακεδαιμονίων ἀρχὴν κατέλυσεν.] « Depuis ce temps, » dit Diodore (6), « Lacédémone perdit l'empire de la mer. » En effet, après cette guerre, la Grèce

(1) Xénoph. *Hellen.* III, 4, 25.
(2) XIV, 80.
(3) I, 36.
(4) P. 606.
(5) *Voc.* Πάσσα.
(6) Lib. XIV, c. 84.

entière fut soumise à Athènes (1), et délivrée de la domination de Sparte (2).

Ἐπὶ θανάτῳ.] Toutes les éditions antérieures à celle de WOLF donnent ἐπὶ θάνατον. J'ai préféré ἐπὶ θανάτῳ, correction de WOLF, adoptée par M. CORAY, comme plus conforme au génie de la langue et à l'usage même d'ISOCRATE, qui a dit : « Οὐδὲν δὲ εὐθυμότερον ζῶντας τῶν ἘΠῚ ΘΑΝΆΤΩ συνειλημμένων (3). » — XÉNOPHON et DIODORE (4) rapportent que le roi de Perse, qui vouloit faire la paix aux conditions avantageuses que lui proposoit Lacédémone, par l'organe d'Antalcidas, fit, sous une accusation mensongère, arrêter Conon, envoyé comme ambassadeur d'Athènes. Il existe quelque différence dans la relation de CORNELIUS (5).

Θεμιστοκλέα.] Voy. THUCYD. I, 138; CORN. *in Them.* c. 9, 10.

Ποῖον δὲ χρόνον διαλελοίπασιν οὐκ ἐπιβουλεύοντες τοῖς Ἕλλησι ;] « Quel temps sont-ils restés sans conspirer contre la Grèce ? » Ou, « dans quel temps ont-ils cessé de conspirer contre la Grèce ? » M. CORAY regarde, avec WOLF, la négation οὐκ comme superflue dans cet endroit, ou du moins comme introduite seulement par le désordre que jetoit dans les idées de l'orateur la colère dont il étoit animé contre les Perses. Ces deux suppositions me paroissent également gratuites. La négation οὐκ ne jette ici aucune obscurité dans la phrase, et semble même nécessaire pour faire insister davantage sur l'idée de l'auteur. La forme oratoire employée par ISOCRATE semble amener naturellement ici οὐκ ἐπιβουλεύοντες, qui, toujours par interrogation, se trouve précédé de ΟΥΚ ἐξαμαρτάνουσι, et suivi de τί δ' ΟΥΚ ἐχθρόν. De plus, il est peu présumable qu'un orateur aussi réfléchi, aussi compassé qu'ISOCRATE, même dans ses mouvements les plus véhéments, se soit oublié de l'affirmation à la négation. — Remarquez, d'ailleurs,

(1) ISOCR. *Aréop.* p. 208.
(2) JUST. VI, 4; CORN. c. 4.
(3) Ἑλ. ἐγκώμ. §. 16.
(4) XÉNOPH. *Hellen.* IV, 8, 16; DIOD. *Sic.* XIV, 85.
(5) CORN. c. 5.

que cette idée, énoncée d'une manière plus familière aux Grecs, devroit être présentée ainsi : Ποῖον δὲ χρόνον διαλιπόντες οὐκ ἐπεβούλευον τοῖς Ἕλλησι; Sur ce participe διαλιπών voy. H. Hoog, *ad Viger*, cap. VI, sect. I, not. 7, p. 345. *ed. Herm.*

Τὰ τῶν θεῶν ἕδη.] Ici ἕδη est synonyme de ἀγάλματα, *simulacra*, les images, les statues des dieux : sens dans lequel ce mot a été employé par Xénophon (1) : « Τοῦ ἕδους κατακεκαλυμμένου τῆς Ἀθηνᾶς· *La statue de Minerve étant voilée.* » Plutarque (2) : τὸ ἕδος (τῆς Ἀθηνᾶς) κατακαλύψαντες, et Isocr. lui-même (3) : « Τὸν Φειδίαν τὴν τὸ τῆς Ἀθηνᾶς ἕδος ἐργασάμενον. » Ailleurs ἕδος est synonyme de νεώς, *temple*. Sur ce pillage commis par les Perses, lors de leur seconde invasion, qu'Isocrate désigne ici par ἐν τῷ προτέρῳ πολέμῳ, voyez plus haut §. 27, et Hérod. l. VIII, ch. 53.

Διὸ καὶ τοὺς Ἴωνας ἄξιον ἐπ.] Il paroît assez difficile de déterminer pourquoi Isocrate attribue aux Ioniens le serment dont il s'agit. Les deux auteurs qui en parlent, Diodore (4) et Lycurgue (5), disent qu'il fut fait par les Grecs, Ἕλληνες, mais ne citent point les Ioniens; et par le mot Ἕλληνες, il faut seulement entendre, dans ce cas, les Grecs d'Europe, suivant Hérodote, l. IX, ch. 28 *et suiv.*, où il donne le dénombrement de l'armée grecque, mais sans faire mention du serment dont il est question. Quelques critiques ont donc cru qu'il falloit lire ici Ἕλληνας, au lieu de Ἴωνας; mais cette correction est trop peu naturelle pour qu'on puisse l'admettre; d'autant plus qu'Isocrate lui-même, au commencement du §. suivant, semble dire assez clairement, que, pour contre-balancer ce serment généreux des Ioniens, auquel, selon lui, les autres Grecs n'auroient pas eu de part, il va citer des preuves analogues de la haine que ses concitoyens ont toujours portée aux Perses. Quoi qu'il en soit, le serment dont

(1) *Hellen.* I, 4, 12.
(2) *In Alcib.* c. 34.
(3) Περὶ τῆς Ἀντιδόσ. p. 310, §. 2.
(4) Lib. XI, c. 29.
(5) *In Leocr.* c. 19.

il s'agit fut fait avant la bataille de Platée ; l'orateur LYCURGUE (1) nous en a conservé la formule, qui mérite d'être rapportée : « Οὐ ποιήσομαι περὶ πλείονος τὸ ζῆν τῆς ἐλευθερίας· οὐδὲ καταλείψω τοὺς ἡγεμόνας, οὔτε ζῶντας, οὔτε ἀποθανόντας, ἀλλὰ τοὺς ἐν τῇ μάχῃ τελευτήσαντας τῶν συμμάχων ἅπαντας θάψω· καὶ κρατήσας τῷ πολέμῳ τοὺς βαρβάρους, τῶν μὲν μαχεσαμένων ὑπὲρ τῆς Ἑλλάδος πόλεων οὐδεμίαν ἀνάστατον ποιήσω, τὰς δὲ τὰ τοῦ βαρβάρου προελομένας ἁπάσας δεκατεύσω. Καὶ τῶν ἱερῶν τῶν ἐμπρησθέντων καὶ καταβληθέντων ὑπὸ τῶν βαρβάρων οὐδὲν ἀνοικοδομήσω παντάπασιν, ἀλλ' ὑπόμνημα τοῖς ἐπιγινομένοις ἐάσω καταλείπεσθαι τῆς τῶν βαρβάρων ἀσεβείας. » Remarquez que la fin de ce passage a beaucoup de rapport avec celui d'ISOCRATE.

Ἐπηράσαντο εἴ τινες οἰκοδομήσαιεν.] L'édit. de M. CORAY et celle de l'abbé AUGER donnent ἐπηράσαντο εἴ ΤΙ' τινες, d'après une corection de VALCKENAER (2), qu'approuve M. MORUS. La raison qui a porté les savants que je viens de citer, à croire le texte altéré dans cet endroit, est qu'ISOCRATE n'a pas pu dire, comme le texte, tel qu'il est, semble l'indiquer, que les Ioniens avoient dévoué à la malédiction divine les temples qu'on relèveroit, tandis que ces imprécations, au contraire, ne concernoient que ceux qui reconstruiroient ces temples. Mais il me semble que, sans rien changer, on peut trouver ce sens dans le grec, en ponctuant seulement comme je l'ai fait, ou plutôt, en considérant τῶν ἐμπρησθέντων ἱερῶν comme un génitif *absolu*, et sous-entendant αὐτά avec les verbes suivants, οἰκοδομήσαιεν et καταστῆσαι : alors on traduira : « *Les temples ayant été incendiés*, ils dévouèrent à la vengeance divine ceux qui les relèveroient, etc. » — Le verbe ἐπαρᾶσθαι, synonyme de καταρᾶσθαι, correspond à *diras imprecari*, ou *deorum exsecrationibus devovere* (3) des Latins. SOPHOCLE (4) nous a laissé une formule de cette

(1) *L. l.*
(2) *Ad Herod.* V, 102.
(3) Voy. VALCKEN. *ad Phœn.* v. 70, p. 26.
(4) *Aj.* v. 1139, edit. BOTHE.

sorte d'anathème. Teucer, après avoir placé Tecmesse et Eurysaces auprès du corps d'Ajax, leur avoir coupé des cheveux et s'en être coupé à lui-même, pour en faire une offrande aux mânes de son frère, parle ainsi :

—Εἰ δέ τις στρατοῦ
Βίᾳ σ' ἀποσπάσειε τοῦδε τοῦ νεκροῦ,
Κακὸς κακῶς ἄθαπτος ἐκπέσοι χθονὸς,
Γένους ἅπαντος ῥίζαν ἐξημημένος
Αὔτως, ὅπωσπερ τόνδ' ἐγὼ τέμνω πλόκον.

« Si quelqu'un dans l'armée osoit employer la violence pour vous séparer de ce corps, que ce méchant, périssant d'une manière digne de lui, reste privé de sépulture loin de sa patrie ; qu'il soit retranché de la race des humains, comme ces cheveux que je viens de couper. » Voy. aussi Hérod. lib. III, ch. 65, *sub finem*. Cicéron (1), parlant de ces imprécations, que les Latins appeloient *diræ*, et qui correspondent au mot ἀραί des Grecs, les définit ainsi : *Exsecrationes et imprecationes sunt, quæ in malevolos effundebantur horrendæ, deos quosdam inauditos compellantes ; quibus quicunque devotus erat, credebatur maximo affici infortunio.*

§. XLII.

Τοῖς δ' ἠπειρώταις οὐδ', ὅταν εὖ πάσχωσι, χάριν ἴσασιν.] MM. Coray et Morus, comme tous les éditeurs, mettent ici la virgule après ἠπειρώταις ; ponctuation qui dénature le sens au point de le rendre tout-à-fait différent. Je l'ai rectifiée.—Ἠπειρώταις, les Perses. Voy. §. 36, p. 171, not. 3.

Χρηματίζειν.] Ce verbe, qui, dans son sens propre et générique, signifie *traiter d'affaire*, souvent, comme dans ce passage, signifie particulièrement ou spécialement, *traiter des affaires de l'état, du gouvernement, délibérer*, devant le peuple ou au sénat, *sur les intérêts publics* (2). L'emploi de ce verbe diffère ; tantôt

(1) *De Finib.* c. I.

(2) Voy. Hesych. et Budée, *Comm. L. Gr.* p. 325, edit. Rob. Steph. *et* p. 226 edit. Ascensius.

il s'emploie absolument, comme ici, et dans les exemples suivants : « Πρυτάνεις καὶ στρατηγοὶ ἐχρημάτισαν, καὶ εἵλοντο πρέσβεις (1)· *Les stratèges et les prytanes, après avoir délibéré, élurent des ambassadeurs.* » « Χρηματίζων τε καὶ δικάζων (2)· *Occupé des affaires publiques, et rendant la justice.* » Tantôt χρηματίζειν se trouve construit avec un nom qui en détermine le sens : « Τῇ πόλει χρηματίζειν περὶ φιλίας (3)· *Traiter d'une alliance avec un état.* »* « Χρηματίζειν τοῖς πρεσβευταῖς (4)· *Recevoir des ambassadeurs.* » Mor.

Μηδισμοῦ θάνατον κατέγνωσαν.] Μηδισμός se disoit des Grecs qui étoient accusés de favoriser les Mèdes ou les Perses (5), noms par lesquels les anciens historiens grecs désignoient indifféremment les sujets du Grand-Roi (6). Sur ces mots en ισμός, formés du parfait passif des verbes en ίζω (7), et qui marquent penchant à l'imitation, voy. M. Gail, *Essais sur les Désinences, Observ. prélim.* p. 8-9. H. Hoogeveen, *ad Viger. Idiot.* c. V, sect. I. reg. 16, not. 73, p. 191. — Parmi les exemples de sévérité exercés par les Athéniens de ce temps sur les partisans des Perses, on peut citer la mort du sénateur Lycidas, lapidé, ainsi que sa femme, pour avoir parlé d'accepter les propositions de Mardonius (8); celle de Cyrsile et de sa femme, qui périrent du même supplice pour la même cause (9); Arthmius, déclaré infâme, lui et toute sa famille (10).

Καὶ νῦν ἀρὰς ποιοῦνται - εἴ τις ἐπικηρ.] « Et maintenant même encore ils font des imprécations contre le

---

(1) Demosth. *De Cor.* c. 23.
(2) Dion. Halicarn. *Ant.* p. 710.
(3) Thucyd. V, 5.
(4) Polyb. III, 66, et *Exc. Leg.* n. 3.
(5) Herod. VIII, 92; IX, 88; Thucyd. I, 95.
(6) Voy. Hérod. VI, 109, 112, *et pass.* Thucyd. I, 18, 89; et IV, 36.
(7) Voy. Port-Royal, l. VI, ch. V, sect. 2.
(8) Voy. Hérod. IX, 5.
(9) Demosth. *Pro Cor.* p. 507; D. Cic. *De Offic.* lib. III, c. 11, §. 48.
(10) Demosth. *in Philipp.* p. 91; C. D. Æsch. *contra Ctesiph.* p. 469; E. Plut. *in Themist.* p. 114. F. Arist. *Panath* p. 190.

citoyen qui proposeroit de faire la paix avec les Perses.» Et plus littéral. : «Qui proposeroit d'envoyer un héraut aux Perses, pour traiter de la paix avec eux, » selon la glose d'Harpocration (1). — Le verbe ἐπικηρυκεύειν (et sur-tout ἐπικηρυκεύεσθαι, *au moyen* (2)), qui, dans son sens générique, signifie *envoyer un héraut*, ou *faire savoir par l'organe d'un héraut*, signifie aussi très souvent, comme ici, d'une manière plus particulière, *envoyer un héraut ou une ambassade*, pour faire des propositions de paix ou d'armistice (3) : alors il faut sous-entendre ces mots περὶ διαλλαγῶν καὶ φιλίας, *de pace et amicitiâ*, ainsi que l'a dit Denys d'Halicarnasse (4), en suppléant l'ellipse. — Ce passage remarquable nous apprend que les Athéniens croyoient devoir prendre la précaution de faire précéder leurs assemblées publiques d'imprécations, ἀραί, contre les Perses. Voilà pourquoi, sans doute, Aristophane, voulant, dans une de ses pièces (5), parodier cet usage de l'assemblée des hommes, l'introduit dans une assemblée de femmes, qui délibèrent contre Euripide, leur ennemi, et il leur fait dire :

Εἴ τις ἐπιβουλεύει τι τῷ δήμῳ κακὸν
Τῷ τῶν γυναικῶν, ἢ 'πικηρυκεύεται
Εὐριπίδῃ, Μήδοις τ', ἐπὶ βλάβῃ τινὶ
Τῇ τῶν γυναικῶν, κ. τ. λ.

« Si quelqu'un conspire contre le peuple des femmes, ou si, pour leur nuire, il propose de faire la paix avec Euripide et les Mèdes, etc. » Mor. Cor.

Εὐμολπίδαι δὲ καὶ Κήρυκες.] Les Eumolpides, descendants d'Eumolpe (sur lequel voy. §. 19, *aux not.*), étoient à Athènes une famille sacerdotale, qui veilloit au maintien du culte et des mystères de Cérès à Eleusis. Eumolpe fut le fondateur de ces mystères (6). — Il y avoit

(1) *Voc.* Ἐπικηρυκεία.
(2) Voy. Hérod. VI, 97; IX, 87.
(3) Voy. Thucyd. IV, 27.
(4) *Antiq.* p. 616.
(5) *Thesmoph.* v. 335, edit. Brunck, et 342, edit. Kuster.
(6) Voy. Hesych. *voc.* Εὐμολπίδαι, et *ibi interpret.*

à Athènes plusieurs espèces de Κήρυκες, *Céryces*, ou *hérauts*, qui différoient entr'eux d'après leurs attributions, ainsi que par les circonstances et le lieu où ils s'acquittoient de leurs fonctions (1). Les *Céryces*, dont il s'agit ici, étoient encore une famille sacerdotale, attachée aux mystères d'Eleusis, et dont les membres y remplissoient les fonctions de hérauts. Les *Céryces* tiroient leur nom de leur aïeul *Céryx*, fils de Mercure (2). Les *Céryces* devant être considérés ici comme une famille, telle que les Eumolpides, quoiqu'ils remplissent les fonctions de *hérauts*, c'est à tort que Wolf et les autres interprètes ont traduit Κήρυκες par *præcones ;* il faut leur conserver leur nom propre de *Céryces* (3). Remarquez, d'ailleurs, qu'on trouve assez habituellement réunis les *Eumolpides* et les *Céryces*. Mor.

Φύσει πολεμικῶς.] Voy. p. 177, not. 1.

Τοῦ πολέμου τοῦ πρὸς τ. βαρϐ.] Il s'agit de la guerre de Troie.

Ὕμνους.] Par ce mot il faut probablement entendre ces fragments des poëmes d'Homère, que les rhapsodes avoient coutume dans les fêtes, ἑορταῖς, de chanter en l'honneur des héros. Mor.

Θρήνους.] Par ce mot Isocrate désigne peut-être ces poëmes élégiaques que des auteurs très anciens avoient composés pour retracer les malheurs des nations. C'est ainsi que Tyrtée, dans ses élégies, avoit décrit en partie les guerres des Lacédémoniens et des Messéniens ; Callinus, celles qui, de son temps, affligèrent l'Ionie. Solon avoit aussi composé une élégie, intitulée *Salamine*, pour engager les Athéniens à reprendre l'île de ce nom. Voy. Barthel., ch. LXXX, et la not. 2 sur le ch. XL.

Ἔν τε τοῖς τῆς μουσικῆς ἄθλοις.] Ἆθλοι ou ἀγῶνες μου-

(1) Voy. J. Pollux, lib. VIII, *segm.* 103.

(2) Voy. Harpocr. v. Κήρυκες ; Hesych. J. Pollux, lib. IV, *segm.* 12, et VIII, 103 ; Sigon. *De Repub. Athen.* p. 46.

(3) Voy. Taylor *ad Æschin. contr. Ctesiph.* p. 406, *apud* Reisk.

(4) Voy. Thucyd. VIII, 53 ; Æschin. *l. l.* ; Diod. *Sic.* I, 29.

σικῆς sont ces jeux, ou plutôt ces *concours* établis dans les fêtes publiques d'Athènes pour la tragédie, la comédie et les autres arts libéraux : car sous le mot μουσική les Attiques comprenoient tous les arts et toutes les sciences : « Μουσικὴν, πᾶσαν τέχνην, οἱ Ἀττικοί, » dit Hésychius. Remarquez que les Attiques disent plutôt ἀγὼν ou ἆθλος μουσικῆς, que ἀγὼν ou ἆθλος μουσικός (1). Comme ils ne mettent point ordinairement l'article devant μουσική, M. Morus voudroit le retrancher ici. Cette correction m'a paru peu nécessaire.

§. XLIII.

Καὶ γὰρ αἰσχρόν.] La conjonct. γάρ se rapporte à ὃν οὐκ ἀφετέον.

Κύπρος ἀφέστηκε.] Voy. §. 39.

Φοινίκη καὶ Συρία διὰ τὸν πόλεμον ἀνάστατοι γεγόνασι.] Isocrate me semble dire ici que la Phénicie et la Syrie, à la suite de la guerre qu'Evagoras faisoit au roi de Perse, *avoient été révolutionnées*, ἀνάστατοι γεγόνασι, et détachées de sa domination. Diodore (2), en effet, rapporte qu'Evagoras s'étoit emparé de Tyr, en Phénicie, et de quelques autres possessions du Grand-Roi.

Οἱ μεθ' ἡμῶν ὄντες.] Voy. §. 3, p. 108, not. 3.

Λυκίας δ' οὐδὲ εἷς πώποτε Περσῶν.] Selon Grégoire de Corinthe (3), οὐδὲ εἷς est pour οὐδείς, par une *diérèse* ou plutôt une *tmèse* particulière aux Attiques. Je crois que le plus souvent il s'agit moins, dans ce cas, d'un dialecte que d'une intention et d'un effet de style. Quand les auteurs grecs, attiques ou autres, veulent faire insister sur le sens négatif et l'absence totale de la chose en question, ils séparent la négation du pronom avec lequel elle se compose ordinairement. C'est ainsi que notre auteur (4), pour arrêter l'esprit sur toutes les fautes dont Nicoclès avoit su se préserver, lui fait dire : « Ὅμως ΟΥΔ' ὑφ' ἙΝΟΣ τούτων διεφθάρην. » Thu-

(1) Voy. Hemsterh. *ad* Aristoph. *Plut.* v. 1163-64.
(2) Lib. XV, c. 2.
(3) *De Attic. Dial.* 22.
(4) *Nicocl.* §. 9, p. 29; *Evag.* §. 19, p. 197.

CYDIDE (1), voulant faire insister sur l'insuffisance de tous les remèdes dans la peste d'Athènes, dit encore : « "EN τε ΟΥΔΕΝ κατέστη ἴαμα. »

Κτήσασθαι.] Sur cet aor. voy. §. 15, p. 115, not. 1.

Ἑκατόμνως - ἐπίσταθμος.] Selon Diodore (2), cet Hécatomne, satrape de Carie, s'entendoit avec Evagoras (*voy.* §. 39), et lui fournissoit secrètement de fortes sommes d'argent pour l'entretien des troupes qu'il avoit à sa solde. L'orthographe de ce nom varie; quelques édit. donnent Ἑκάτομνος (3), d'autres Ἑκατόμνος et Ἑκάτομνος.—Sur ἐπίσταθμος, voy. §. 34. p. 164, not. 4. Mor.

Καὶ τοιούτων ὁρμητηρίων.] Ὁρμητήριον est une ville ou un lieu bien fortifié, et muni de tous les approvisionnements de guerre, d'où l'on peut marcher contre l'ennemi (ὁρμᾷν), et où l'on peut aussi se retirer : ce mot correspond à ce que nous appelons en français une *place d'armes* (4). Mor. Cor.

Πῶς ἂν διατεθεῖεν.] « A quel état doivent-ils être réduits ? » ou : « Quelles défaites ne doivent-ils pas éprouver ? » Sur διατιθέναι, voy. §. 1, p. 67, not. 1, et §. 32, p. 158, not. 2.

Πόλεις τὰς ἐπὶ θαλάττῃ.] Voy. §. 40, p. 185, not. 4.

Τὴν ἤπειρον.] Voy. §. 36, p. 171, not. 3. C'est encore ainsi que nous aurons un peu plus bas, διαβαίνειν εἰς τὴν ἤπειρον, et ἠπειρῶται.

Καὶ τὴν ἄλλην τὴν ὑπερκειμένην χώραν.] C'est-à-dire, tout le pays situé au-delà de la Phrygie, et, par cela même, plus voisin de la Perse. Mor.

Ἐπὶ τοῖς ἐντεῦθεν ὁρμωμένοις εἶναι.] « Elles tomberoient au pouvoir de ceux qui dirigeroient *de-là* leur attaque; » c'est-à-dire, des îles voisines, telles que Rhodes, Samos et Chios. Cor.—Ici εἶναι est pour ἔσεσθαι, que demanderoit εἰκός, qui précède. Mais l'orateur emploie le présent afin de rendre la tournure plus

(1) Lib. II, c. 51; C. f. Demosth. *De Cor.* p. 264, edit. Reisk. Xenoph. *Cyrop.* lib. I, c. 3, §. 10; Plut. *in Mar.* §. 12, p. 77, l. 1, edit. Hutten.

(2) Lib. XV, c. 2.

(3) Harpocr. v. ἐπίσταθμος.

(4) Wessel. *ad* Diod. XIV, 47.

vive : il considère déjà comme existant un fait qui n'est encore qu'en supposition, tant l'exécution lui en paroît facile. Sur cette *énallage* de temps voy. Vig. c. V, sect. III, reg. 11, p. 211 (1).

Ἐκεῖνοι γὰρ ὑστερήσαντες τῶν βαρβάρων.] « Car s'étant laissé devancer par les Barbares. » Voilà pourquoi l'orateur va dire un peu plus bas : πειρασόμεθα φθῆναι. Du reste, il suffit de lire Hérod. l. IV, V et VI, pour partager l'opinion d'Isocrate. On y verra que les Ioniens (2), et en général tous les peuples soumis par les Perses avant la bataille de Marathon (3), furent en effet abandonnés; de plus, on y acquerra la certitude que l'époque dont parle Isocrate est celle de la première invasion de Darius, fils d'Hystaspe, et non celle de Xerxes, comme Wolf le prétend. Mor.

Καταστάντες εἰς τ. μεγ. ἀγῶν.] Voy. l'*Index*.

Ὁ βουληθέντες.] Les autres éditions donnent ἣν βουληθέντες, et font rapporter ἣν à δύναμιν. J'ai, d'après MM. Morus et Coray, adopté la leçon ὁ βουληθέντες, que présentent quelques Mss. : elle m'a paru plus conforme à la grammaire, et offrir un meilleur sens. Isocrate, qui flatte les Athéniens et cherche à leur persuader qu'il leur est facile de renouveler les exploits de Marathon et de Salamine, n'a pas dû leur dire qu'ils devoient compter sur la victoire, parce qu'ils seroient supérieurs en nombre, idée que présente la leçon vulgaire; il est bien plus naturel qu'il leur ait dit, quand il s'agissoit d'une expédition maritime, qu'il leur seroit facile d'aller attaquer leur ennemi dans ses foyers, sens que présente la leçon que nous avons suivie. De plus, on sait historiquement qu'il n'étoit pas aisé aux Grecs d'obtenir sur les Asiatiques la supériorité numérique.

Πολὺ δὲ κάλλιον ἐκείνῳ-πολεμεῖν.] Construisez : πολὺ δὲ κάλλιον πολεμεῖν ἐκείνῳ, κ. τ. λ.

---

(1) C. f. *quoque* Duker. et Wasse *ad* Thuc. II, 44.
(2) Herod. V, 49, 100-103.
(3) *Id.* VI, 95 *sq.*

§. XLIV.

Στρατείαν.] Les autres édit. donnent στρατιάν, *exercitum*. Voy. §. 38, not. 3, p. 176.

Οἱ τῶν συμφορῶν κοινωνήσαντες.] L'orateur parle des Ioniens, qui, après avoir fait tant de généreux efforts pour recouvrer leur liberté, étoient restés sous le joug des despotes de l'Asie.

Πλεῖον.] M. CORAY donne πλείω, correction de WOLF. Elle m'a paru peu nécessaire.

Ἐν ταῖς αὑτῶν ἀνόμως ἀπόλλυσθαι.] Sur ἐν ταῖς αὑτῶν, voy. §. 11, not. 2, p. 100, et sur ἀνόμως ἀπόλλ. voy. §. 32, p. 158, not. 2.

Ἐπὶ ξένης.] Sous-ent. γῆς, ou χώρας (1).

Ἐπικουρεῖν ἀναγκαζομένους.] Le verbe ἐπικουρεῖν, employé ici neutralement et dans un sens absolu, est synonyme de μισθοφορεῖν, et signifie, *être à la solde d'une puissance étrangère*, *servir comme stipendiaires*. L'emploi et l'acception extraordinaire, que présente ici le verbe ἐπικουρεῖν, ont partagé les critiques sur ce passage. M. MORUS pense qu'il faudroit lire, τῇ ἐνδείᾳ ἐπικουρεῖν, et traduire : *Inopiæ suæ succurrere coactos*. D'autres, tels que l'abbé AUGER, d'après les anciennes éditions (2), suppriment la virgule après ἀναγκαζομένους, et mettent un point *en haut* après ὑπὲρ τῶν ἐχθρῶν, qu'ils font régime de ἐπικουρεῖν, et qui devient alors synonyme de ὑπέρ τινος βοηθεῖν, *auxilio defendere aliquem*. J'ai suivi l'interprétation de MM. LANGE et CORAY, comme beaucoup plus simple et plus naturelle.

Τοσούτου δέουσιν.] Voy. §. 37, p. 173, not. 4.

Εὐηθείας.] Ce mot signifie proprement, *bonté*, *douceur de mœurs*, *de caractère;* ensuite, *simplicité*, et le plus souvent, comme ici, par extension, *sottise*, *ineptie*, *bêtise*, *niaiserie* (3). Ce terme est un euphé-

---

(1) Voy. LAMB. BOS. *Ellips. gr.*

(2) *Ald. Bas. Steph.*

(3) *Vid.* ULPIEN *ad* DEMOSTH. *Olynth.* II, *segm.* 3; SUID. HESYCH. et *ib. adnot.*

misme ironique (1), et correspond à notre mot *bonhomie*, comme l'adjectif εὐήθης à *bon homme*. Ils étoient déjà tous deux fort en usage dans ce sens du temps d'Hérodote (2); aussi le grave Thucydide (3) semble-t-il reprocher à son siècle cette acception détournée, quand il dit : « Τὸ εὔηθες, οὗ τὸ γενναῖον πλεῖστον μετέχει, καταγελασθὲν ἠφανίσθη· *La simplicité, compagne ordinaire des ames nobles, ne fut plus qu'un ridicule, et disparut* (4). »

Εἰ δυστυχίαν, κ. τ. λ.] « Si je déplorois les infortunes particulières, dans un temps où l'Italie, etc. »

Ἰταλία μὲν ἀνάστατος γέγονε.] Isocrate a dit ailleurs (5) que les Lacédémoniens, devenus maîtres de la Grèce, avoient détruit la démocratie (πολιτείας, voy. §. 15) en Italie et en Sicile, et y avoient établi des gouvernements absolus (τυραννίδας). Ce passage peut servir à interpréter ces mots, Ἰταλία ἀνάστατος, et Σικελία καταδεδούλωται. En effet, Denys le tyran, après avoir défait les Athéniens en Sicile, entreprit, secondé principalement de Lacédémone (6), de soumettre à sa domination (7) tous les Grecs qui se trouvoient alors en grand nombre dans la Sicile et l'Italie (8). Mor.

§. XLV.

Θαυμάζω δὲ τῶν δυναστευόντων - εἰ.] Sur cette locution, voy. §. 1, not. 1, p. 59.

Τυχὸν μὲν γὰρ ἂν τι διεπέραναν.] Littér. « Ils seroient peut-être venus à bout de quelque chose. »

Εἰ δὲ καὶ προαπεῖπον.] « Mais s'ils eussent renoncé avant d'en être venus à leurs fins; » c'est-à-dire, si, vaincus par la fatigue, le temps, la nécessité, etc., ils

(1) Th. Magist. v. εὔηθες.
(2) I, 60; II, 45.
(3) Lib. III, c. 83.
(4) Trad. de M. Gail.
(5) *De Pace sive* Συμμαχ. p. 178, §. 33.
(6) Voy. plus haut, §. 35, et not. 3, p. 168.
(7) Diod. *Sic.* lib. XIV, c. 90, 91; Thucyd. lib. VI, *in init.*
(8) Voy. Justin, lib. XX, c. 1; Aristid. *Panath.* p. 177-178.

eussent été contraints d'abandonner leur entreprise avant de l'avoir achevée. Tel est ici, comme l'observe M. Morus, le sens du verbe προαπειπεῖν. C'est de la même manière qu'Isocrate a dit ailleurs (1) : Ἐγὼ προαπείρηκα. Il en est de même de προαπαυδᾶν, προαπαγορεύειν, προαποκάμνειν, verbes synonymes, dont le sens métaphorique est emprunté de ceux qui, par fatigue, abandonnent leur ouvrage avant de l'avoir terminé (2). Les interprètes latins (3) traduisent ici προαπεῖπον par *diem obire*, mourir, sens fort rare, qui ne peut pas convenir ici, et que semblent même repousser les deux verbes διεπέραναν et προαπεῖπον, mis évidemment en opposition.

Κατέλιπον] « Ils laissoient, ou ils auroient laissé. » Selon les grammairiens (4), il faudroit sous-entendre ici ἂν avec κατέλιπον. Je crois qu'il vaut mieux regarder cet indicatif simple comme une nuance d'expression qui appartient aussi à notre langue. Les Grecs emploient quelquefois, comme dans ce passage, les temps de l'indicatif, au lieu de ceux de l'optatif, pour donner plus de vivacité à l'expression, et présenter l'idée d'une manière plus affirmative. C'est ainsi que, dans Lucien (5), Philippe, voulant faire sentir à son fils Alexandre les inconvénients auxquels l'exposoit sa témérité, lui dit : « Θεὸς εἶναι δοκῶν, εἴ ποτε τρωθείης, καὶ βλέποιέν σε φοράδην τοῦ πολέμου ἐκκομιζόμενον, -ταῦτα γέλως ἮΝ τοῖς ὁρῶσι, καὶ ὁ Ἄμμων γόης καὶ ψευδόμαντις ἨΛΕΓΧΕΤΟ. » C'est-à-dire : « Si, regardé comme un dieu, tu eusses été blessé, si l'on t'eût vu rapporter du champ de bataille, tu *apprêtois* à rire à ceux qui en auroient été témoins, et tu *prouvois* qu'Ammon étoit un imposteur. » On voit que, dans ce passage, on peut mettre l'optatif à la place de l'indicatif ἦν et ἠλέγχετο, et traduire, *tu aurois apprêté à rire*, *tu aurois prouvé* : mais alors, en grec comme en français, la tournure perd sa

(1) *Epist.* I *ad Philipp. statim in init.*
(2) Voy. M. Coray, *l. l.*
(3) Wolf, Battie.
(4) Voy. Viger. *Idiotism.* c. V, sect. II, reg. I, *sq.*
(5) Tom. I, p. 397-8, edit. Reitz.

vivacité ; ce qu'a bien senti M. Gail, dont j'ai cité l'élégante et fidèle traduction. Racine nous fournit un exemple de cet emploi de l'imparfait, quand il fait dire à Phèdre :

> Je *mourois* ce matin digne d'être pleurée ;
> J'ai suivi tes conseils, je meurs déshonorée (1).

Je mourois est évidemment ici pour *je serois morte* ; mais qui ne sent la différence qui existe d'une tournure à l'autre? Notre langue, dans la seule conjugaison, peut offrir, avec la langue grecque, plus d'un rapport de ce genre, et c'est pour ne l'avoir pas assez remarqué, que les grammairiens modernes ont souvent établi, dans la langue de Démosthène, une substitution de temps, non moins illusoire qu'arbitraire.

Οὐ μὴν ἀλλ' ὅσῳ μικρ.] Remarquez que ces particules οὐ μὴν ἀλλά renferment toujours l'ellipse d'une idée intermédiaire que fait sous-entendre le *contexte* ; οὐ μήν, *non quidem*, présente négativement cette idée sous-entendue, avec laquelle ἀλλά ; *sed*, marque opposition. Ainsi, par exemple, la phrase d'Isocrate sans ellipse, seroit ici : Οὐ μὴν ἐπὶ τούτοις ἀθυμητέον, ἀλλὰ ὅσῳ μικροψυχότεροι, κ. τ. λ. *Il ne faut point assurément se décourager pour cela, mais plus ils se montrent pusillanimes*, etc. Isocrate, dès le commencement de ce discours (§. 1), présentant à peu près la même idée avec la même tournure, mais sans ellipse, a dit : ΟΥ ΜΗΝ ἐπὶ τούτοις ἈΘΥΜΗΣΑΣ εἱλόμην ῥαθυμεῖν, ἈΛΛ' ἱκανὸν νομίσας ἆθλον ἔσεσθαί μοι τὴν δόξαν, κ. τ. λ. Sur οὐ μὴν ἀλλά, voy. H. Hoogeveen, *Doctrin. Particul.* p. 481.

Ἀπαλλαγησόμεθα.] Quelques éditeurs (2) donnent ἀπαλλαγησώμεθα, et un peu plus bas συνησώμεθα, au subjonctif. Mais voy. §. 8, p. 93, not. 4; §. 25, p. 133, not. 3.

§. XLVI.

Τὰς ἐπιβουλάς.] Quelques édit. (3) donnent ἐπιβολάς,

(1) Act. III, sc. 3, v. 13.
(2) Wolf, Étienne, Battie, Auger.
(3) Wolf, Batt.

agressions, attaques. J'ai, avec MM. Morus et Coray, adopté ἐπιβουλάς, *intentions hostiles*, leçon des anciennes éditions (1), et que fortifient les mots suivants, ἀσφαλέστερον, πιστότερον, qui présentent une idée de *sécurité*, de *confiance mutuelle*, dont ἐπιβουλαί, *insidiæ*, est plus rigoureusement l'opposé que ἐπιβολαί, *agressions ouvertes*. Isocrate, dans son style symétrique, n'aura point négligé ici la précision de l'antithèse.

Πρὶν ἂν καὶ τὰς φιλίας ἐκ τῶν αὐτῶν καὶ τοὺς κινδύνους πρὸς τοὺς αὐτοὺς ποιησώμεθα.] « Avant que nous n'ayons les mêmes amis et les mêmes ennemis. » Telle paroît être l'idée d'Isocrate. Mais ἐκ τῶν αὐτῶν peut prêter encore à une autre interprétation, d'après laquelle ces mots signifieroient, *par les mêmes motifs*, *les mêmes intérêts*, et alors il faudroit traduire: « Avant que nous ne formions des alliances dans les mêmes intérêts, et que nous ne fassions la guerre aux mêmes ennemis. » Ce dernier sens, qui est celui de Wolf (2), semble moins naturel que le premier, proposé par M. Morus, et adopté par M. Coray. — Les anciennes éditions donnent αὐτούς, *illos*, se rapportant à βαρβάρους, et non τοὺς αὐτούς, *eosdem*, correction de Wolf, reçue par tous les éditeurs suivants, comme indispensable.

Οὐκ ἔστιν ὅπως.] Locution équivalente à celle-ci : *Il n'y a pas moyen de.* Voy. Vig. c. V, sect. VI, reg. 2.

Περὶ παντός.] *Sur-tout*, comme en français, c'est-à-dire, *avant tout*, *principalement*.

Τὸν ἐνθένδε πόλεμον.] On pourroit croire qu'Isocrate a dû écrire ὅπως ὡς τάχιστα τὸν πόλεμον ἐνθένδε εἰς τὴν ἤπειρον, κ. τ. λ. Mais ici ἐνθένδε, *hinc*, est synonyme de ἐνταῦθα, *hìc* (3). Cor. ou de ἐνθάδε, qui se lit §. 19, p. 21, l. 18.

Πόλεμον εἰς τὴν ἤπειρον διοριοῦμεν.] Cette phrase est elliptique; il faut y sous-entendre un verbe tel que διακομίζειν, qui se lit plus bas, p. 57, l. 21, et la résoudre ainsi : Τὸν ἐνθένδε πόλεμον εἰς τὴν ἤπειρον (διακομίσαντες)

(1) Med. Ald. Steph.
(2) *In not.* p. 388, l. 20.
(3) Voy. aussi Eurip. *Bacch.* v. 48.

διοριοῦμεν (ἐκεῖ); c'est-à-dire, *transportant en Asie la guerre que nous nous faisons ici, nous la fixerons entre les limites de ce pays*; et en français : *Nous transporterons en Asie le théâtre de la guerre que nous nous faisons ici.* C'est ainsi que les Grecs sous-entendent assez souvent un verbe intermédiaire auquel se rapporte la préposition exprimée. En voici des exemples : Hérodote : « Φαίνονται δὲ οἱ Κιμμέριοι ΦΕΥΓΟΝΤΕΣ ἘΣ τὴν Ἀσίην τοὺς Σκύθας (1)· *Il paroît certain que les Cimmériens, fuyant les Scythes, se retirèrent en Asie.* » Ici il faut sous-entendre ἀπικέσθαι, du l. I, ch. 103, *arriver*, ou εἰςβαλεῖν, *se jeter*, qui se trouve un peu plus bas. Le même auteur (2) : « Οἰκία τε ἐδείματο ἐν Βορυσθένεϊ, καὶ γυναῖκα ἘΓΗΜΕ ἘΣ αὐτὰ ἐπιχωρίην· *Il se fit aussi bâtir un palais à Borysthènes, et il y épousa une femme du pays.* » Après ἔγημε, sous-entendez ici ἀγαγών, ou quelque autre verbe semblable, qui puisse se construire avec ἐς. Lucien : « Ὑπὸ Λευκοθέας ΔΙΑΣΩΘΕΝΤΑ ἘΙΣ τὴν τῶν Φαιάκων χώραν (3)· *Sauvé par Leucothée, qui me fit aborder sur le territoire des Phéaciens.* » Sous-entendu καταχθῆναι, ou quelque mot semblable.

Ὡς μόνον γ' ἂν τοῦτο ἀγαθὸν ἀπολαύσαιμεν ἐκ τῶν κινδ. κ. τ. λ.] Voici le sens de ce passage : « Afin du moins que nous retirions de nos guerres intestines cet avantage, que nous croyions devoir employer contre les Barbares l'expérience que nous y avons acquise. — Dans la plupart des édit. on lit Δ' ἂν, qui ne forme point de sens. J'ai donné Γ' ἂν, *saltem*, correction de Wolf, adoptée par H. Etienne, MM. Auger et Coray, et qui paroît indispensable. — Ἀπολαύσαιμεν ἘΚ τῶν κινδ. Cette construction de ἀπολαύειν, avec la préposition ἐκ, est assez rare ; mais cependant, comme elle se trouve chez d'autres auteurs, c'est à tort, je crois, que quelques critiques pensent qu'on pourroit ici la supprimer : il ne faut voir dans ce passage que l'emploi du verbe

---

(1) Lib. IV, c. 12. C. f. lib. III, c. 42, et *ibi* Valck.
(2) *Ibid.* c. 78.
(3) *Ver. Hist.* lib. II, §. 35, tom. II, p. 130, l. 65.

ἀπολαύειν sans l'ellipse ordinaire de la préposition ἐκ. C'est ainsi que DENYS D'HALICARNASSE (1) a dit : « Ῥωμαίους οὐδὲν ἈΠΟΛΑΥΣΕΙΝ ἘΚ τῆς τριβῆς τοῦ χρόνου. » — Εἰ - δόξειε. Les Grecs emploient assez souvent la conjonction εἰ dans le sens de ὅτι, *quòd* (2), mais cependant sans que εἰ perde entièrement son sens conditionnel et dubitatif (3), comme nous en avons ici un exemple; car la résolution proposée par l'orateur n'étoit pas encore prise.—Du reste, tout ce passage semble être une imitation de LYSIAS, qui a dit dans son oraison (4) funèbre : « Ἐκ τῶν ἡμαρτημένων μαθόντα περὶ τῶν λοιπῶν ἄμεινον βουλεύσασθαι. »

§. XLVII.

Ἀλλὰ γὰρ ἴσως διὰ τὰς συνθήκας ἄξιον ἐπισχεῖν.] « Mais, dira-t-on peut-être, les traités exigent que nous nous modérions. » Ἀλλὰ γὰρ ἴσως, *sed enim fortasse*, s'emploient souvent, sur-tout chez les orateurs, pour réfuter une objection que l'on prévient, par la figure appelée *prolepse* ou *anticipation* (5). Cette locution est elliptique. Les trois particules ἀλλὰ γὰρ ἴσως sont les indices d'idées sous-entendues, que l'on peut facilement rétablir d'après la contexture du discours, et ce qui précède ou ce qui suit. La phrase complète seroit à peu près ainsi : ἈΛΛ' (ὑμῖν οὐκ ἂν δόξειεν·) ἼΣΩΣ ΓΑΡ (δόκει) διὰ τὰς συνθήκας ἄξιον ἐπισχεῖν. On sent combien la répétition du verbe δοκεῖν, tiré du paragraphe précédent, rend la phrase lourde et traînante, et devoit répugner à cette vivacité d'imagination qui portoit souvent les Grecs à franchir les idées intermédiaires, ou à se contenter seulement, comme ici, de les indiquer; de-là ces ellipses si nombreuses dans leur langue (6). Du reste, cet emploi de ἀλλὰ γάρ, trop fré-

(1) *Antiq.* lib. VI, p. 343.
(2) Voy. BUD. *Comm. L. G.* p. 519, edit. R. STEPH. VIGER. *Idiot.* cap. VIII, sect. 6, reg. 3, et *ib.* not.
(3) C. f. H. HOOGEVEEN *Doctr. Part.* §. 16, p. 174 *sq.*
(4) P. 30.
(5) C. f. BUD. p. 765-66. QUINCTIL. lib. IX, c. II.
(6) HOOG. *Pref. ad Doctr. Part.*

quent (1) pour en citer des exemples, n'est pas étranger aux Latins, qui se sont souvent servis de même de *sed enim, at enim, verùm enim verò*. Voy. VIRG. *Æn.* II, 164; VI, 28. TER. *Heaut.* act. IV, sc. II, v. 35.

Ἄξιον ἐπισχεῖν, ἀλλ' οὐκ ἐπειχθῆναι.] Sur cette tournure pléonastique, voy. §. 26, p. 140, not. 3.

Τὰς συνθήκας.] ISOCRATE emploie ici comme synonymes συνθήκας et ὁμολογίας, qui se trouve un peu plus bas. Cependant ces mots ont une signification différente: ὁμολογίαι se dit proprement des *conventions non écrites* ou *verbales*, et συνθῆκαι des *conventions écrites* et consignées dans un acte, qui se déposoit ordinairement entre les mains d'un tiers (2). MOR. Voy. plus haut, §. 22, p. 129, not. 1.

Τοῖς ἄλλοις μετέχουσι.] L'orateur semble désigner ici les Athéniens. Voy. §. 33, et not. 1. Le traité dont il s'agit dans tout ce paragraphe est la paix d'Antalcidas, dont il a été question précédemment. MOR.

Πῶς οὐ χρή.] Voy. p. 65, not. 2.

Ὥστε ὁ μέν.] Ici ὥστε est pour ὡς, et la particule τε est redondante. COR.

Κήδεται τῆς Ἑλλάδος.] Voy. la même idée rendue différemment §. 34.

Ὃ δὲ πάντων καταγελαστότατον.] Sur cette locution elliptique, voy. §. 35, p. 169, not. 2.

Τυγχάνομεν διαφυλάττοντες.] Voy. p. 65, not. 2.

Μάτην ἐν ταῖς στήλαις ἐστί.] Comme on le peut voir par ce passage, et par ces mots du paragraphe suivant, ἐν στήλαις λιθίναις ἀναγράψαντες, les Grecs gravoient les traités de paix et d'alliance sur des colonnes de pierre, afin d'en rendre la connoissance publique. On trouvera quelques autres exemples de cet usage dans DÉMOSTHÈNE. ARRIEN (3) a employé στῆλαι, *colonnes*, ou *stelæ* (4), dans le sens absolu de *traité de paix*: « Μιτυληναίους καθελεῖν μὲν τὰς πρὸς Ἀλέξανδρον σφίσι

---

(1) Voy. BUD. *l. l.* et HOOG. §. 3, 4, p. 13-14.
(2) *Vid.* VALES. *ad* HARPOCR. p. 250 *sq.*
(3) *De Exped. Alex.* lib. II, p. 29. B. C. edit. H. STEPH.
(4) PLIN. lib. VI, c. 29.

γενομένας στήλας, ξυμμάχους δὲ εἶναι Δαρείου.» Littéral. : « Les Mityléniens enlevèrent les *colonnes* qu'ils avoient avec Alexandre; » c'est-à-dire, « ils détruisirent les colonnes sur lesquelles se trouvoit inscrit leur traité d'alliance avec Alexandre : » ce qui équivaut à notre tournure, *ils rompirent leur traité d'alliance avec Alexandre*. On sent qu'il y a une *métonymie* du contenant pour le contenu (1).

Ταῦτα δὲ καὶ κατὰ χώρ.] M. Morus veut qu'on lise ici ΓΕ, au lieu de ΔΕ; mais cette correction est inutile, parce que les orateurs grecs ont coutume d'employer δέ pour indiquer un rapport avec ce qui précède, soit après une incise, soit quand un pronom devient, comme ici, le relatif d'un autre pronom ou d'un article, ou bien qu'un adverbe se rapporte à un adverbe. En voici des exemples que nous fournit Isocrate lui-même : « Ἃ Δ' ἐν τῷ παρόντι δυναίμην ἂν εὐεργετῆσαί σε, ΤΑΥΤΑ Δ' ᾠήθην, κ. τ. λ. (2). » Cette répétition a lieu aussi avec MEN, comme dans ce passage du même auteur : « Παρ' ΟΙΣ MEN γὰρ μήτε φυλακὴ, μήτε ζημία.... παρὰ ΤΟΥΤΟΙΣ MEN διαφθείρεσθαι καὶ τὰς ἐπιεικεῖς τῶν φύσεων... ΟΠΟΥ ΔΕ μήτε λαθεῖν τοῖς ἀδικοῦσι ῥᾴδιον.... ἘΝΤΑΥΘΑ Δ' ἐξιτήλους γίγνεσθαι τὰς κακοηθείας (3). » Cor. — J'ai ajouté καί avec M. Coray, d'après un Ms. La répétition de cette conjonction m'a paru donner plus d'énergie à la phrase. Sur κατὰ χώραν μένει voy. l'*Index*.

Παντ' αὐτά.] M. Coray donne αὐτοί, d'après une conjecture de M. Morus. Comme cette correction, qui n'est d'ailleurs appuyée d'aucun manuscrit, ne m'a pas paru de rigueur, je ne l'ai pas adoptée.

Μηδὲ μίαν ἡμέραν.] M. Coray donne μηδεμίαν en un seul mot; mais voy. la note sur οὐδὲ εἷς, §. 43, p. 199, not. 5.

Προστάγματα.] §. 34, προστάττει ἃ χρὴ ποιεῖν ἑκάστους. Mor.

Τὴν ἑαυτῶν ἔχειν.] Sous-ent. χώραν.

---

(1) Voy. Dumarsais, *Tropes*, art. *Métonymie*, §. 3.
(2) *Busir.* p. 221, §. 1, *statim in init.*
(3) *Areopag*, §. 18, p. 147.

Τῆς Περσῶν ἀρχῆς πάλαι καθεστηκυίας.]. Il s'agit ici de la fondation de la monarchie des Perses par Cyrus l'ancien, l'an 560 avant l'ère vulgaire. C'est par ironie que l'orateur emploie πάλαι en parlant de cet empire, dont la création n'étoit séparée de sa naissance que de 124 ans : il ne s'en étoit écoulé que 173 jusqu'à la paix d'Antalcidas, dont il est question.

Ἀλλ' οὐκ ἐκείνων μὲν νεωστὶ τὴν τιμὴν ἐχόντων.] Sur νεωστί, voy. la not. précédente. — Τὴν τιμήν. M. Coray, pour rendre, dit-il, la phrase plus régulière, ajoute ταύτην, et donne ταύτην τὴν τιμήν, d'après un passage parallèle du §. 3, p. 6, l. 18. Cette correction m'a paru peu nécessaire. Le pronom démonstratif ταύτην n'a pas ici un rapport sensible avec ce qui précède, comme dans le passage cité: de plus, il me semble que τὴν τιμὴν ἐχόντων est synonyme ici de τὴν ἀρχὴν ἐχόντων, ou de δυναστευόντων, qui suit. Τιμὴν ἔχειν, même du temps d'Homère, se disoit du *pouvoir suprême*. Voy. *Odiss.* ά, 117. λ' 494 (1).

§. XLVIII.

Ἐκείνως.] Voy. §. 10, p. 99, not. 3.

Γῆς ὑπὸ τῷ κόσμῳ κειμένης.] Par κόσμῳ il faut entendre ici le *ciel* et les *astres*. Telle étoit, à l'époque d'Isocrate, l'acception propre de ce mot parmi les philosophes qui s'occupoient du système du monde (2), et qui se nommoient φυσικοί (3). Pythagore passe pour être l'auteur de cette dénomination de κόσμος donnée au ciel : « Πρῶτος Πυθαγόρας οὐρανὸν ΚΟΣΜΟΝ προσηγόρευσε, διὰ τὸ τέλειον εἶναι, καὶ πᾶσι ΚΕΚΟΣΜΗΣΘΑΙ τοῖς καλοῖς (4). » Tels sont le sens et l'origine de *mundus*, chez les Latins, selon Pline : *Mundus etiam dicitur* cælum, *et quidquid* cæli *ambitu continetur. Nam sicut Græci* κόσμον, *quod apud nos ornatum significat; ita nos à perfectâ absolutâque elegantiâ vocamus*

(1) C. f. *Schol. min.* et *Lex.* Apoll. p. 778.

(2) Vid. Xenoph. *Memor.* lib. I, c. 1, §. 11, et *ib.* Ernest.

(3) Diog. Laert. *in proœm*, p. 5. A. et *Epicur.* p. 288. C. D. edit. Menag.

(4) *Auctor Vitæ Pythag. anonymus apud* Phot. C. f. Laert. *Vit. Pythag.* p. 226. A. et *ib.* Menag. *ad h. loc.*

mundum, *quòd nihil eo sit* mundius *et pulchrius et ornatius* (1).

Δίχα τετμημένης.] « Beaucoup d'auteurs anciens, » dit M. Larcher (2), « ne partageoient le monde qu'en deux parties, l'Europe et l'Asie (comme Isocrate en cet endroit). L'Afrique faisoit partie de l'Europe:

> Tertia *pars rerum* Lybie, *si credere famæ*
> *Cuncta velis; at, si ventos cœlumque sequaris*,
> Pars *erit* Europæ (3).

Il se trouve cependant des auteurs qui joignent l'Afrique à l'Asie, témoin Silius Italicus :

> *Æoliis candens austris, et lampade Phœbi*
> *Æstifero Libye torretur subdita Cancro*,
> *Aut* ingens Asiæ latus, *aut* pars tertia terris (4). »

Ὥςπερ πρὸς τὸν Δία τὴν χώραν νεμόμενος.] « Comme s'il partageoit la terre avec Jupiter, et non comme s'il faisoit un traité avec des hommes. » Isocrate fait visiblement allusion ici au partage du monde entre Jupiter, Neptune et Pluton. Voy. Apollod. *Bibl.* lib. I, c. I, §. 1. Hom. *Il.* ό, v. 187. M. Coray pense qu'Isocrate, quand il écrivoit ce passage, se ressouvenoit peut-être de ces mots qu'Hérodote met dans la bouche de Xerxès, sur le point de marcher contre la Grèce : « Γῆν τε τὴν Περσίδα ἀποδέξω τῷ Διὸς αἰθέρι ὁμουρέουσαν (5) · *Nous ne reconnoîtrons plus à la Perse d'autres bornes que le ciel de Jupiter.*

Ἐν τοῖς κοινοῖς τῶν ἱερῶν.] Il faut entendre par ces mots les *temples communs de la Grèce*, tels que celui de Delphes et de Jupiter Olympien. Le traité d'Antalcidas ayant été fait au nom de la Grèce entière, la table ou colonne sur laquelle il étoit inscrit avoit probablement été placée dans un temple commun à tous les Grecs. Thucydide, l. V, c. 47, nous offre un exemple de cet usage. Le même auteur a aussi em-

---

(1) Plin. lib. II, c. 1 et 4.
(2) *Traduct. d'Hérod.* tom. II, p. 195-6, 2e. édit.
(3) Lucan. *Pharsal.* lib. IX, v. 411.
(4) Silius Ital. lib. I, v. 193.
(5) Lib. VII, c. 8, *sub fin.*

ployé (1) ἱερὰ κοινά pour désigner le temple de Delphes. MORUS.

Αὗται δὲ – ἑστήκασιν.] Voici le sens : « Mais ces traités, dernier résultat de la guerre, sont un trophée élevé à la honte des Grecs. » Sur ce beau passage voy. ARISTOTE, *Rhet.* l. III, c. 10.

Ὑπὲρ ὧν καὶ ἄξιον.] M. CORAY supprime καὶ sans en avertir.

Ὅπως ληψόμεθα – διορθωσόμεθα.] Quelques éditeurs (2) donnent ici ληψώμεθα, διορθωσώμεθα, au subjonctif. Mais voy. §. 8, p. 93, not. 4.

Καὶ θεωρίᾳ μᾶλλον ἢ στρατίᾳ προσεοικώς.] « Et cette guerre ressemblera plus à une *théorie* qu'à une expédition guerrière. » Les θεωρίαι, *théories*, étoient des députations solennelles et religieuses que toutes les villes grecques, et Athènes particulièrement, envoyoient tous les ans à Délos, en l'honneur d'Apollon. Le savant BARTHÉLEMY a donné une brillante description des *théories* dans le LXXVIe chap. du *Voy. d'Anach.* On peut encore consulter SPANHEM sur *Callim. Himn. in Del. v.* 279. ERNESTI *ad Memor.* l. III, c. III, §. 12. VALCKEN. *ad Herod.* VI, 87.—M. CORAY a changé ici στρατιᾷ, *exercitui*, en στρατείᾳ, *expeditioni*; mais comme la leçon ordinaire peut offrir un sens également satisfaisant, j'ai cru devoir la conserver, tout en suivant dans mon interprétation le sens du célèbre éditeur, parce que la comparaison d'une guerre à une armée blesseroit la symétrie de notre langue. Du reste, cette belle idée d'ISOCRATE, qu'on pourroit considérer comme une simple exagération oratoire, semble justifiée, ainsi que l'observe WOLF, par l'expédition d'Alexandre, qui, avec si peu de troupes, se rendit si promptement et si facilement maître de l'Asie entière.

§. XLIX.

Πολλαχοῦ δέ ἄν τις λογιζόμ, κ. τ. λ.] « Mais sous

(1) V, 18, *statim in init.*
(2) WOLF. STEPH. BATT.

quelque rapport qu'on envisage ce parti, on verra qu'il nous offre les plus grands avantages. » M. Coray a changé ici πολλαχοῦ en πολλαχῆ, par la raison, dit-il, que πολλαχοῦ n'est qu'adverbe de lieu, tandis que πολλαχῆ est tout à la fois adverbe de lieu et adverbe de manière, dernière acception dans laquelle il doit se prendre en cet endroit. Je n'ai point adopté cette correction parce qu'elle ne m'a pas paru de rigueur, et que, d'ailleurs, les auteurs attiques, particulièrement, confondent quelquefois les terminaisons des adverbes de lieu et celles des adverbes de manière, comme on en trouvera des exemples dans Fischer, *Animadv. ad Weller. gram. specim.* III. part. I, t. III, p. 214-215 (1).

. Τίσι δὲ φθονεῖν - τοὺς μὴ παντ. ἀνανδρ. διακειμ. ἀλλὰ μετρίως τούτῳ τῷ πράγματι χρωμένους.] « A qui est-il naturel que portent envie des hommes qui ne sont pas entièrement dépourvus de courage, mais qui possèdent cette vertu au degré convenable? » Ces mots τούτῳ τῷ πράγματι partagent les critiques. M. Morus, les faisant rapporter à φθονεῖν, les rend par *invidia*, et les explique ainsi : « L'homme modérément envieux, φθόνῳ μετρίως χρώμενος, est celui qui sait maintenir son envie dans un juste milieu, et qui, par cela même, s'il n'envie pas le sort des gens de bien, dont les succès sont mérités, ne peut cependant voir avec indifférence la prospérité et l'opulence des lâches et des méchants. » Ainsi la traduction sera : *A qui semble porter envie celui qui, n'étant pas tout-à-fait pusillanime* (c'est-à-dire entièrement incapable d'éprouver l'aiguillon de l'envie), *se montre cependant modéré à cet égard?* c'est-à-dire, dans son envie. » Un autre éditeur, M. Battie, fait rapporter τῷ πράγματι à πόλεμος, qui se trouve, selon lui, contenu implicitement dans πολεμεῖν, qui précède, et alors il s'agiroit d'hommes qui, sans être lâches, entreprennent et font la guerre avec modéra-

(1) Toutefois, il sembleroit que Fischer (*l. l.*) lisoit également, dans son édit., πολλαχῆ, qu'il cite et explique par πολλαχῶς.

tion. Mais cette explication est évidemment forcée, et le texte y répugne. J'ai suivi celle de M. CORAY, comme la plus simple et la plus naturelle. 1°. D'après le contexte, l'opposition marquée par ἀλλά, ne tombe point sur φθονεῖν, mais bien sur μὴ παντάπασιν ἀνάνδρως. 2°. Τῷ πράγματι, ainsi que le dit le savant éditeur, remplace ἀνδρίᾳ, que fait sous-entendre implicitement ἀνάνδρως, qui, comme adverbe, pouvant se résoudre en une préposition et un nom, est pour ἄνευ ἀνδρίας, *sine fortitudine* : de sorte que la phrase peut s'expliquer ainsi : Τίσι φθονεῖν εἰκός ἐστι τοὺς μὴ παντάπασιν ʼΑΝΑΝΔΡΩΣ διακειμένους, ἀλλὰ μετρίως ʼΑΝΔΡΙᾼ χρωμένους ; et ces derniers mots désigneront les hommes qui, observant un juste milieu, ont ce courage, également éloigné de la lâcheté, qui ôte à l'homme le sentiment de ses droits, et de l'audace, qui lui inspire d'injustes prétentions. (Sur μετρίως, voy. §. 2, p. 71, not. 2.) 3°. Pour appuyer ce sens, M. CORAY cite un autre passage d'ISOCRATE (1), qui peut servir d'interprétation à celui qui nous occupe; le voici : « ʼΕλευθερίας, ὑπὲρ ἧς οὐδὲν ὅ τι τῶν δεινῶν οὐχ ὑπομενετέον, οὐ μόνον ἡμῖν, ἀλλὰ καὶ τοῖς ἄλλοις τοῖς ΜΗΔΕ ʼΑΝΑΝΔΡΩΣ ΔΙΑΚΕΙΜΕΝΟΙΣ, ἀλλὰ καὶ ΚΑΤΑ ΜΙΚΡΟΝ ʼΑΡΕΤΗΣ ἀντιποιουμένοις. » Dans ce passage, presque parallèle, on voit ἀρετῆς synonyme de ἀνδρία, que rappelle ἀνάνδρως, et au lieu de μετρίως, κατὰ μικρόν, qui n'en est qu'une modification, due à la différence de la pensée.

Δυναστείας περιβεβλημένους.] Littér. « Revêtus, investis de puissance, de dignités. » Nous avons emprunté au Grecs cette métaphore, qu'HOMÈRE paroît avoir introduite le premier dans sa langue. Il l'emploie pour peindre les qualités physiques et morales, dont il fait, pour ainsi dire, le vêtement de l'homme. C'est ainsi qu'il dit : « ἐπιειμένος ἀλκήν, *revêtu de force* (2), ἐπιειμένος ἀναιδείην, *revêtu d'impudence* (3); » ce qui équivaut à *rempli de force, plein d'impudence*. Cette

(1) *Archid.* §. 3, p. 115.
(2) *Il.* η', 164.
(3) *Il.* α', 149.

figure s'étendit ensuite à tout ce dont l'homme, pour se protéger ou se faire valoir, s'enveloppe et s'entoure, comme de ses habits; et PLUTARQUE, encore plus hardi qu'ISOCRATE, a dit: « Περιβάλλεσθαι οἰκίας μεγάλας (1)· *Se vêtir de palais*, pour, *s'environner de palais.* » Il n'est pas besoin d'avertir qu'avec ce verbe περιβάλλεσθαι, proprement *se jeter autour*, il faut sous-entendre ἱμάτια, *vêtements*, etc.

Ἐλάττονος δὲ ἀξίοις τῶν δυςτυχούντων.] Avec ἐλάττονος sous-entendez τιμῆς ou τιμήματος (2).—Τῶν δυςτυχούντων désigne les exilés ou les esclaves, tels que les Hilotes. Voy. §. 32, p. 156, not. 1, et §. 36, not. 2, p. 170. MOR.

Ὑπὲρ αὐτῶν.] Remarquez qu'αὐτῶν est pris ici dans le sens réfléchi, pour ἑαυτῶν. Rien de plus fréquent que cet emploi de αὐτός. Voy. VIG. cap. IV, p. 16.

§. L.

Ἢ νέος, παλαιός.] Remarquez que παλαιός est ici employé pour indiquer l'âge, au lieu de πρεσβύτερος ou γέρων, *vieux*, opposé à *jeune;* comme dans HOMÈRE :

Ἢ νέος, ἠὲ παλαιός (3).....

Mais, selon l'usage le plus ordinaire, παλαιός, synonyme de ἀρχαῖος, *ancien*, *antique*, se dit proprement des choses et des personnes qui existoient long-temps avant nous, et d'un habit ou de tout autre objet usé par la durée : ainsi οἱ παλαιοί signifie ordinairement *les anciens*, ceux qui vivoient avant nous; ὁ παλαιὸς καιρός ou χρόνος, *l'ancien temps*, *l'antiquité*, et παλαιὸν φόρημα, un *vieux habit*, tout usé par le temps. COR.

Φήμην δὲ, καὶ μνήμην, καὶ δόξαν.] On peut consulter, sur ce beau mouvement oratoire, la *Rhétorique* d'ARISTOTE, liv. III, ch. 7, §. 11.

Πρὸς Ἀλέξανδρον.] Pâris, fils de Priam.

Τῶν ποιεῖν δυναμένων.] *Les poëtes*, par opposition à τῶν λέγειν ἐπισταμένων, *les orateurs*. Ποιεῖν, pris dans

(1) *De animi tranq.* §. 2.
(2) Voy. LAMB. BOS. *Ellips. Gr.*
(3) *Il.* ξ', 108, et ARISTOPH. *Acharn.* 219.

le sens de *chanter*, *écrire en vers*, *versifier*, est d'un usage trop fréquent pour en citer des exemples (1). Ce passage, du reste, paroît être imité de Lysias (2) : « Ταύτην γὰρ ἀφθονίαν παρεσκεύασεν ἡ τοιούτων ἀρετὴ καὶ τοῖς ΠΟΙΕΙΝ ΔΥΝΑΜΕΝΟΙΣ, καὶ τοῖς ΕΙΠΕΙΝ ΒΟΥΛΗΘΕΙΣΙΝ, κ. τ. λ.

Φιλοσοφήσει.] Sur le sens de ce mot, voy. §. 1, p. not.

Καταλιπεῖν.] Sur cet aor. voy. §. not. p.

§. LI.

Οὐ τὴν αὐτὴν — τυγχάνω γνώμην ἔχων — καὶ περὶ τὰς ἀρχὰς τ. λόγ.] L'orateur, arrivé à la péroraison, cherche, dans tout ce passage, à modifier le ton d'assurance qu'il avoit pris dans son exorde, et à tempérer l'effet de ses promesses fastueuses. Voy. §. 2.

Αὐτούς.] Sous-entend. ἀκροατάς, *auditeurs*, qui se trouve plus bas.

Πρὸς τοὺς ἠπειρώτας.] Voy. §. 36, p. 171, not. 4.

Τοὺς μὲν πράττειν δυναμένους.] « Les hommes exercés, habiles dans l'administration et le maniement des affaires publiques. » Sur cette acception de πράττειν, voy. Bud. *Comm. L. Gr.* 264.

Τοὺς τῶν λόγων ἀμφισβητοῦντας.] « Ceux qui briguent, qui disputent les succès oratoires, la palme de l'éloquence. » Ce sont ceux qu'Isocrate désigne plus haut par λέγειν ἐπιστάμενοι, et il veut parler sans doute des sophistes et des rhéteurs.

Πρὸς τὴν Παρακαταθήκην.] Ce passage, fort obscur, a été, il me semble, heureusement expliqué par Wolf, qui pense qu'Isocrate veut parler ici d'Antisthène, qui, au rapport de Diogène Laerce (3), a écrit contre un discours de notre auteur, intitulé Ἀμάρτυρος. Ce discours porte ce titre, parce qu'il a été composé contre un certain Euthynus, qui, ayant reçu un *dépôt*, παρακα-

(1) Voy. M. Harles, *Antolog. prosaïc. ad* Lys. *Epitaph.* c. I, §. 2.

(2) *L. l. ubi* Markland et Taylor *audiendi.*

(3) *In Antisthen.* p. 141. D. E.

ταθήκη, *sans témoins*, ἄνευ μαρτύρων, l'avoit ensuite dénié. Or, il n'y auroit rien d'étonnant que ce même discours eût été intitulé aussi Περὶ παρακαταθήκης, ainsi que l'on voit plusieurs autres ouvrages d'ISOCRATE porter un double titre. Ceux donc qui écrivoient πρὸς τὴν παρακαταθήκην, *contre le dépôt*, n'étoient autres que les auteurs qui attaquoient le discours intitulé Περὶ Παρακαταθήκης, c'est-à-dire Antisthène, auteur de la critique de l'*Amartyrus*, et les autres sophistes et rhéteurs qui florissoient de son temps. COR. D'après cette interprétation j'ai écrit Παρακαταθήκην par une capitale, contre l'usage de tous les éditeurs.

Πρὸς δὲ τοῦτον τὸν λόγον ποιεῖσθαι τὴν ἅμιλλαν.] C'est-à-dire le *Panégyrique* même, qu'ISOCRATE regardoit comme son premier titre de gloire. Un rhéteur de Sicile, nommé ARISTOTE, écrivit aussi contre ce discours, au rapport de DIOGÈNE LAERCE (1). COR.

Ἐξ ὧν ὁ βίος μηδὲν ἐπιδώσει τῶν πεισθέντων.] Littér. « *Talia dicere, ex quibus eorum, quibus persuaserint, vita non augebitur.* » C'est-à-dire : « Traiter de ces matières qui n'ajouteront rien au bonheur de ceux que l'orateur aura persuadés, *ou*, dont ils ne retireront aucun avantage pour passer plus heureusement la vie. » Remarquez que ἐπιδώσει est pris ici neutralement, pour ἐπίδοσιν λήψεται, *prendra de l'accroissement*. MOR.

Ἀπαλλαγήσονται τῆς τοιαύτης ἀπορίας.] Par ἀπορίας, il faut entendre ici *la détresse, le besoin* résultant du manque de fortune. C'est ainsi, en effet, qu'ISOCRATE nous a dépeint ailleurs (2) les sophistes : « Τοὺς τὴν σοφίαν διδάσκοντας, καὶ τὴν εὐδαιμονίαν παραδιδόντας, αὐτούς τε πολλῶν δεομένους, καὶ τοὺς μαθητὰς μικρὸν πραττομένους. » COR.

Δόξουσιν.] Appliquez à ce verbe ce que j'ai dit plus haut (§. 17, p. 120, not. 2), sur φαίνεσθαι (3).

(1) *In Vit. Aristot.* p. 122, c.
(2) *Contr. Sophist.* §. 4, p. 292.
(3) C. f. ZEUN *ad* VIG. p. 313.

FIN DES NOTES.

INDEX DE LA GRÉCITÉ,

OU

VOCABULAIRE DES MOTS

PRIS DANS UNE ACCEPTION PARTICULIÈRE.

Le premier chiffre, suivi de la virgule, *indique la page; le second, suivi du* point, *indique la ligne du texte. Le tiret* —, *suivi d'une* minuscule, *remplace le premier mot: suivi d'une* majuscule, *il indique un autre article. Les lettres* n. p. *signifient*, note, page.

A.

néreux, ne pas avoir le sentiment de soi-même, manquer d'ame, de courage, 56, 5.

'Ανάστατος, expulsé, chassé de sa résidence, forcé de quitter son territoire. — 'Ανάστατον ποιεῖν, expulser, chasser, repousser, 12, 5. 33, 14. — ravagé, désolé ; ἀνάστατον ποιεῖν πεδίον, ravager, désoler le pays, 43, 27. — soulevé, insurgé, détaché par une défection, 49, 2. — privé, dépouillé de ses droits, de ses lois, *par le renversement de sa constitution, dit d'un peuple*, 51, 13. — renversé, *au propre*, 30, 11. 38, 11. 55, 17.

'Ανήκεστος. 'Ανήκεστα ἐξαμαρτάνειν περί τινα, causer un préjudice, faire un tort irréparable à quelqu'un ; οὐδεὶς ἂν ἰάσασθαι δύναιτο, *qui se trouve quelques lignes après, correspond* à ἀνήκεστα, 34, 6. — 'Ανήκεστον κακόν, mal irrémédiable, 52, 7.

'Ανόμως, sans lois, 34, 27. Voy. *not. p.* 158. — illégalement, 50, 28.

'Ανταγωνιστής, rival, *en bienfaisance*, qui fait assaut de bienfaits, qui rivalise pour faire le bien, 22, 15. 23, 26. Voy. στάσις.

'Ανυπέρβλητος, invincible, 22, 3.

'Ανυπόστατος, insurmontable, 22, 2.

"Αξιόν ἐστι, il est juste, convenable, il convient, on doit, 35, 11. 39, 24. 50, 19. — il faut, 53, 5.

'Αξιοῦν, prier, supplier, 17, 16. — Se résoudre, prendre le parti de, 20, 22. 28, 6. 37, 29. — demander, vouloir que, 19, 17. — prétendre, 18, 4. 29, 6. 37, 19. 38, 24. 55, 11. — juger, croire juste, convenable, penser qu'on doit, 51, 6. — 'Αξιοῦσθαι τῶν αὐτῶν τινί, être jugé digne des mêmes honneurs, des mêmes récompenses honorifiques que quelqu'un, 25, 18. — 'Αξιούμεθα ἔλαττον ἔχειν, on juge, on décide que nous devons avoir une moindre part, que nous devons céder le pas, 30, 29. *Voy.* ἀριστεῖα.

'Απακριβοῦν, traiter avec le plus grand soin, la plus scrupuleuse attention, 4, 22, et *not. p.* 69.

'Απαλλάττεσθαι, être délivré, 52, 3. 58, 8.

'Απειπεῖν, renoncer, succomber, 28, 4.

à des traitements injustes et révoltants, 37, 23.— Δεινὸν ἡγεῖσθαι, trouver étrange, s'indigner, 32, 12.

Δεκαδαρχία, 33, 28. Voy. *not. p.* 153-154.

Δή, or (*voy.* διὰ δή), 16, 22.—Donc, or, dis-je (*après une longue parenthèse*), 27, 7.—certes, assurément (*voy.* ἀλλὰ δή), 33, 17.—donc, 17, 25.

Δῆλον δέ, γάρ, *n. p.* 124.

Δηλοῦν, démontrer, prouver, 19, 24.

Δημοσίᾳ θαπτόμενοι, enterrés aux frais du public, qui reçoivent les honneurs funèbres aux frais de l'Etat (voy. *la not. p.* 127), 22, 25.

Δήπου, certes, 19, 20.— sans doute, 33, 20.

Διά. *Avec le* GÉN. Διὰ πολλοῦ χρόνου, à de longs intervalles de temps, de loin à loin, 14, 32, et *n. p.* 104. — Διὰ μακροτέρων, plus au long, prolixement (*sous-ent.* λόγων *ou* ῥημάτων), 32, 22.—Διὰ μιᾶς γνώμης γίνεσθαι, être d'un même avis, avoir le même sentiment, se trouver unanimes, être d'accord, 41, 20.—*Avec l'*ACCUS. Διὰ τύχας, *comme* Διὰ τύχην, par hasard, accidentellement, 40, 12. —Διά, *en composit. marquant* effort, etc., *n. p.* 141.

Διαβάλλειν τινὶ πρός τινα, calomnier une personne auprès d'une autre, 39, 4.

Διαβιβάζειν, transporter par mer, *trajicere*, 43, 28.

Διάγειν (*sous-ent.* χρόνον, *exprimé*, *p.* 46, *l.* 1), passer le temps, être, 14, 9.

Διακινδυνεύειν, courir de longs dangers, 11, 26. 20, 19. Voy. *n. p.* 141.

Διακριβοῦσθαι περί τινος, examiner quelque chose avec une attention scrupuleuse, minutieuse, *pointiller*, subtiliser, 6, 20.

Διαλαμβάνειν, partager, diviser, 6, 2, et *n. p.* 76.

Διαλείπειν, laisser un intervalle entre soi et un autre, 21, 21. Voy. *n. p.* 125.—Διαλείπειν χρόνον, rester, passer un temps, laisser s'écouler un intervalle de temps, 47, 4. (*Sur la construct. de ce verbe avec un part.* voy. *n. p.* 193.)

Διαλλαγὴ πρός τινα, réconciliation, réunion, 28, 30. 39, 3. *Avec* διαλλαγή *il faut sous-entendre* ἔχθρας, inimitié, *qui se trouve exprimé dans*

αἰσχρὰ καὶ τὰ δεινά, *littér.* parcourir toutes les turpitudes et les crimes, c'est-à-dire, *s'en rendre coupable.* C'est par une tournure semblable que nous dirions en français: *parcourir tous les degrés de l'infamie et du crime*, 34, 9.

Δίκαιον παράδειγμα, *littér.* exemple juste, *c'est-à-dire*, convenable, approprié, 43, 20, et *n. p.* 183. (Voy. τυγχάνειν.)

Δίκη, jugement, condamnation, 34, 29. — vengeance; δίκην λαμβάνεσθαι, tirer vengeance, 55, 9.

Διὸ δὴ καί, or, voilà pourquoi aussi, 16, 22.

Διοικεῖν καλῶς περί τινος, diriger, conduire les choses sagement et convenablement pour l'intérêt de quelqu'un, 12, 12. — τὰ τῶν συμμάχων, avoir la direction, la conduite des affaires des alliés, être à leur tête, les commander, 31, 13. — τὰ τῶν Ἑλλήνων, gouverner la Grèce, en avoir l'empire, 36, 24-25. — Pour οἰκεῖν, 32, 24, et *n. p.* 148.

Διοίκησις, ordre politique, constitution de l'État, administration publique, 13, 4.

Διομολογεῖσθαι, être avoué, reconnu généralement, 41, 4.

Διορθοῦσθαι τὰ μέλλοντα, *littér.* redresser, corriger l'avenir, *c'est-à-dire*, le rendre meilleur, plus favorable, *en ne tombant pas dans les mêmes fautes*, 55, 9-10.

Διορίζειν τὸν πόλεμον εἰς τὴν ἤπειρον, transporter la guerre entre les frontières de l'Asie, *c'est-à-dire*, faire de l'Asie le théâtre de la guerre, 52, 25-26. Voy. *not. p.* 206-207.

Δοκεῖν, *n. p.* 120.

Δοκιμάζειν, *son sens propre et figuré*, *n. p.* 100.

Δόξα, honneurs, dignités, *c'est-à-dire*, *magistrature*, *fonctions publiques*, 45, 26. 51, 27.

Δοριάλωτος, pris par la force des armes, conquis; τὰ δοριάλωτα, conquêtes, 54, 8.

Δουλεία, asservissement, servitude, 29, 22. 37, 19, 27, *dit figurém. des peuples.*

Δουλεύειν, être asservi, dépendre, 19, 17. 33, 19. 37, 32. 38, 22, *dit des peuples.* Voy. *not. p.* 119.

Δύναμις, armée, 26, 7. 29, 14.

Δύνασθαι, *avec la forme pass. n. p.* 75.

'Επαμύνειν, obvier, remédier, 13, 17.

'Επανορθοῦσθαι, corriger, réparer *une faute*, 50, 6.

'Επάρχειν, dominer, régner sur, avoir l'empire, 21, 5. — commander à des pays, à des sujets, ajoutés, par la conquête, à sa domination, 54, 8. *Tel est ici le sens que la préposition donne au verbe* ἄρχειν. *C'est ainsi que* Xénoph. (*Cyrop. in proœm.*) a dit : « 'Επῆρξε δὲ καὶ 'Ελλήνων τῶν ἐν τῇ Ἀσίᾳ· » *par opposition au simple* ἦρξε, *qui précède.* 'Επικρατεῖν *présente la même acception dans* Hérod. II, 1. « Ἄλλους τε παραλαβὼν τῶν ἦρχε, καὶ δὴ καὶ 'Ελλήνων τῶν ἐπεκράτεε· » c'est-à-dire : « *Ayant pris avec lui d'autres peuples, et ceux des Grecs qui lui étoit soumis par la conquête.* » Voy. *sur ce sens une savante note de* M. Dan. Wyttenbach, *p.* 369-370 *de ses* 'Εκλογ. ἱστορ.

'Επεί, d'ailleurs, 39, 15, et *n. p.* 170. — 'Επεὶ καί, puisque même, 42, 3.

'Επείγειν, *et passiv.* ἐπειχθῆναι, se hâter, s'empresser, 26, 21. 53, 5.

Ἔπειτα, *n. p.* 64.

'Επεξέρχεσθαι, marcher au-devant de l'ennemi, aller à la rencontre de l'ennemi, 18, 12.

'Επέρχεσθαι, s'avancer pour parler en public, se montrer, se présenter comme orateur, 5, 25.

'Επέχειν, ἐπισχεῖν, se contenir, s'arrêter, suspendre sa décision, *opposé à* ἐπειχθῆναι, se hâter, 53, 5.

'Επί. *Avec le* Génit. 'Εφ' ὧν, sous l'empire, sous l'autorité desquels, 31, 25. — 'Εφ' ἡγεμονίας, sous la conduite, le gouvernement, 31, 27. — 'Επὶ τῆς ἀρχῆς, pendant la domination, sous l'empire, 34, 37. — Τὰ ἐφ' ἡμῶν, ce qui a été fait pendant *ou* sous notre domination, pendant la durée de notre empire, 35, 4. 36, 20. — 'Επὶ τῆς νῦν ἡλικίας, dans le temps présent, maintenant, actuellement, de nos jours, 50, 19. — Οἱ ἐπὶ θαλάσσης, les habitants de l'Asie mineure, 44, 5, *n. p.* 185. — Πόλεις αἱ ἐπὶ τῆς Εὐρώπης, les villes situées en Europe, 53, 21. — *Avec le* Dat. 'Επί τινι γίνεσθαι, εἶναι, tomber, être au pouvoir de quelqu'un, 5, 34. 18, 28. 31, 14.

ment, 10, 22.—Τὰ καθ' ἡμέραν, *littér.*, les choses de chaque jour, *c'est-à-dire*, les choses qui constituent nos besoins journaliers, les choses nécessaires, indispensables à la vie, de première nécessité. *C'est ce que* DÉMOSTH. (*De Cor. p.* 255. R.) *a exprimé* par τὰ κατὰ τὸν βίον, et THUC. (*l.* I, c. 2), par ἡ καθ' ἡμέραν τροφή.—Μείζων ἢ κατὰ ἄνθρωπον, au-dessus de l'humanité, plus grand qu'il ne convient aux hommes, 56, 7.—Κατά, *en compos. marq.* achèvement, *n. p.* 131.

Καταβαίνειν, revenir *de l'Asie*, *opposé* à ἀναβαίνειν, aller en Asie, 45, 6.

Καταδουλοῦσθαι, asservir, être asservi, réduire *et* être réduit en esclavage, *dit d'un pays*, 20, 23. 51, 14, et *n. p.* 119.

Καταισχύνειν, faire honte, *dans le sens de démentir*, *ne pas répondre à l'attente*, 46, 12.

Καταναυμαχεῖν, défaire entièrement dans une bataille navale, 46, 31.

Καταποντιστής, pirate, 35, 13.

Κατασκευάζεσθαι τὴν ἀρχήν, fortifier son empire, 38, 6, *au propre*, munir, fournir d'ustensiles. Voy. παρασκευάζειν.

Κατασκευή, ordre, organisation politique, *civilis ordo*, 8, 22, et *n. p.* 85.

Κατάστασις, état, ordre de choses, situation politique, 35, 12.

Καταστρέφεσθαι, soumettre à son empire, à sa domination, 24, 14.

Καταφρονεῖν τῆς δυνάμεως, dédaigner, *par méfiance*, de se servir de ses troupes, 44, 22.

Καταφεύγειν, recourir, *pris figurém.* Μόνον ἐνταῦθα καταφεύγειν ἔχειν, ὅτι, κ. τ. λ., n'avoir de ressources que dans, etc., 10, 3.

Καταχρῆσθαι, *pour le simple* χρῆσθαι, user, se servir, 4, 9. 53, 2. *Ce composé se trouve encore avec ce sens dans* PLAT. *Crat.* 38. AESCH. SOCR. I, 13; II, 34. *Les Latins ont employé de même* abuti *pour* uti. CIC. *De nat. Deor.* II, 151. *Ad fam.* IX, 6.—Κατακεχρῆσθαι, être épuisé, *dit d'un sujet*, 22, 26. *Remarq. l'emploi du passif*, et voy. *n. p.* 127.

Κατιδεῖν, voir clairement, 17, 26.

Κατέρχεσθαι, revenir de l'exil, *redux esse*, 19, 5.

FIN DE L'INDEX DE LA GRÉCITÉ.

INDEX HISTORIQUE ET CRITIQUE.

Les chiffres n'indiquent plus que la page. Les lettres grecques se trouvent comprises dans les lettres romaines.

A.

FIN DE L'INDEX HISTORIQUE ET CRITIQUE.

INDEX GRAMMATICAL.

FIN DE L'INDEX GRAMMATICAL.

P. 17, l. 9, Τροϊκῶν, *lis.* Τρωϊκῶν
—41, l. 18, πολεμεῖν, *lis.* προςπολεμεῖν,
—44, l. 16, οὐχ' οἷοι, *lis.* οὐχ οἷοι
—46, l. 29, Κόνωκα, *lis.* Κόνωνα
—59, l. 7, συναγόντων, *lis.* συναγαγόντων
—61, l. 14, *ajoutez:* C'est encore ainsi qu'Aristoph. (*Plut.* v. 531) a dit: Καί τοι τι πλέον πλουτεῖν ἐστὶ, πάντων τούτων ἀπορούντων; c'est-à-dire, « que gagneriez-vous à être riches, étant privés de tous ces biens? » Voy. la note de Kuster.
—68, l. 6, *ajoutez:* voy. Brunck *ad* Aristoph. *Plut.* v. 380.
—69, l. 23, il y a, *lis.* il a
—75, l. 22, jusques, *lis.* jusque.
—96, l. 5, ἣν, *lis.* τὴν
—100, l. 13, δοκιμάζόμεν, *lis.* δοκιμάζομεν
—103, l. 10, παιδεύσέως, *lis.* παιδεύσεως.
—110, l. 2, Τροϊκῶν, *lis.* Τρωϊκῶν,
—111, l. 27, Ἀδράστου, *lis.* Ἄδραστος.
—119, l. 19, la justice, *lis.* les égards
—128, l. 35, sur re, *lis.* sur ce.
—132, l. 17, ἀλλοτριατάτοις, *lis.* ἀλλοτριωτάτοις
—143, l. 16, oratiores, *lis.* oratoires,
—148, l. 37, d'Isocrate, *lis.* d'Isocrate
—149, l. 30, fàisoient, *lis.* faisoient
—150, l. 1, daus, *lis.* dans
—155, l. 33, ἠροῦντο, *lis.* ᾑροῦντο.
—164, l. 8, βασιλέιος, *lis.* βασιλέως
—*ibid.* l. 20, ἄνθρωπος (2), *lis.* ἄνθρωπος (3);
—*ibid.* l. 21, ἄνθρωπος (3), *lis.* ἄνθρωπος (4).
—165, l. 4, (ἐπιστάτης), *lis.* ἐπιστάτης (1).
—182, l. 18, *ajoutez:* C'est ainsi que Voltaire a dit, dans l'*Orphelin de la Chine:*

> Les vainqueurs ont parlé; l'*esclavage* en silence
> Obéit à leur voix dans cette ville immense.
> (Act. I, sc. III, v. 7).

Ici l'*esclavage* est évidemment pour les *esclaves.*
—184, l. 15, retournèrent.», *lis.* retournèrent, etc.
—210, l. *dern.* Aréopag, *lis.* Aréopag.
—212, l. 7, Lybie, *lis.* Libye,

www.ingramcontent.com/pod-product-compliance
Lightning Source LLC
LaVergne TN
LVHW050509100826
845148LV00002B/280

* 9 7 8 2 0 1 2 5 7 0 2 9 0 *